中国乡村振兴百村千户调查研究系列丛书

华中科技大学张培刚发展研究院文库

产业振兴

与中国乡村现代化新路径：2023-2024

Industrial Vitalization and New Paths
for China's Rural Modernization: 2023-2024

张建华　主编

中国财经出版传媒集团

经济科学出版社

Economic Science Press

·北京·

图书在版编目（CIP）数据

产业振兴与中国乡村现代化新路径：2023－2024 /
张建华主编. －－ 北京：经济科学出版社，2024. 9.
（中国乡村振兴百村千户调查研究系列丛书）. －－ ISBN
978－7－5218－6289－8

Ⅰ. F320. 3

中国国家版本馆 CIP 数据核字第 2024VL7799 号

责任编辑：卢玥丞　杨金月
责任校对：杨　海　齐　杰
责任印制：范　艳

中国乡村振兴百村千户调查研究系列丛书

产业振兴与中国乡村现代化新路径：2023－2024

张建华　主编

经济科学出版社出版、发行　新华书店经销

社址：北京市海淀区阜成路甲 28 号　邮编：100142

总编部电话：010－88191217　发行部电话：010－88191522

网址：www. esp. com. cn

电子邮箱：esp@ esp. com. cn

天猫网店：经济科学出版社旗舰店

网址：http：//jjkxcbs. tmall. com

北京季蜂印刷有限公司印装

710×1000　16 开　21.5 印张　300000 字

2024 年 9 月第 1 版　2024 年 9 月第 1 次印刷

ISBN 978－7－5218－6289－8　定价：80.00 元

（图书出现印装问题，本社负责调换。电话：010－88191545）

（版权所有　侵权必究　打击盗版　举报热线：010－88191661）

QQ：2242791300　营销中心电话：010－88191537

电子邮箱：dbts@ esp. com. cn）

编委会成员

主　编：张建华

　　　　（华中科技大学经济学院和张培刚发展研究院院长、教授）

副主编(协调人)：赵紫锦　宋颜希　史宏博

主要成员：赵　英　文艺瑾　晏　琦　王煜杰　胡锦澄

　　　　　　张博奕　袁嘉妮　王云华　刘鸥逸　周玉雯

　　　　　　贾　静　康　昊　陈伯华

调研出真知（代序）*

今天我们再次举办"乡村振兴与共同富裕"百村千户调研成果发布与分享会，旨在提供一个交流平台，总结过去一年暑期乡村调研和寒假调研征文的成果，表彰在本轮社会实践过程中涌现的先进个人，并启动 2024 年度新一轮大型调研工作。在此，我谨代表经济学院和"乡村振兴与共同富裕"项目组向与会的领导嘉宾、老师和同学表示热烈的欢迎！向项目组织过程中付出辛勤劳动的各位老师、同学表示衷心的感谢！向圆满完成社会实践并取得突出成绩的同学表示衷心的祝贺！

借此机会，我想就发起和组织"乡村振兴与共同富裕"百村千户调研活动，结合开展动态谈一些认识和看法，跟大家做一些交流。

2021 年是"两个一百年"奋斗目标历史交汇点，是全面建设社会主义现代化国家新征程开启的重要一年。全面建设社会主义现代化国家，最艰巨最繁重的任务仍然在农村。有鉴于此，在 2021 年底至 2022 年春节前，我们在全国有代表性的地区系统策划并开展了第一轮百村千户调查活动，组织广大师生深入广大农户和村庄，了解农村现状，全面收集和掌握一手材料，力争找准问题根源。基于 2022 年寒假和暑期的大型调研结果，我们顺利出版了《乡村振兴与中国式现代化道路探索（2022）》一书，从"农户—村庄—乡镇"三个层面全面调查乡村振兴实

---

* 本文为笔者在 2024 年"乡村振兴与共同富裕"百村千户调研报告会上的讲话。

施现状，科学评估国家支农惠农、乡村振兴等政策的初步效果，进而探索实现乡村振兴与共同富裕的实现路径。

本次报告交流的是基于2023年度组织的新一轮大型调研，包括2023年暑假和2024年寒假的案例调研。本轮调研延续了前一轮的基本框架，着重增加了产业振兴方面的内容。这是因为，有效推进乡村全面振兴，重点在于乡村产业发展水平、乡村建设水平、乡村治理水平提升。因此，积极探索产业振兴与乡村现代化的新路径，有利于激发和增强乡村发展的内生动力，助力乡村焕发新活力。为此，项目组基于中国乡村振兴新形势新任务，突出聚焦了"乡村产业振兴"这一重大命题，系统梳理、设计出农户、乡镇、村庄3套问卷，并且进行反复打磨。调研方案发布后，共有553位同学报名，本着科学性和可实施的原则，项目组根据调研需要挑选了228位同学参与培训，最终实际有效参与调研的同学共145位，其中，华中科技大学有79位，其他院校有66位。本轮调研地区涉及湖北省、湖南省、安徽省、江西省、河南省、黑龙江省、江苏省、广东省、宁夏回族自治区、四川省、贵州省、云南省共计12个省级行政区，涉及107个乡镇、142个村庄、近2900个农户家庭。

从实际调研情况看，近年来乡村产业的发展呈现快速增长的态势，同时也面临不少问题和风险，推进乡村产业发展，机遇与挑战并存。一方面，农业功能价值充分彰显，乡村业态更加丰富多元。全国农产品加工业产值与农业总产值比值迅速提高，新建了多个国家现代农业产业园、优势特色产业集群、农业产业强镇和农业现代化示范区。另一方面，当前乡村产业发展中有一些比较突出的问题，例如，很多地方产业结构比较单一、产品种类较为匮乏，这可能是地方特色，强调一品一产，但总体而言，这种单薄性使得产业在进一步提升附加值上受限，以及对产业链衔接是缺乏支撑的；此外，一些地区还存在结构性问题，产业体系的发展滞后、农村基础设施和公共服务不完善、城乡之间和农村内部的收入差距仍然是我们要关切的重大问题。

饶杰平处长所在的湖北省农业农村厅乡村建设促进处特别关注一些基础性的问题，包括基础设施公共服务体系的建设，所以我们今天特别邀请她在这个方面给予一些指导。

　　总的来说，此次调研成效是比较突出的，也取得了预期的丰硕成果。各位调研员充分利用了假期回乡的机会，深入基层，收集到第一手的原始资料，通过案例研究进行了深入分析，为我们未来进一步的研究提供了支撑。我们也惊喜地发现同学们非常善于思考，努力将课堂上学到的一些知识运用到乡村振兴实践中，通过这种实践和理论学习的结合，取得了比较大的收获。在后续的活动中，通过案例比赛的方式，让同学们聚焦于我们所选择的一些特色地区，了解当地产业概况，提取它的亮点，并且挖掘在背后的发展方式和政策变化，进而总结提炼出一些可复制可推广的经验。最后通过发布英雄榜的方式，挑选了28篇主题聚焦、具有典型意义的高质量案例，并且将它归类为产业链协同与农文旅融合、数字化转型与科技驱动、特色产业培育与优势发展三个大方面，最终以专题报告的形式呈现。这些成果也将在我们即将出版的书籍中得到呈现。之后，同学们也将跟我们分享在调研过程当中的故事和感想心得。我相信，这些成果将助力乡村振兴幸福图景的早日实现，让每个村庄都焕发出勃勃生机，尽快地迈向共同富裕的道路。届时，同学们的辛勤付出将获得应有的回报，这也与我们的期望相一致。

　　回顾整个项目历程，我希望能借此机会与大家分享一些感悟，我们是带着使命去开展这项工作的，前提就是要了解真实的状况，因此我认为唯有通过调研，才可以得到真知、获得真理。记得在上一轮的分享会上，我谈到的主题是"没有调查就没有发言权"，在没有调查之前，是无法获得真实的感受的。我们不仅是要有发言权，更主要的是通过调研能够获得真理，获得可以经得起检验的最终的真知。用现在的一句话说，要构建自主的知识体系，要形成自己的理论，必须要有坚实的思想基础。所以理论的创新是来源于实践的，中国的发展经济学的创新可以成为我们自身的理论体系，需要有调研作为基础，这也是我们的前辈张培刚教授所做出的示范，为我们树立了很好的榜样。我记得他年轻的时候花了比较长的时间做调研。1934年，他从武汉大学毕业以后，第一份工作是在前中央研究院社会调查研究所，他致力于田野调查，遍及河北、浙江、广西和湖北等地，长达6年的调查积累了大量的一手资料。而且当时国家动荡不安，又遭受了日本的侵略，在如此艰难的环境下，包括张培刚教授的老一辈学者，他们这一批人所做的工作，就是坚持在深入调查中了解中国国情，诊断发展路径，寻找中国的现代化之路。在此期间，他相继撰写多本高质量著作和数十篇论文，这些努力也为20世纪40年代他在哈佛大学求学期间，能够完成著名的博士论文《农业与工业化》这部发展经济学的奠基之作打下了坚实的基础。应该说，如果没有前期全面的调查积累，即使在世界最一流的学校，也难以形成独树一帜的农业国工业化理论体系。时至今日，这个理论仍然具有非常独特的意义，是构建自主知识体系的一个典范。而他所提出的一些理论观点，在10年甚至20年后才被西方发展经济学界的一些大师陆续提出。张培刚教授的这个故事，实际上也为我们提供了深刻的启示，只有在实践调研中，才可能找到真理。

接下来，我举一个例子，也是老先生生前给我们讲过的故事。他说，交易成本这一如今看来十分基础的概念，在当时的经济学研究中却并不存在。现在我们学习经济学，能够回溯交易成本或交易费用的存在，可追溯到1937年科斯的一篇文章，也是他在大学毕业以后到美国去做了一些调研，发现大企业和小作坊是两种不同的类型，居然可以在市场上一样存活。例如，英国的传统皮鞋店就是一个手工作坊，它是凭借精湛的工艺和良好的信誉存活几百年；而美国的福特公司拥有几十万人的生产线，同样是井井有条。这两者有什么本质差别？它们都是市场主体，差别在于规模大小。为什么福特公司可以规模大且有效，而有的小企业必须规模很小才能存在，甚至在竞争中被淘汰？关键在于交易成本，而这在经济学的日常观察中也是有意义的。

经济学中还有一个叫作弹性的概念。非经济学专业的同学大概不知道什么叫弹性。我们形容弹性为需求对价格变动的敏感程度，例如，奢侈品对于低收入人群而言，价格远远超出其承受范围，需求弹性很大；但如果一个人中了100万美元的大奖，那么他对奢侈品的价格不再敏感，需求弹性降低。再以吃饭为例，即使在通货膨胀导致价格上涨的情况下，人们依然需要每天吃饭，而并不会因为价格上涨而选择少吃一顿，在这种情况下需求弹性较低，即使价格发生变动，人们对其的需求量也不会出现较大波动。所以，这些基本的概念可以用来观察和理解生活中的行为。

我讲一个故事，张培刚先生观察战时的中国，发现作为种粮区的两广、作为鱼米之乡的湖北、湖南，米价却并不便宜；而在交通比较便利的沿海地区，反而可以购买到比较便宜的"洋米"，这背后是怎样的故事？这一故事的基本原理涉及国际贸易和国内贸易，而国内贸易主要受地方保护主义和交通运输成本的影响。商品从产地运输到销地，首先面临的最大问题是市场是否开放；其次是运费的高低，如果收路费，对于从产地运输到销地的贸易是苦不堪言的，成本会比较高。考虑到这两个因素，如果关卡比较少、市场通畅的时候，价格一定会低，否则价格奇高无比。所以这说明一个很重要的问题，我们不仅要考虑直接成本，更重要的是要考虑背后的交易成本。而交易成本的背后是制度分析，通过制度分析去发现真实事件背后的制度障碍，对于我们是非常有启发性的。

再举个例子，我们常说南方人和北方人在饮食习惯上要南米北面，南方人喜欢吃大米，北方人喜欢吃面，我小时候是在湖北，面粉是很金贵的东西。这背后是什么道理？难道南方人喜欢吃米而不喜欢吃面吗？我看未必如此，因为据说面的营养价值会更高，导致北方人普遍长得高。在南方人家庭中，如果家庭殷实就可以买到面粉，哪怕是价格贵一点他也可以去买，由于家庭富裕，需求弹性较低。所以这里面有很多经济学的原理，对于我们的同学而言，如果想进一步有所发现，就要通过调研、通过思考把从书本上、在经济学课堂上学到的东西运用到现实生活中。对于非经济学专业的同学，也可以来听听我们学院开设的选修课"经济学思维与观察"，每个学期对所有的学生开放，培养这种思维和意识，这也应该是每个人都要掌握的本领。我们更要注重的是开展调研，哪怕是经济学的学生，在学习书本后，面对父母或者亲戚朋友询问经济学道理，如何看待宏观经济和当前形势，估计也是哑口无言。我希望每位同学都能够有所分析和解读，这基于两点要求，第一是要懂得原理，第二是了解实际情况。所以我们要做好调研，才具备这种能力，再把理论和实际相结合，才有可能真正地回应我们社会所需要解决的问题、发展所需要解决的问题。

中国式现代化正是需要我们的一些理论创新，而理论创新来源于实践，扎根于我们的中国大地，做好调研才有可能从个性到一般，通过总结提炼出所期待的理论。我们经济学院一贯倡导"小调研、大视野、真学问"的理念，也主张把书本所学的知识运用到观察社会生活中，更主张以社会实践的成果来引领学生成长成才。所以我们坚持每年开展各种形式的调研，包括组织这种大规模的调研，其主要目的是让广大同学能够通过这样一次活动，把实践和育人相结合，在理论和实践如何更好地融合的方面做一些尝试。值得一提的是，在去年湖北省第十四届"挑战杯·中国银行"大学生课外学术科技作品竞赛决赛中，我们调研组基于调研项目《大国小农：中国"小农户与现代农业发展有机衔接"困境与出路的调查研究》的成果被评选为特等奖，这也是近年来我院在"挑战杯"哲学社会科学类社会调查报告赛道取得的最好成绩，在这里向获奖者表示祝贺，期待更多的作品获得相应的荣誉。

这次调研是作为一种尝试，我们期待着在实践过程中培养大家的调查能力、观察能力、学习能力。之后同学们还会进一步地分享，非常期待着每一位同学都能在调查中获得真知，获得成长。

今天也是新一轮大型调研的启动会，我们将以此为契机，进一步优化调研方案、调研实践机制，全方位做好相关的组织工作，力争让每一位参与调研的同学都能够获得有意义的、丰富的实践机会。我相信，在老师和同学们的共同努力下，必将在实践中获得真知，让大家能够共同进步，也期待我们的调研进一步取得丰硕的成果。

张建华

华中科技大学经济学院与张培刚发展研究院

2024 年 6 月 20 日

目　录
Contents

主 报 告

第1章　农村总体生产生活　　　　　　　　　　　　005

  1.1　农村居民收支与就业　　　　　　　　　　005

  1.2　农业生产经营　　　　　　　　　　　　　011

  1.3　农民生活状况　　　　　　　　　　　　　019

  1.4　本章小结　　　　　　　　　　　　　　　025

第2章　巩固脱贫成效和确保粮食安全　　　　　　　027

  2.1　建档立卡与脱贫情况　　　　　　　　　　027

  2.2　粮食供应与耕地情况　　　　　　　　　　033

  2.3　本章小结　　　　　　　　　　　　　　　045

第3章　乡村产业发展　　　　　　　　　　　　　　047

  3.1　农村特色产业发展　　　　　　　　　　　047

  3.2　农业生产与经营体系现代化　　　　　　　055

  3.3　农村一二三产业融合　　　　　　　　　　063

  3.4　本章小结　　　　　　　　　　　　　　　072

第4章　乡村技术进步与人才支撑　　　074

4.1　农业技术进步　　　074

4.2　农民健康水平　　　079

4.3　农村教育　　　083

4.4　农民创业　　　091

4.5　本章小结　　　100

第5章　乡村建设　　　101

5.1　基础设施建设　　　101

5.2　人居环境整治　　　105

5.3　数字化服务建设　　　106

5.4　基本公共服务建设　　　109

5.5　本章小结　　　111

第6章　乡村治理与支农惠农政策　　　112

6.1　乡村治理　　　112

6.2　支农惠农政策　　　121

6.3　本章小结　　　125

专题报告

板块一： 产业链协同与农文旅融合　　　131

产业融合发展如何助力小水果产业打造全链条发展路径
——基于湖南省冷水江市的案例分析　　　133

全产业链融合发展助推农村产业融合
——以江苏省扬州市宝应县荷藕产业为例　　　140

创新驱动型农产品产业链的发展路径研究
　　——以陕西省商洛市商南县茶产业为例　146

绿色发展推动产业链协同
　　——张家界市武陵源区协和乡产业园的可持续发展实践　151

以特色产业为纽带，促进农旅深度融合
　　——湖北省老河口市绿岛王府洲特色产业发展经验　155

新兴旅游业态崛起，助力传统乡村旅游转型升级
　　——黄果树旅游区创新实践研究　161

以茶为媒，振兴乡村
　　——四川省巴中市南江县云顶茶乡茶旅融合发展经验　166

乡村农文旅融合发展路径探究
　　——以安徽省合肥市护城社区田园综合体为例　172

农文旅融合发展推动产业链融合发展机制研究
　　——湖北省咸宁市崇阳县石城镇乡村振兴示范区创建经验　180

文旅融合视角下民宿产业高质量发展的实现路径探究
　　——基于浙江省湖州市德清县莫干山民宿产业的案例分析　188

板块二： 数字化转型与科技驱动　195

数字化平台助力鲜切花产业发展新路径
　　——基于云南省斗南镇的案例分析　197

数字经济如何赋能花木产业转型升级
　　——基于江苏省堰下村的案例分析　203

纺织制造业数字化转型模式探究
　　——以江西省于都县纺织服装产业为例　212

数字化赋能特色产业链融合发展路径研究
　　——基于湖北省宜昌市秭归县的案例分析　　218

科技扶贫激活茶产业振兴
　　——基于云南省临沧市临翔区蚂蚁堆乡蚂蚁堆村的案例分析　228

科技焕发黄桃产业新动能
　　——以湖南省炎陵县产业发展为例　　234

以点带面促进农文旅融合发展
　　——基于湖北省宜昌市夷陵区官庄村柑橘产业的案例分析　　239

新质生产力赋能农村产业振兴的路径探究
　　——以草埠湖镇现代农业发展为例　　246

板块三： 特色产业培育与优势发展　　252

集体经济引领乡村产业发展研究
　　——以河北省白沙村为例　　255

品牌建设如何驱动产业链提档升级
　　——基于湖北省恩施州硒源山茶业的案例分析　　260

乡村优势特色产业发展机制研究
　　——基于山东省盐窝镇黄河口滩羊产业的案例分析　　268

乡村特色水果产业发展研究
　　——以重庆市茶坪村脆李产业为例　　274

因地制宜发展乡村优势特色产业研究
　　——基于陕西省眉县猕猴桃产业的案例分析　　279

地方特色农业发展路径探索
　　——以遂川县狗牯脑茶产业为例　　285

竹鼠产业实现绿色化、智能化农业发展
　　——基于广西桂林市瑶族自治县的案例分析　　　　293

现代生态农业发展路径探究
　　——以湖北省黄冈市叶路洲生态园为例　　　　299

聚焦资源禀赋：打造强县富民的特色产业
　　——以麻城市菊花产业为例　　　　306

农产品加工业优化升级路径机制研究
　　——基于襄州双沟工业园的案例分析　　　　312

参考文献　　　　317
调研员名单　　　　330
后记　　　　331

主报告

- 农村总体生产生活
- 巩固脱贫成效和确保粮食安全
- 乡村产业发展
- 乡村技术进步与人才支撑
- 乡村建设
- 乡村治理与支农惠农政策

主报告部分是对我国乡村产业振兴的总体情况进行客观分析，共分为 6 章。本次调研的主题是产业振兴与中国乡村现代化新路径，重点围绕产业振兴专题，深入探讨了乡村产业发展成效、问题和解决对策。调研共涉及湖北、湖南、河南、江西、安徽、山西、云南、江苏、黑龙江、新疆、宁夏、广东（共 12 个省份）的农村及乡镇，共收集有效村户问卷 2900 余份，村居问卷 140 余份，乡镇问卷 110 余份。后面章节分别围绕我国乡村居民生活、脱贫攻坚成果、乡村产业、乡村技术与人才、乡村建设、乡村治理和全面推进乡村振兴展开论述。通过对这些方面的客观分析，以及与 2022 年两轮数据作对比，可以全面了解中国乡村产业振兴的现状和发展路径，为未来政策制定和实践提供有益的参考和建议。

第 1 章论述了农村总体生产生活的基本情况。通过对数据进行分析，发现农民收入和消费水平提升，收入主要来源于外出务工，脱贫成果显著；农业生产经营稳中向好，形成新型经营体系，主要种植作物为水稻、玉米和小麦，以猪、鸡、羊为主要养殖物；农村土地流转普遍不足，东部地区相对较高但仍需改进；农村农民生活水平有所提高，住房面积高于城镇，基本水电供给有保障，家电、汽车普及，普惠金融产品推广较广。

第 2 章主要论述了我国乡村巩固脱贫成效和确保粮食安全情况。对调研数据进行分析，发现在防止返贫风险方面，西部地区的建档立卡人数占比最高。扶贫期间，贫困户主要接受的支持包括房屋改造、子女教育补贴和农林牧渔生产补贴，特色扶贫项目主要涉及产业扶贫和一村一品等。脱贫后的地区受助情况出现不同地区间存在明显差距的情况。除此之外，低收入群体仍面临一定返贫风险，疾病和资金缺乏是主要返贫因素，因此需要建立长效机制预防发生规模性返贫，有效巩固脱贫成果。

在农业生产方面，我国主要粮食作物的单产高于世界平均水平，但玉米产量与美国相比仍有差距。气象和病虫害灾害在一定程度上影响着农产品生产。土地细碎化和撂荒问题相对严重，需要加强耕地保护责任落实，需要严格守护18亿亩耕地红线，推进轮作、调整肥料结构和生物防治技术的普及，以提高耕地质量。

第3章聚焦于乡村产业发展，总结了中国农村现代产业体系建设的情况。本章对农村产业结构转变、农村区域差异、农村特色产业、农业机械化和社会化服务，以及农产品加工和乡村服务业等方面进行了分析，认为我国农村现代产业体系建设虽然取得了一定成就，但也存在诸如产业结构不均衡、品牌意识不足、机械化水平有待提升等问题。因此，需要进一步加强政策引导和资源投入，促进农村产业的可持续发展，实现乡村振兴的目标。

第4章主要从乡村技术进步和人才支撑的角度进行分析，分析发现我国农村农业技术和设备利用率相对较低。同时，农业技术指导仍有提升空间，尤其在普及程度、开展频率和地区间平衡性方面存在挑战。对农民健康状况进行分析，发现尽管患"三高"等慢性病的比例相对较低，但超重仍存在潜在患病风险。

在教育方面，农村地区子代教育水平较父辈显著提高，但仍低于全国平均水平。农村教育仍面临区域和性别差距，尤其在东北和西部地区与东部地区之间，以及男女教育水平上存在较大差距。在返乡创业方面，农民返乡创业比例显著增加，主要创办小微企业。然而，现有返乡创业补贴政策精确度有待提高。

第5章主要展示了我国乡村建设的基本情况。根据调研数据显示，受访村庄的生活设施建设和人居环境整治已经获得较大改善，涵盖交通基础设施、水电供应、垃圾处理和厕所改造等方面。然而，仍存在区域发展不均衡的问题。数字化服务水平有所提升，尤其在互联网应用和电子商务方面表现较高，但互联网金融的使用水平相对较低。基本公共服务建设方面仍有改善空间，少数农民尚未参与养老保险，而乡镇医疗水平也需要进一步提高。

第6章研究了我国乡村治理与支农惠农政策的实施效果。乡村治理实践具有以下几个关键：首先，强调党的领导下村民自治的有序发展，乡村治理呈现出"多元融合"的特性，各种乡村自治体系相互配合，推动基层治理。其次，强调村务管理和村务公开的重要性，以及村规村约的内容和落实情况。再次，强调发展壮大农村集体经济对实现共同富裕和乡村振兴的重要性，并提及了不同地区农村财政状况和公共产品建设资金来源的差异。最后，本章还分析了支农惠农政策，包括低保救助机制和创新创业扶持政策，指出了政策实施中存在的问题和提升空间。

第 1 章

农村总体生产生活

1.1 农村居民收支与就业

在收支方面，我们主要了解农村居民家庭收入水平，尤其是曾经是建档立卡贫困家庭的收入变化情况，农村居民家庭收入主要来源、消费结构情况。在就业方面，我们重点关注就业的主要类型、性质和外出务工的主要地点等。

1.1.1 农村居民收入与支出

在农民收入水平上，从 4 个区域调研情况来看，各地区收入水平差异较大，其中东部沿海地区农村居民收入较高，东北和中部次之，西部最低；同时收入来源较为多样化。农村居民收入的主要来源是工资性收入，财产性收入及转移性收入比例较低。从脱贫成效来看，曾经是建档立卡贫困户的居民人均可支配收入达到 1.17 万元，消费支出中食物消费和教育的支出占比最大，人民生活水平趋于富裕。

1. 农村居民家庭收入水平

如图 1.1 所示，2022 年西部地区、中部地区、东北地区、东部地区的农村家庭人均收入分别为 1.55 万元、2.37 万元、2.74 万元、3.74 万元，全国平均收入约 2.23 万元。从各地区对比来看，东部地区的农村居民收入是最高的，东北地区①、中部地区次之，西部地区最低，可以看出我国不同地区收入水平仍存在一定差异。

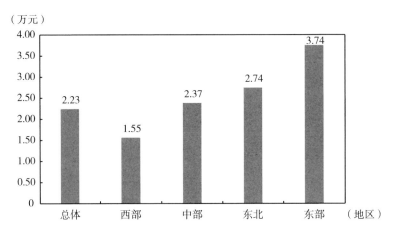

图 1.1　4 个区域 2022 年人均可支配收入

如图 1.2 所示，2022 年中国曾经是建档立卡贫困户的农村居民人均可支配收入达到了 1.17 万元②。西部地区、中部地区、东北地区、东部地区

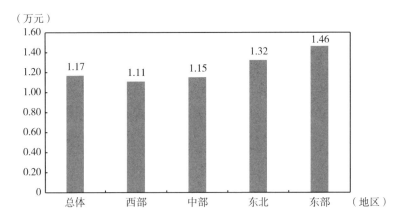

图 1.2　4 个区域曾经是建档立卡贫困户的居民人均可支配收入

---

①　这可能由于东北地区的样本农户多为种植大户，收入较高。

②　国务院扶贫办公布数据：2020 年脱贫攻坚胜利时全国建档立卡贫困户人均纯收入 10740 元（纯收入包括更多未扣除的转移性支出，可支配收入要比之低一些）。

脱贫户人均可支配收入分别为 1.11 万元、1.15 万元、1.32 万元、1.46 万元，均超过 1.07 万元，脱贫户可持续发展均比较好，没有明显的返贫倾向。

2. 农村居民家庭收入来源

如图 1.3 所示，各省份的家庭收入中，工资性收入比例平均为 47%，显著高于其他方面的收入，其他类型收入主要有农业收入和开店收入，比例分别为 32% 和 15%，养老退休金、利息分红、低保抚恤金和农业生产补贴等收入比例很低，共 5%。可以看出，工资性收入和农业收入仍是主要收入类型，而财产性收入则比例较低，这与全国的农村居民收入构成基本一致，但是转移性收入和补贴性收入比例相对更低。因此，要实现党中央提出的"多渠道增加居民财产性收入"的要求，对于农村居民来说还有一定难度。

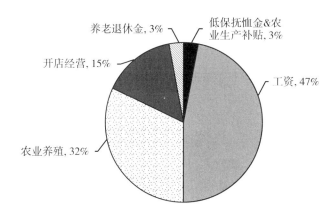

图 1.3　4 个区域的受访者家庭收入占比

3. 农村居民消费支出

如图 1.4 所示，农村居民消费支出类型主要为食物消费和教育支出，比例分别为 31% 和 18%；人情支出比例为 11%；医疗和烟酒旅游支出比例均为 9%；服装支出比例 8%；房租上网和水电取暖的支出比例最少，均为 7%。可见，全国各地区在食品消费支出和教育支出的比例最高，其他各部分比例相对均匀。

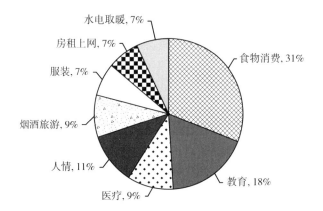

图 1.4　4 个区域家庭消费比例

分区域来看食物消费和教育支出情况，如图 1.5 所示，西部地区、中部地区、东北地区和东部地区家庭食物消费均占总消费支出的 30% 左右。在教育支出方面，中部地区教育支出比例最高，为 17%；东北地区和西部地区教育支出比例相同，均为 15%；东部地区教育支出比例最低，为 13%。

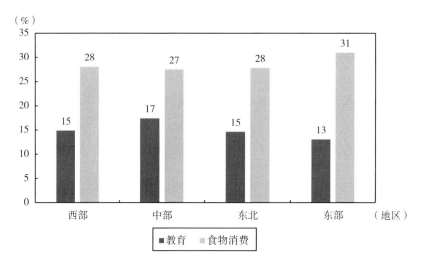

图 1.5　4 个区域家庭教育和食物消费情况

1.1.2　农村居民就业

从调研的农村居民就业情况来看，有超过半数的农民会选择外出务工，农民工类型多是自家务农和非农业雇员，外出务工地点多集中于其他省份。

1. 农村居民主要工作类型

如图 1.6 所示，全国总体有过半的农民有外出务工的工作经历，其中西部地区和中部地区均有超 50% 的农民会选择外出务工；东部地区外出务工的比例较低，为 42%；东北地区农民外出务工比例最低，为 31%。中西部地区①较东北地区人员流动更为便利，所以外出务工比例较高，而东部地区整体经济发展状况较好，人们也更倾向于留在本地发展，所以外出务工比例也相对较低。

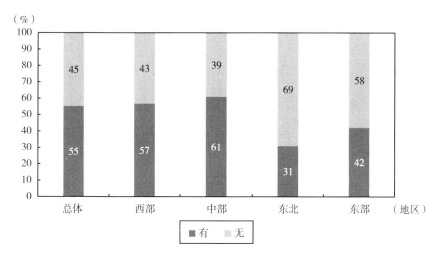

图 1.6   4 个区域农民 2022 年是否外出务工

2. 农村居民务工性质

我们调查了当地农户的务工性质，具体问题是"农户去年从事的最主要工作属于以下哪一种：自家务农、农业雇员、非农业雇员、雇主/自雇"。其中农业雇员是指受雇于农业相关的个人/组织/企业/单位，非农业雇员是指受雇于建筑、餐饮和其他非农行业的相关个人/组织/企业/单位，

---

① 此次调研西部地区省份主要包括四川、云南、贵州、宁夏，地理位置均更靠近中部地区。

雇主/自雇是指个体户，即雇用1人及以上的个人，或雇主就是自己也不雇用他人工作，如开农场、工厂或店铺。

如图1.7所示，农户2022年主要的工作类型主要是自家务农、非农业雇员和雇主/自雇，农业雇员比例不足5%。可以看出西部地区、东北地区自家务农比例相对较高，均超过50%，说明东北地区、西部地区的农村居民工作的主要类型还是农业工作；中部地区、东部地区非农业雇员比例相对较高，均超过40%；东部地区的雇主/自雇比例也超过了20%，非农业工作比例相对较高。

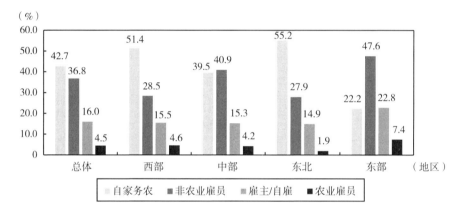

图1.7　4个区域的农村居民务工性质

3. 农村居民外出务工地点

本次调研还询问了受访者外出务工的主要地区，主要划分为6个方向：其他省份、本省其他市、本市其他县区、本县区内其他乡镇、本乡镇内其他村庄、境外，为了解劳动力流动方向提供了信息。

从图1.8可以看出，除东部地区外，4个区域的农村居民外出务工的地点主要集中在其他省份，西部地区、中部地区、东北地区选择其他省份就业比例分别为39%、44%、55%；东部地区经济发展状况最好，劳动力流出至其他省份的比例最少，不足1/4。总体来看，在选择外出务工的农民中，选择本乡镇和境外的比例最低，本省其他市、本市其他县区、本县其他乡镇就业比例相对均匀，其中仍是东部地区各地分布最为均匀。

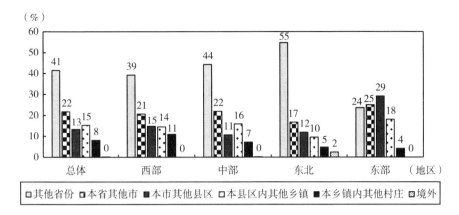

图 1.8 4 个区域的农村居民外出务工地点

1.2 农业生产经营

农业生产经营体系现代化是建设现代农业的重要内容。本节从以下三个方面对我国农业生产经营调研情况进行展示分析：一是农业生产经营主体，即我国农业经营形态有哪些类型和各种类型所占比例；二是主要农作物生产及销售，分别调研了种植物和养殖物的主要类型和销售价格及利润情况；三是农村土地流转，包括土地流转的面积、价格，以及入股分红情况等。

1.2.1 农业经营主体

新型农业经营主体，如家庭农场、农民合作社和农业企业等，对推动农业现代化、提升生产效率、增加农民收入及促进农村经济发展具有重要作用。他们可以通过采用新技术和管理模式，实现农业的规模化经营、提高产品竞争力，以及促进农业与农村的结构性改革。本节从农业生产经营主体及农业服务组织参与方面分析农业生产经营情况。

1. 农业经营主体类型

如图 1.9 所示，从四个地区的调查数据来看，剔除缺失值和有误样本后，有效样本总量为 2603 户，普通农户有 2272 户，新型经营主体有 331

户，分别占比 87.28% 和 12.72%。其中，西部地区、中部地区、东北地区、东部地区的有效农户样本数量分别为 819 户、1297 户、222 户和 265 户。根据表 1.1 可以计算得到，各地区新型农业经营主体的占比均不高，分别为 26.13%、7.55%、11.97% 和 11.95%，西部地区较高，超过了 20%。表 1.1 列举了各地区各类新型农业经营主体的数量分布。调研样本中，西部地区以种养大户为主，中部地区以家庭农场和农业专业合作社为主，但占比均不高，东北地区的种养大户比例较高，东部地区同样是种养大户的比例较高。

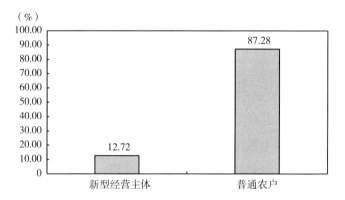

图 1.9　新型农业经营主体和普通农户占比

表 1.1　　　　　　　　各地区各类新型农业经营主体构成　　　　　单位：%

农业经营主体	总计	西部地区	中部地区	东北地区	东部地区
农业专业合作社	2.96	1.80	2.64	2.81	3.32
家庭农场	3.65	5.86	2.26	3.42	3.70
种养大户	5.26	18.47	2.26	4.03	4.39
农业社会化服务组织	0.85	0.00	0.38	1.71	0.54
普通农户	87.28	73.87	92.45	88.03	88.05

2. 农业组织参与

如图 1.10 所示，在 4 个区域的调研中，总体均为不到 10% 的农户参加农业组织。参与程度相对较高的为西部地区，参与率为 8.15%；参与程度相对较低的是东北地区，参与率仅为 1.37%。因此需要加快发展农业社会化服务，发展各地农业组织，促进普通农户参加农业组织的积极性，提高种粮综合效益。对农业组织的参与类型进行分类考察，调研发现农户参与最多的是合作社，其次是土地托管。

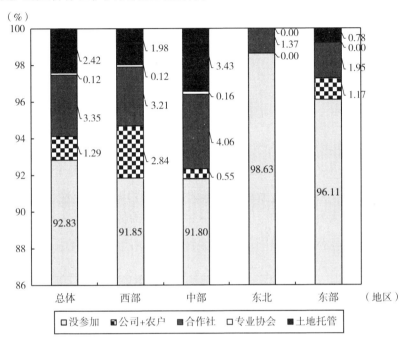

图1.10 4个区域农业组织参与情况

如图1.11所示，对于各类农业组织发挥的作用，调查发现，提供秧苗种子等的购买、技术指导和销售服务是提供较多的服务类型。

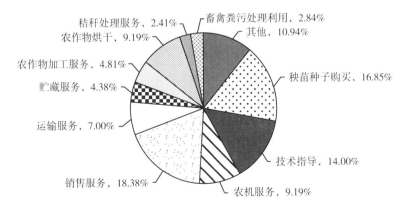

图1.11 4个区域主要农业社会服务

1.2.2 主要农作物生产及销售

1. 各地区主要种植物

如图 1.12 所示，农作物种植以粮食作物（水稻、小麦、玉米等）为主，其次是蔬菜瓜果（青菜、花菜、西红柿等）和经济作物（棉花、花生、葵花籽等），总体种植比例分别为 66.63%、25.02% 和 8.35%。各地种植结构存在一定差异性，西部地区粮食作物的种植比例为 65.04%，蔬菜瓜果的种植比例为 24.23%，经济作物的种植比例为 10.73%。中部地区粮食作物的种植比例为 65.88%，蔬菜瓜果的种植比例为 25.65%，经济作物的种植比例为 8.47%。东北地区粮食作物的种植比例为 88.68%，蔬菜瓜果的种植比例为 11.32%。东部地区粮食作物的种植比例为 59.22%，蔬菜瓜果的种植比例为 38.83%，经济作物的种植比例为 1.95%。

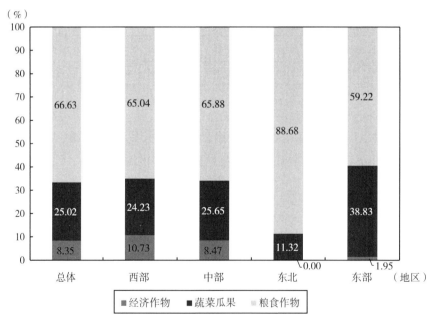

图 1.12　各地区主要种植物

2. 各地区主要养殖物

如图 1.13 所示，农村的养殖物主要为猪、鸡和鸭。在养殖户中，养猪的比例最高，达 30.04%；其次是鸡，比例为 29.79%；养鸭的比例为 13.14%，养牛的比例为 10.39%。

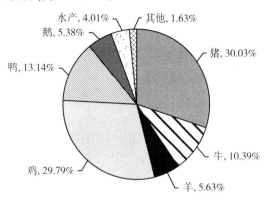

图 1.13 各地区主要养殖物

如图 1.14 所示，4 个区域的大多数农户养殖物无盈亏。总体上看，盈利的农户数大于亏损农户数，盈利利润大多在 100～5000 元不等，亏损在 0～10000 元不等，说明养殖户的年利润微薄。

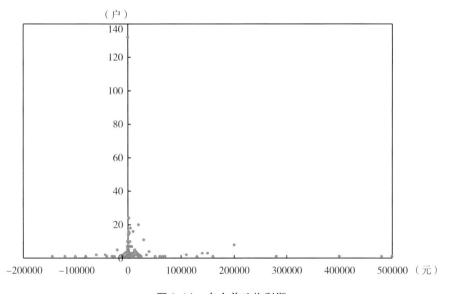

图 1.14 农户养殖物利润

3. 农产品销售

如图 1.15 所示，农产品销售渠道较为多样化，主要是集中销售，占比为 43.73%；其次是上门收购，比例为 35.97%；专业公司订购比例为 10.07%；网上销售的比例很低，说明电子商务等信息化手段在农产品销售端发挥的效应不够。图 1.16 表明各区域的粮食出口基本为自产自销，几乎没有出口国外。

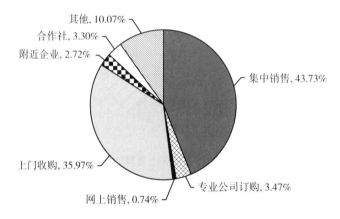

图 1.15　农产品主要销售渠道

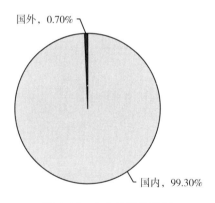

图 1.16　农产品销售地区

1.2.3　农村土地流转

农村土地流转是建设现代农业、推动农业适度规模化经营的有效手段。为了了解全国地区的农户土地流转的基本情况，本报告从土地转入和土地转出两个方面进行展示分析。

1. 农村土地转出

有土地转出的农户比例整体不高。图 1.17 展示了 4 个区域的土地转出情况，总的有效样本为 2385 个农户，一共有 592 户转出土地，占比约为 24.82%，相比 2021 年的转出比例 20.15%，有所提高。其中，东部地区的土地转出比例相对较高，达到了 36.00%。西部地区、中部地区、东北地区的土地转出比例分别为 23.13%、22.58%、31.73%。东北地区的土地平均转出面积较大，超过了 25 亩。

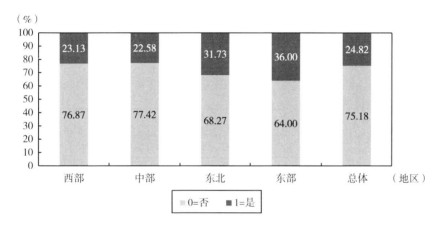

图 1.17 各地区土地流转情况

表 1.2 统计了各地区农户转出土地的情况。总体平均土地流转面积为 8.07 亩，转出价格为 737.39 元/亩/年。西部地区平均流出面积为 6.15 亩，转出价格为 776.73 元/亩/年；中部地区平均流出面积为 6.99 亩，转出价格为 439.63 元/亩/年；东北地区平均流出面积为 22.42 亩，转出价格为 981.41 元/亩/年；东部地区平均流出面积为 3.87 亩，转出价格为 751.78 元/亩/年。

表 1.2　　　　　　　　各地区土地流转情况

流转面积及价格	西部地区	中部地区	东北地区	东部地区	总计
平均面积（亩）	6.15	6.99	22.42	3.87	8.07
转出价格（元/亩/年）	776.73	439.63	981.41	751.78	737.39

如图1.18所示,土地转出对象主要是亲戚朋友,其次是合作社和企业,还有部分农户将土地转给了外地承包商和其他村民等。为了降低耕地地力被破坏或用途被改变的风险,绝大多数的土地流转交易都倾向于发生在普通农户之间(张照新,2002),我们的调研结果也同样印证了这一点。

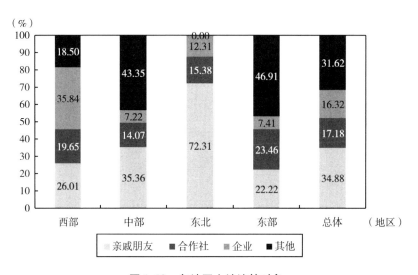

图1.18   各地区土地流转对象

2. 土地入股分红

农户参与土地入股分红的比例很低。根据调研数据,如图1.19所示,调查农户数为2335户,一共有36户参与土地入股分红,有2299户未参与土地入股分红,参与率为1.54%。

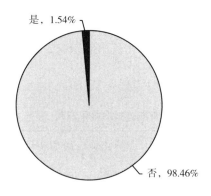

图1.19   土地入股分红比例

1.3　农民生活状况

在对农村居民生活水平的调研中，我们从多个角度对农村生活进行了调研。参考农业普查中对农民生活的调查内容，调研的内容涉及农民家庭资产配置情况、能源使用情况和农民信贷情况等，从而既能了解到当今农民最基本的生活保障水平，又能寻找到未来提升农村农民生活质量的一些途径。

1.3.1　农民家庭资产配置

2008 年的家电下乡、汽车下乡等一系列支持农村居民消费的政策出台，充分释放了农村居民的消费潜力。许许多多的农村消费者选择购买新型农业机械、小汽车和小家电，以提高农业生产水平、改善生活质量。图 1.20 反映了对 4 个地区调研过程中得到的居民家庭资产状况：94.78% 的农户有购置家用电器，说明家用电器已在农村基本普及。75.81% 的农户拥有摩托车，48.37% 的农户拥有小汽车，10.85% 的农户购买了农用机械，12.59% 的农户购买了农用车。

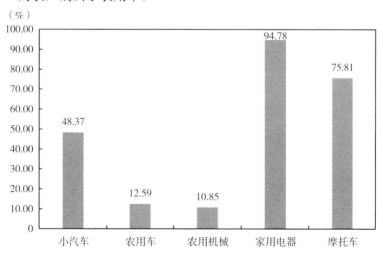

图 1.20　农户家用设备购买

1.3.2　农民基本生活条件

水资源是人民生活的最基础条件之一。近年来，我国多地大力推动自来水下乡。作为重要的农村公共基础设施，自来水管网的覆盖保障了农村用水安全，为农村居民生命安全提供了坚实保障。

从农户用水来源的调研结果来看，目前自来水的覆盖率已经达到了83.08%（见图1.21）。而对于多数未使用自来水的居民而言，其主要用水来源为井水。因此，农村地区用水安全已基本得到保障。

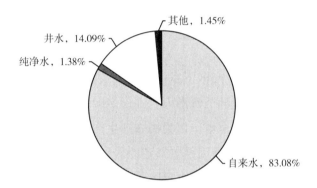

图1.21　农户做饭用水情况

能源是广大农村地区人民生计的基础。木柴和秸秆曾经是最为廉价且最易于获得的燃料来源，而如今在农村电气化进程加快的大背景下，电气等二次能源逐渐成为农村做饭所用燃料的最主要来源。初级能源（木炭、秸秆）的使用比例的下降反映出在农村电气化改造进程中，农村居民能源使用结构的优化。这与农村地区基础设施的改造密不可分。此外随着新能源的不断推广，其使用的比率也有所提高。图1.22反映了农村能源使用状况：70.85%的农户使用电取暖，30.38%的农户使用木柴取暖，21.74%的农户使用其他煤炭取暖，还有少量农户使用清洁煤、秸秆、太阳能等燃料取暖。

在住房总数上，超过95%的受访者家庭至少拥有1套房子，总体平均拥有房子数量为1.10套，平均住房面积为162.45平方米，超过城镇每户

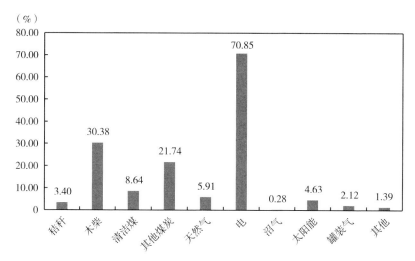

图 1.22　农户取暖燃料情况

住房面积 92.17 平方米①。其中，东北地区平均每户有 1.07 套房子，平均住房面积为 112.33 平方米；东部地区平均每户有 1.12 套房子，平均住房面积为 202.95 平方米；西部地区平均每户有 1.11 套房子，平均住房面积为 149.27 平方米；中部地区平均每户有 1.10 套房子，平均住房面积为 171.17 平方米（见表 1.3）。

表 1.3　　　　　　　　　　各地区农户住房情况

住房数量及面积	西部地区	中部地区	东北地区	东部地区	总计
平均房子数量（套）	1.11	1.10	1.07	1.12	1.10
平均住房面积（平方米）	149.27	171.17	112.33	202.95	162.45

1.3.3　农村居民普惠金融发展

1. 农村居民贷款经历

如图 1.23 所示，对 4 个区域的调研表明，西部地区借贷比例较高，为 27%，远高于全国总体平均水平的 18%；中部地区和东部地区次之，分别

---

①　资料来源：《中国人口普查年鉴 2020》。

为 15% 和 13%；东北地区比例最低，为 9%。

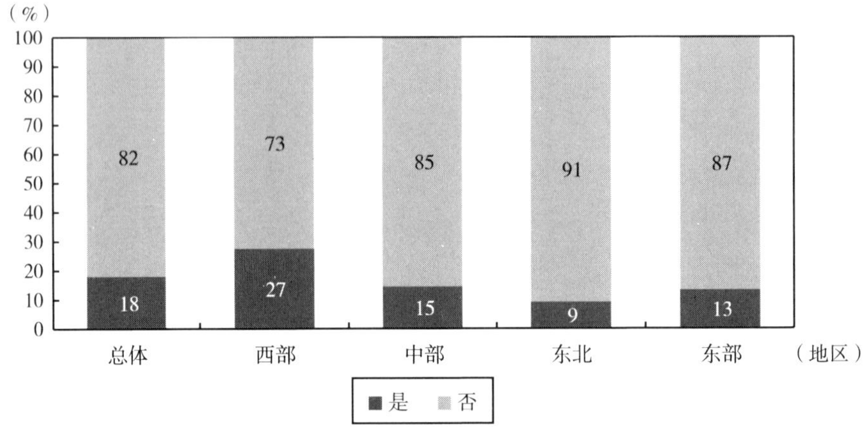

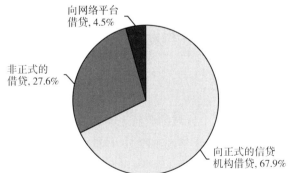

図 1.23　4 个区域农民有贷款经历的比重

2. 农村居民贷款方式

如图 1.24 所示，农民借贷手段相对单一，按照具体来源可以划分为三类：第一类是正式的信贷机构，如信用社、银行等；第二类是经由人际关系而产生的非正式借贷手段；第三类是诸如花呗的网络平台借贷。另外，农民经由此三类借贷平台借款的比重也有较大差距，如图 1.25 所示，正式的信贷机构借款比例超过 90%，远超其他借贷方式，这也说明了农村地区借贷行为的产生相对较为传统，途径较为单一。因此有必要针对农村的不同特点，设计出其他合理的信贷工具，以满足农村居民日益增长的借贷需求。

向网络平台
借贷, 4.5%

非正式的
借贷, 27.6%

向正式的信贷
机构借贷, 67.9%

図 1.24　4 个区域农民采用借贷方式占比

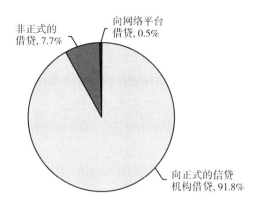

图 1.25 4 个区域农民通过各借贷方式金额占比

3. 农村居民贷款用途

如图 1.26 所示，多数居民贷款的目的是解决生活消费、子女教育与农业生产相关问题，比例分别为 18%、18% 和 14%，反映出在目前对于农民而言，普通的生产生活和未来子女的教育都被认为是非常重要的问题。此外买房和建房比例分别为 12% 和 11%，农民建房多为家庭的居住生活，而买房则更多是为了子女的未来婚姻大事，此两项也占了非常高的比重，此外看病就医、投资创收比例也均为 11%。从以上借贷用途来看，每一项都是关乎农民民生的至关重要的方面。

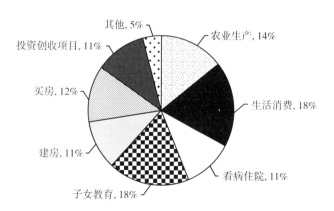

图 1.26 4 个区域农民通借贷用途占比

4. 农村居民互联网金融产品使用

60%的受访者表示其使用互联网金融产品，农户使用这些产品的原因如图 1.27 所示，可以看到，在实际的操作中，多数人还十分中意于互联网金融产品的方便（主要包括使用方便和到账快）。从中我们也能够看到数字普惠金融之所以能够得到广泛的推广，其重要的原因有一条即为数字普惠金融产品的便捷性。同时，亲戚朋友的大力推广是上述互联网金融产品得以推广的重要推手。

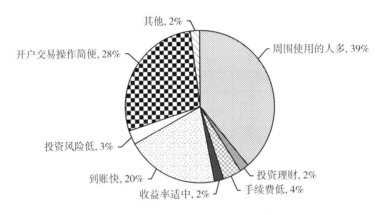

图 1.27　农民使用互联网金融产品的原因

而在理财产品的使用上，如图 1.28 所示，目前大火的基金和网络 P2P 理财成为农户投资理财的重要选择。这也符合基金类理财产品的流动性好、风险较低、交易方便的特性。

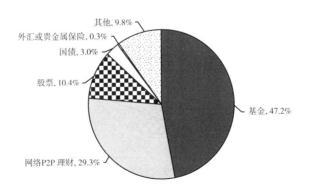

图 1.28　4 个区域农民金融理财产品使用比例

　　如图 1.29 所示，东部地区的居民相比于其他地区更倾向于使用互联网金融产品。这也反映出了在数字化进程加快的今天，经济基础较好、开放程度更高的东部地区相比于其他地区更有借助数字普惠金融技术的动力。

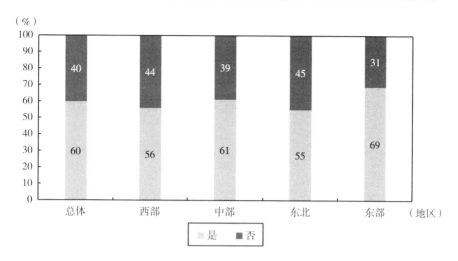

图 1.29　4 个区域农民是否使用金融产品情况

1.4　本章小结

　　本章从农民收支及就业、农业生产经营和农民生活三个方面对"三农"基本情况进行了描述，得出以下主要结论。

　　从农民收支和就业来看，农民收入和消费水平普遍提高，就业渠道多样化。大部分农民的主要家庭收入来源于外出务工，工资收入占比将近50%，其中中部地区外出务工比例最高，达到了 61%；日常主要消费为食品和教育支出方面，恩格尔系数相对较低；脱贫成果显著，曾经是建档立卡贫困户的收入高于 2020 年国家扶贫标准（人均可支配收入 1 万元）。

　　从农业生产来看，农业生产经营稳中向好，已初步形成新型农业生产经营体系；农户主要农作物以水稻、玉米和小麦为主，养殖物以猪、鸡、羊为主，大多农户在养殖方面收支相抵；农村土地流转普遍不足，东北地区土地流转相对比例较高且平均流转面积最大。

　　从农民生活来看，农民生活水平具备一定保障：基本水电供给有保证，户均居住面积超过 100 平方米；家电、汽车走入平常农户家中，改善了农户的生活出行条件。普惠金融产品在农村取得较大推广，农民金融投资产品多元化。

第 2 章

巩固脱贫成效和确保粮食安全

2.1 建档立卡与脱贫情况

2.1.1 建档立卡情况

从 4 个区域的调研结果来看，受访村建档立卡的比例，西部地区为 48.40%，中部地区为 44.29%，东部地区和东北地区为 3.65%（见图 2.1）。在调研的区域中，共有 46 个曾是上级政府认定的贫困村，湖北省的调研区域中认定的贫困村最多，其次是贵州省和河南省。其中，在 2010 年之前脱贫的有 2 个；在 2019 年和 2020 年脱贫的数量最多，分别有 12 个和 16 个。

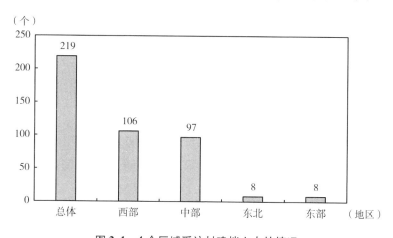

图 2.1　4 个区域受访村建档立卡的情况

2.1.2 受资助情况

从 4 个区域已建档立卡的农户收到的乡村发展资金来看，脱贫前，西部地区受助金额最高，平均为 7229 元，其次是中部地区平均受助金额为 5157 元，东部地区平均受助金额为 3166 元（见图 2.2）。但是在西部地区中，云南省与四川省差别较大，分别是本次调研区域中 2022 年收到乡村发展资金平均值最高和最低的省份。

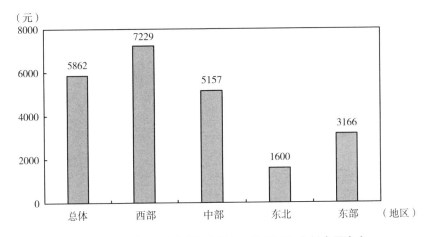

图 2.2 2022 年 4 个区域已建档立卡农户平均乡村发展资金

图 2.3 呈现了 2021 年 4 个区域已建档立卡的农户受助情况，中部地区受访者平均受助金额为 5718 元，湖南省受访者获得的受助金额最高，为 10000 元，最低是安徽，受助金额为 1450 元。西部地区平均受助金额为 6239 元，其中宁夏受助金额最高，平均为 9395 元，新疆维吾尔自治区受助金额最低，平均为 400 元。因调研数据缺失，无法得到东北地区有效情况。

67% 的受访者表示，2022 年收到的乡村发展相关资金与 2021 年相比基本持平，18% 的受访者表示资金有所上升，其余 15% 的受访者表示有所下降（见图 2.4）。从各省份的情况来看，湖北省获得资金较 2021 年有所上升的受访者个数最多，占全省的 38.46%；云南省获得资金下降的受访者个数最多，占全省的 26.32%。

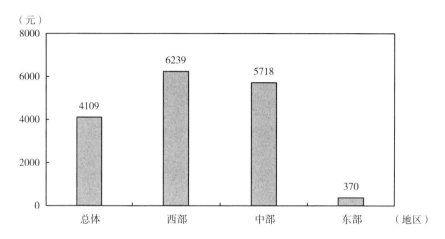

图2.3　2021 年 4 个区域已建档立卡农户平均乡村发展资金

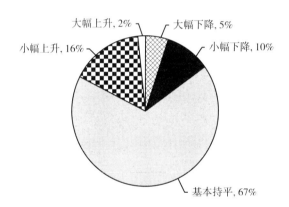

图2.4　2022 年 4 个区域乡村发展相关资金相对 2021 年变化情况

　　60%的受访者表示，2022 年收到的乡村发展相关资金与 2019 年相比基本持平，21.93%的受访者表示资金有所上升，其余 18.42%的受访者表示有所下降（见图2.5）。从各省份的情况来看，湖北省获得扶贫相关资金较 2019 年有所上升的受访者个数最多，占全省的 40%。

　　本次调研区域的受访者收到的乡村发展资金主要来源于村基层组织和地方政府，占到了 93%（见图2.6）。另外，还有 4%的资金来自国有企业和事业单位，而 2%则来自民营企业。村基层组织和地方政府在乡村发展事业中发挥着至关重要的作用。另外，民营企业和社会公益组织也在积极履行社会责任，为乡村发展事业贡献自己的力量。

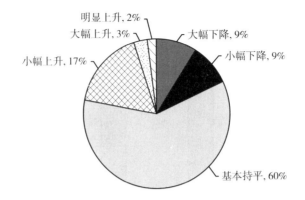

图 2.5　2022 年 4 个区域乡村发展相关资金相对 2019 年变化情况

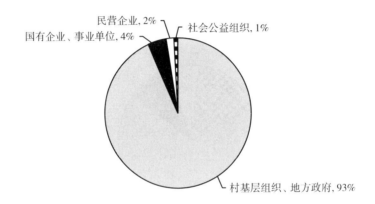

图 2.6　4 个区域乡村发展相关资金来源

2.1.3　乡村发展项目及效果

从各省份的调研情况来看，各地政府积极探索适宜本地的乡村发展模式，多地也走出了特色的致富路。例如，湖北省利用其优势产业促进乡村发展项目的开展。调查数据显示，在除了湖北省之外的其他省份中，参与光伏扶贫的农户相对较少，而湖北省光伏扶贫参与个数位居所有扶贫项目第二位。同时，各省份均开展了各种类型的产业扶贫来帮助乡村经济发展，有因地制宜的特色种植和资产收益扶贫模式等（见表 2.1）。

表 2.1　　　　　　　　　　各省份参与乡村发展项目情况

参与扶贫项目情况	安徽	贵州	河南	湖北	湖南	江苏	江西	宁夏	四川	云南	黑龙江
一村一品	2	1	1	0	0	1	1	0	1	1	0
乡村旅游	2	0	1	3	0	0	0	0	0	0	0
电商扶贫	1	0	0	3	1	1	0	1	0	1	0
光伏扶贫	2	0	2	7	0	0	1	2	1	1	3
金融扶贫	2	0	2	4	0	2	1	1	1	1	0
产业扶贫	2	3	4	8	2	2	2	2	3	3	1
未参与扶贫项目所占百分比（%）	72	33	69	58	77	63	50	75	66	72	75

　　贵州省的扶贫项目参与度最高，达到 67%。其次是江西省和湖北省。其余调研区域的省份扶贫项目不够理想，参与度均未达到 50%。安徽省扶贫项目参与较为广泛，六类扶贫项目均有村户参与。

　　受访的 4 个区域开展过的特色扶贫项目各有不同（见图 2.7）。中部地区主要开展了产业扶贫和光伏扶贫项目，其次是金融扶贫和乡村旅游。而西部地区则主要开展产业扶贫项目，其次是光伏扶贫。

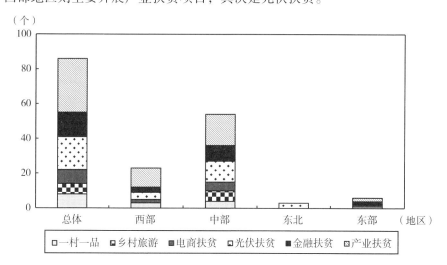

图 2.7　4 个区域受访村脱贫期间开展过的特色扶贫项目

　　这些特色扶贫项目在脱贫之后绝大多数仍在持续开展，为当地农民提供了稳定的致富途径。各省份在扶贫事业中不断探索创新，通过开展各类特色扶贫项目，为村民提供了更多的致富机会，推动扶贫工作取得更加显著的成效。

本村国家农民专业示范合作社个数，中部地区最多，受访区域共445个。其余调研地区相对较少（见图2.8）。省级层面，安徽省和湖南省合作社平均数量最多，均达到100个以上。贵州省本次受访的村庄暂时还未成立国家农民专业示范合作社。

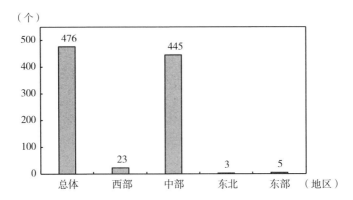

图2.8　4个区域的受访村国家农民专业示范合作社的个数

从4个区域本村各项扶贫项目解决的低收入群体就业人数方面来看，西部地区受访村平均解决的就业人数最多，其次是中部地区（见图2.9）。贵州和河南每个村解决就业的人口平均数最高，分别是352人、260人，江西省平均数量最低。与2021年相比，调研区域整体各项扶贫项目解决低收入群体就业平均数基本持平，中部地区和东部地区有所上升（见图2.10）。

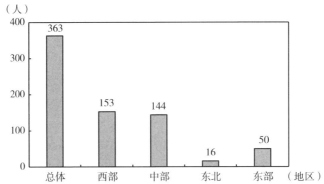

图2.9　2022年4个区域受访村扶贫项目平均解决低收入群体就业数

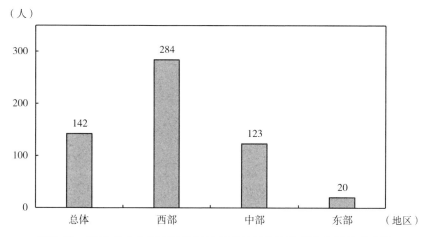

图2.10　2021年4个区域受访村扶贫项目平均解决低收入群体就业数

2.2　粮食供应与耕地情况

2.2.1　粮食供应

根据国家统计局公布的全国粮食生产数据显示，2022年全国粮食总产量68653万吨，比上年增加368万吨，增长0.5%，全年粮食产量再创新高，连续8年保持在65000万吨以上。其中谷物产量63324万吨，比2021年增加49万吨。[①]我国粮食作物较为多样化，以种植稻谷、小麦和玉米为主。在对调研地区农作物种植结构有了初步了解后，接下来分别对稻谷、小麦和玉米的生产情况进行分析。由于调研对象是以调查问卷形式获得的样本，因此选择主要粮食作物的亩产量作为其生产情况的衡量指标。主要粮食作物稻谷、玉米、小麦的亩产量均高于2021年世界平均水平[②]，分别达到636.09公斤/亩、470.84公斤/亩和516.48公斤/亩，其中稻谷和小麦亩产量高于美国，玉米亩产量低于美国（见图2.11）。玉米亩产量相对落后，因此要深入推进玉米产能提升工程，扎实推进大

---

① 国家统计局关于2022年粮食产量数据的公告［EB/OL］. 国家统计局，2022 - 12 - 12.
② 世界和美国主要粮食作物单位面积产量数据来源于联合国FAO数据库。

豆、玉米带状复合种植。

（公斤/亩）

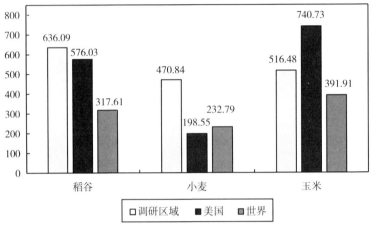

图 2.11　主要粮食作物单位面积产量对比

关注稻谷的生产情况。调研区域稻谷的平均亩产量为 636.09 公斤/亩，其中东部地区稻谷亩产量较高，西部地区稻谷亩产量较低（见图 2.12）。具体到各个省份而言，江苏省稻谷亩产量最高，高达 887.13 公斤/亩，云南省、贵州省和河南省稻谷亩产量较低，均不足 300 公斤/亩。在调研样本中，宁夏回族自治区的农户不生产稻谷。作为对比，根据联合国粮农组织数据，2021 年美国稻谷单位面积产量为 576.03 公斤/亩，调研区域仅有江苏省、湖北省、江西省和湖南省高于该水平。[①]

小麦的生产情况和稻谷较为类似，西部地区的小麦亩产量较低（见图 2.13），其中宁夏回族自治区的小麦亩产量最低，不足 300 公斤/亩。受到调研数据的限制，无法得到贵州省、湖南省、江西省和黑龙江省的小麦亩产量水平。根据联合国粮农组织数据，美国和世界 2021 年小麦单位面积产量为 198.55 公斤/亩和 232.79 公斤/亩，中国小麦亩产量显著高于世界水平和美国水平，即使对于调研区域中小麦亩产量较低的西部地区仍高于世界平均水平和美国。[②]

①②　资料来源：世界和美国主要粮食作物单位面积产量数据来源于联合国 FAO 数据库。

（公斤/亩）

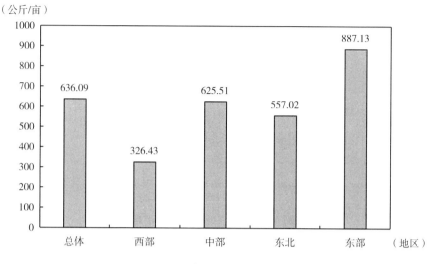

图2.12　4个区域的稻谷亩产量

（公斤/亩）

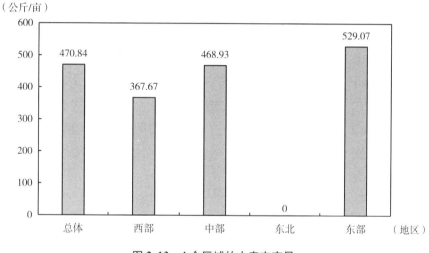

图2.13　4个区域的小麦亩产量

调研地区玉米的生产情况与稻谷和小麦不同，东部地区玉米亩产量水平较低（见图2.14）。其中，江西省、云南省和安徽省的玉米亩产量达到600公斤/亩。根据联合国粮农组织数据，美国、世界2021年玉米单位面积产量为740.73公斤/亩、391.91公斤/亩，中国玉米亩产量高于世界平均水平，但与美国相比仍有较大差距。

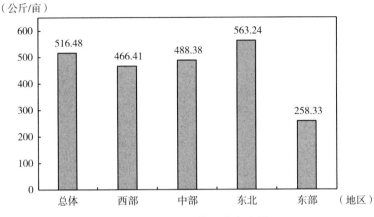

图2.14 4个区域的玉米亩产量

农作物在生产过程中会遇到各种潜在风险，导致农作物最终减产，要想牢牢守住保障国家粮食安全，需要有效防范应对重大灾害带来的影响。主要包括气象灾害与病虫灾害，其中气象灾害包括旱灾、洪涝、高温和霜冻等各种极端天气，病虫灾害包括病害和虫灾。

在农作物生产过程中，不同比例遭遇到了气候灾害和病虫灾害。在调研区域中，75%的农户未受任何灾害，而虫灾发生的比例最高，达到16%，同时有5%的农户遭受了灾害，但不清楚具体的灾害原因（见图2.15和表2.2）。调研区域存在的主要虫害有蝗虫、卷叶虫、蚜虫、稻飞虱、红蜘蛛、钻心虫、螟虫等，主要病害有白粉病、稻瘟病、红叶病、霜霉病、锈病、纹枯病、枯叶病等。

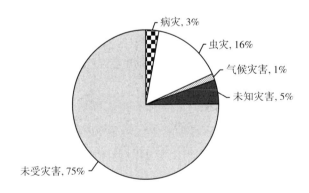

图2.15 生产过程中遭遇各种灾害比例

表 2.2   4 个区域农户遭受灾害户数   单位：户

地区	病灾	虫灾	气候灾害	未知灾害	未受灾害
总体	58	309	28	106	1506
西部	26	53	15	54	457
中部	23	186	11	42	717
东北	5	36	0	3	125
东部	0	33	2	6	184

对于虫灾，较为有效的防范方法便是使用农药，中部地区单位面积农药总支出最高，达到 93.20 元/亩；东部地区最低，仅为 30.84 元/亩（见图 2.16）。具体到各省份，安徽省、江西省、河南省和宁夏回族自治区单位面积农药总支出超过 100 元/亩，而四川省和江苏省不足 50 元/亩。

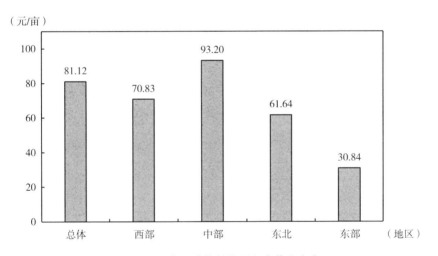

图 2.16 4 个区域的单位面积农药总支出

对农药使用进一步说明。2022 年 1 月农业农村部印发《“十四五”全国农药产业发展规划》，要求推进化学农药使用减量化，淘汰高毒低效化学农药，推广高效低毒低风险农药，推进病虫害生物防治替代化学防治。平均化学农药支出占比为 60%，高于平均生物低毒农药支出占比的 40%（见图 2.17），可以看出化学农药占农药总支出比例仍高于生物低毒农药支出，需要加大化学农药使用减量化任务推进力度。

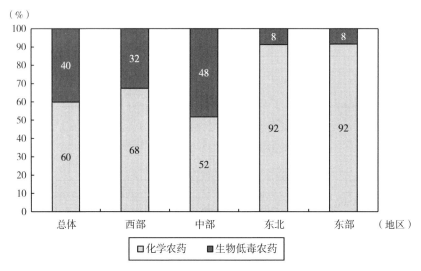

图 2.17　4 个区域化学农药和生物低毒农药支出占比

除了使用农药以外，通过购买农业保险也能在一定程度上减轻因为各种灾害导致的经济损失。在受灾的农户中，购买农业保险的比例达到34.95%，远高于未受灾农户的13.44%。调研样本整体有19%的农户选择购买农业保险，西部地区、中部地区、东北地区、东部地区农户选择购买农业保险的比例分别为25.46%、16.89%、7.32%、16.89%（见图2.18），需要加大农业保险的宣传推广力度。

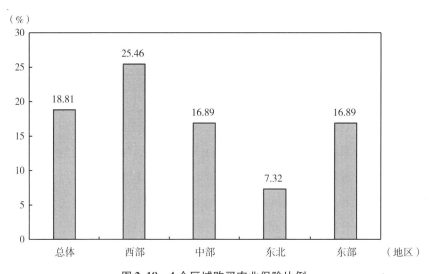

图 2.18　4 个区域购买农业保险比例

2.2.2　耕地情况

调研区域土地类型以耕地为主，不同地区主要土地类型存在差异，主要农作物的主要种植区域也存在不同。土地细碎化现象仍然普遍存在，轮作和有机肥、农家肥的普及推广程度仍有较大的提升空间，土地撂荒问题依旧严峻。

调研地区土地主要以耕地为主，接近50%，园地和林地在20%左右，水域和草地占比较低，在5%左右。4个区域土地类型比例存在差异。东部地区以耕地为主，占比超过90%；而西部地区和中部地区林地占比较高，超过40%；东北地区园地占比较高（见图2.19）。

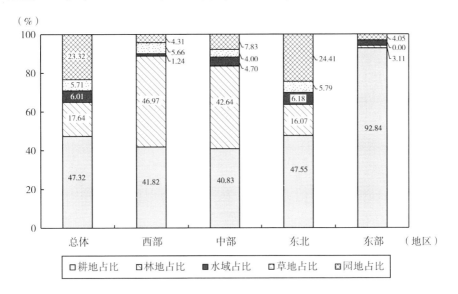

图 2.19　4 个区域的土地类型比例情况

从图2.20、图2.21和图2.22可以看出，稻谷种植主要集中在平地与丘陵一带，小麦种植则主要集中在平原地区，玉米种植地分布在平原、丘陵和山区。

土地细碎化经营现象依旧存在。许庆等（2008）认为，土地细碎化会带来规模不经济、增加农业生产成本、降低农业产出水平、降低农地有效利用等问题。调查区域农户平均种植面积为13.12亩，包括自持和转入的

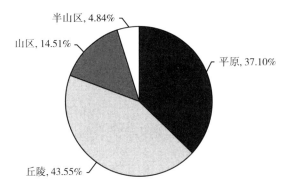

图 2.20　稻谷生产主要土地类型占比

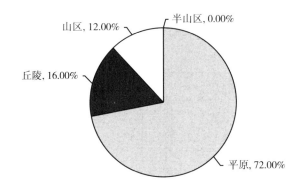

图 2.21　小麦生产主要土地类型占比

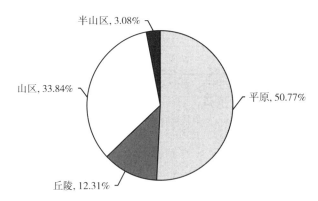

图 2.22　玉米生产主要土地类型占比

土地，不包括转出的土地，东部地区和东北地区不足 10 亩，东北地区最小仅为 4.77 亩（见图 2.23）。

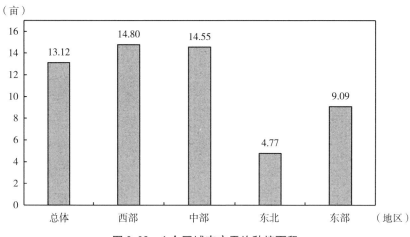

图2.23 4个区域农户平均种植面积

　　将耕地平均地块面积作为土地细碎化的指标。平均总耕种的地块数为4.80块，平均地块面积仅为2.77亩（见图2.24）。

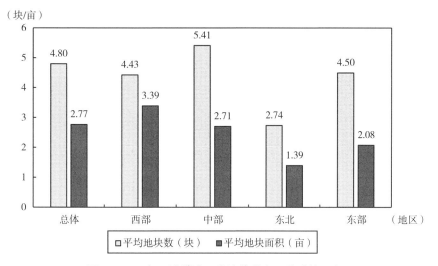

图2.24 4个区域耕地平均地块数和平均地块面积

　　抓好粮食生产，一方面，要严守18亿亩耕地红线，稳定全年粮食播种面积，即保证耕地的数量；另一方面，也不能忽视耕地自身的质量问题，耕地质量越高，相同面积耕地的粮食产量越多。

　　调研人员通过询问农户对拥有耕地质量的看法，对耕地质量进行记录和评价，尽管带有被调研人员的主观性，但建立该耕地质量评价体系仍有一定意义。耕地质量被分为五个等级，从好到坏依次为"非常好""好""一般""差""非常差"，对应分数为5分到1分。调研区域平均耕地质量为3.34分，即农户认为耕地质量处于一般到好之间，相对来说更接近于"一般"。其中，中部地区的农户对自己所拥有的土地的耕地质量更加满意，平均分数达到3.41分，而东北地区的农户给出的耕地质量分数最低，为3.15分，更加接近于"一般"水平（见图2.25）。

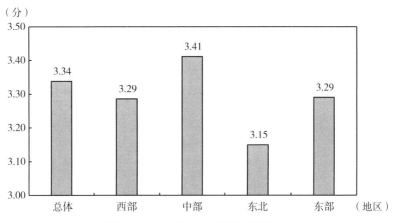

图 2.25　4 个区域农户平均耕地质量

仅有极少部分农户认为耕地质量差或者非常差，多数农户认为耕地质量一般（见图2.26）。由于该耕地质量评价体系受被调研人员主观因素影响，所得到的观点需要进一步验证。

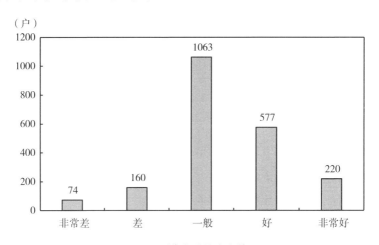

图 2.26　耕地质量分布情况

　　轮作是一种能够有效提升耕地质量的措施，一方面，能够充分利用土壤养分和防治病、虫、草害；另一方面，能调节土地肥力，从而达到用地养地进而增产增收的目的。寻舸等（2017）讨论了轮作休耕对我国粮食安全的影响，认为轮作休耕可以通过恢复土壤肥力、改良土壤种植效果来提高粮食品质和生态安全。将轮作率定义为指定地区种植作物采用轮作措施的比例，调研区域整体轮作率为32.38%；西部地区轮作率最高，为44.13%，其中，宁夏回族自治区的轮作率接近60%；中部地区的轮作率次之，达到30.48%；东部地区和东北地区的轮作率较低（见图2.27）。这一现象符合理论，轮作率越高地区的农户认为耕地质量越高。

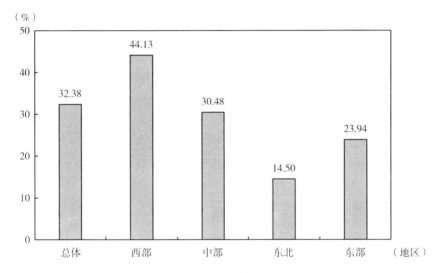

图2.27　4个区域的轮作率

　　通常认为肥料的使用与耕地质量存在反向关系，张士功（2005）讨论了化肥施用量与耕地质量的关系，新中国成立以来我国化肥使用量呈明显增加趋势，随着化肥使用量持续增加，会造成土壤酸化、有机质降低、耕地地力下降，进而导致施肥效益下降，肥料投入成本增加，增肥不增产、增产不增收的现象普遍存在。当耕地质量较高时，土地自身肥力足以使粮食产量达到预期目标，此时更加倾向于使用化肥的减量增效技术。通过对调研地区农户的单位面积肥料支出的计算，中部地区肥料的单位面积支出最高，超过 200 元/亩（见图 2.28），这与理论认识存在出入。

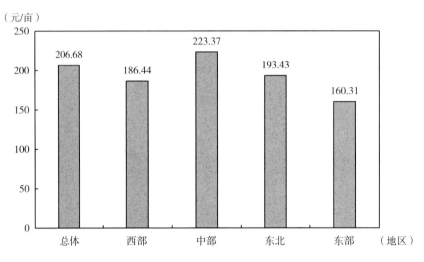

图 2.28　4 个区域的单位面积肥料支出

《"十四五"推进农业农村现代化规划》指出，要持续推进化肥减量增效。深入开展测土配方施肥，持续优化肥料投入品结构，增加有机肥使用，推广肥料高效施用技术。有机肥、农家肥使用仍然较少（见图 2.29）。

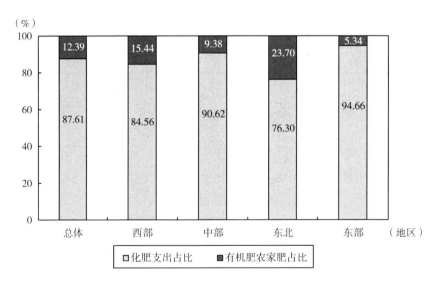

图 2.29　4 个区域不同种类肥料支出占比

我们将种植面积为零且没有转出土地视作土地撂荒，闲置土地撂荒比例定义为种植面积为零且没有转出的土地占种植面积为零的土地比例。土地撂荒问题仍然非常严重，54.05%的农户种植面积为零且没有转出土地造成土地未能充分利用（见图2.30）。唐代盛等（2002）和郭琳（2009）分析了土地撂荒现象产生的原因，认为土地撂荒产生的原因有外出务工农民社会保障机制不完善、土地产权制度不明晰、土地流转市场不健全。因此为了落实"长牙齿"的耕地保护硬措施，严守18亿亩耕地红线，需要分别对农民社会保障机制、土地产权制度、土地流转市场做出改进。

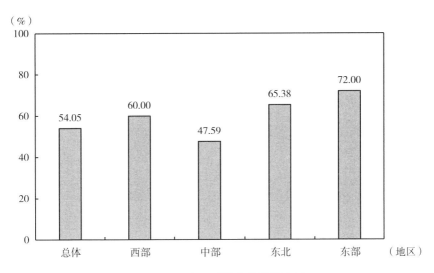

图2.30　4个区域的土地撂荒比例

2.3　本章小结

综合上述分析可知，从建档立卡情况来看，西部地区的人数占比最高，其次是中部地区。扶贫期间，贫困户主要接受的扶持是住房改造、子女教育补贴和农林牧渔生产补贴，开展的特色扶贫项目主要是产业扶贫和一村一品等。而脱贫后的地区受助情况不均衡，地区间受助差距较大。在防止返贫风险方面，低收入群体还存在一定的返贫风险，疾病和资金缺乏是最有可能导致返贫的因素，因此要建立起防止返贫长效机制。我国主要粮食作物亩产量高于世界平均水平，但玉米产能与美国仍存在差距，气象灾害和病虫灾害在一定程度上会影响农产品生产；土地细碎化和土地撂荒问题较严重，需要实行耕地保护党政同责，严守 18 亿亩耕地红线，加大轮作、肥料结构、病虫害生物防治宣传推广力度，以提高耕地质量。

第 3 章

乡村产业发展

3.1 农村特色产业发展

3.1.1 农村产业发展概况

农村以第一产业为主，区域差异明显。从表3.1的乡镇调查数据来看，第一产业产值占比明显高于二三产业，即乡镇主要经济来源为第一产业。但产业发展区域差异明显，东部地区发展水平较高，二三产业占总产值的比重较高，分别为37.64%和26.74%，均高于我国平均水平；西部地区发展更为倚重第一产业，占比高达47.54%，几近乡镇总产值的一半。但由于西部工业基础相对薄弱，第二产业产值占比最少；中部地区虽然仍以第一产业为主导产业，占比最高，为46.78%，第二产业和第三产业总产值占比与平均水平相近。

表 3.1　　　　　　　4 个区域三次产业产值占总产值的比例（乡镇）

地区	第一产业（%）	第二产业（%）	第三产业（%）	样本量（个）
总体	46.32	32.25	23.31	50
西部	47.54	21.53	30.93	15
中部	46.78	33.30	19.92	24
东北	45.00	46.68	8.32	5
东部	35.62	37.64	26.74	6

注：样本之间差异比较大，但有效样本比较少，因此出现西部第三产业最高的结果。

农村产业发展主要以初级农产品及农副产品加工为主。第一产业的主要类型为农业，占乡镇总样本的37.50%，林业、牧业、渔业等业态占比分别为19.32%、24.62%、10.98%（见图3.1）。

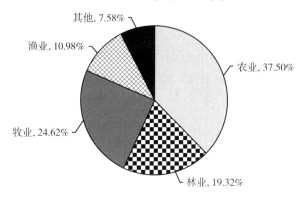

图3.1 4个区域第一产业的主要类型（乡镇）

由图3.2、图3.3和图3.4可知，在第一产业中，以农业为第一主业的乡镇占比最高，达到93.07%，多数乡镇将牧业作为第二主业或第三主业，占比分别为47.19%和31.08%。第二产业的主要类型为初级的农副产品加工，占比为30.46%，其次是茶叶加工业，占比为12.18%，其他类型均不超过10%。乡镇第三产业的主要业态则以住宿餐饮业和批发零售业为主，分别占比29.17%和27.31%。

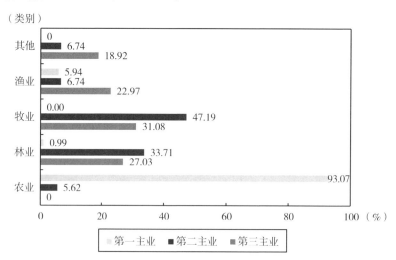

图3.2 4个区域第一产业中一二三主业的主要类型（乡镇）

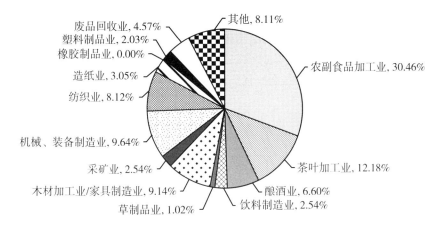

图 3.3　4 个区域第二产业的主要类型（乡镇）

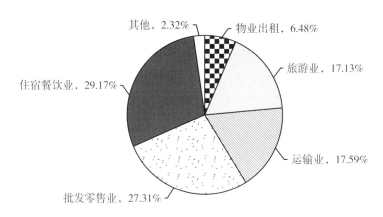

图 3.4　4 个区域第三产业的主要类型（乡镇）

3.1.2　"三品一标"农产品

"三品一标"是政府主导的安全优质农产品公共品牌，是农产品生产消费的主导产品。本轮调研中，共有 131 个有效村庄数据，其中 13 个村庄为国家一村一品示范村镇，占比仅有 9.92%。示范村镇特色农产品品类丰富，主要包括豌豆、大米、辣椒、黄桃、冬桃、黄鳝、茶、花生、薏仁米、佛手瓜、葡萄等（见表 3.2）。

表 3.2   4 个区域示范村镇的主要特色农产品

序号	特色农产品	农产品特色
1	菜豌豆、泡泡青	绿色无污染
2	兴山白茶	兴山白茶属温性茶树变异良种，无污染
3	甜白酒	味道佳、历史悠久
4	供港苔菜	绿色无公害
5	经丰米	好吃
6	青岗翠绿茶	天然无公害
7	大米	绿色、无害健康食品
8	无公害有机大米	纯天然，无添加农药
9	大方皱椒	具有较高营养，口味浓厚，外表美丽
10	薏仁米	绿色食品

当前仅有少数村庄进行了农村特色农产品认证，如表 3.3 所示，部分村庄即使拥有特色农产品，也并未进行认证，尚未形成本村特色品牌。

表 3.3   4 个区域部分代表性特色农产品的认证情况（村庄）

序号	类型	名称	认证主体	认证时间
村庄 1	绿色产品	黄粮香米	中国绿色食品发展中心	2020 年
	农产品地理标志	兴山白茶	中华人民共和国农业部	2015 年
村庄 2	无公害农产品、有机农产品	张沟黄鳝	国家知识产权局	2014 年
村庄 3	无公害农产品、绿色产品	供港苔菜	齐欣农业科技有限公司	2019 年
村庄 4	绿色产品、有机农产品	青岗翠绿	青岗坪村村民委员会	2023 年
村庄 5	农产品地理标志	金山时雨茶	绩溪县上庄茶叶专业合作社	2010 年
村庄 6	农产品地理标志	琴鱼	安徽省文化厅，文化局	2018 年

"三品一标"中绿色食品所占份额最大，整体覆盖范围较低。在全部调查村庄中，有 101 个村庄无任何特色产品，占调研样本的 80.16%。在存在特色农产品的村庄中，6 个村庄有无公害产品，10 个村庄有绿色食品，3 个村庄有有机农产品，6 个村庄有农产品地理标志（见图 3.5）。在农户调查中，2293 个调研样本中仅有 113 个农户表示种植了特色农产品，其中，分布最广的特色农产品类型是绿色农产品，其次是农产品地理标志同类产品，种植农户数分别为 49 户、45 户，农产品地理标志、无公害农

产品、有机农产品的种植比例相对较低（见图3.6）。

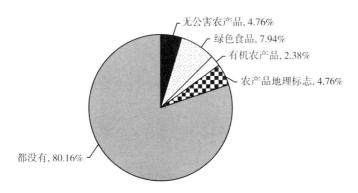

图3.5　4个区域乡村特色产品的种植情况（村庄）

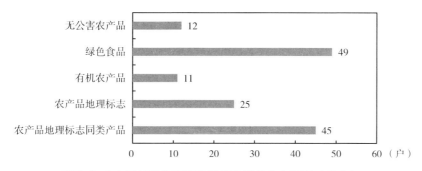

图3.6　4个区域特色农产品种植类型的分布情况（农户）

"三品一标"农产品类型以茶叶为主，其他农产品有待挖掘。从"三品一标"农产品的种植类型来看，茶叶占比最高，达到56.00%；其次是瓜果、粮食作物，占比分别为21.00%、11.00%（见图3.7）。

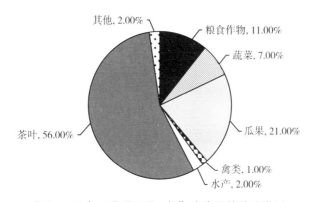

图3.7　4个区域"三品一标"农产品的种植类型

　　乡村特色产品宣传和销售渠道丰富，抖音成热门渠道。在种植特色农产品的 113 个农户中，仅有 15 户表示自家特色农产品可在网上进行购买，占比仅为 13.27%，且主要通过抖音、淘宝等渠道销售；与此同时，仅有 17 户表示会通过网上进行宣传，占比为 15.04%，且主要通过抖音直播、朋友圈进行宣传。在村庄的调研中，从销售渠道来看，特色农产品主要依靠抖音、美团、拼多多等电商平台进行销售；从宣传渠道来看，主要通过抖音短视频形式和政府网站或公众号等进行宣传（见图 3.8）。

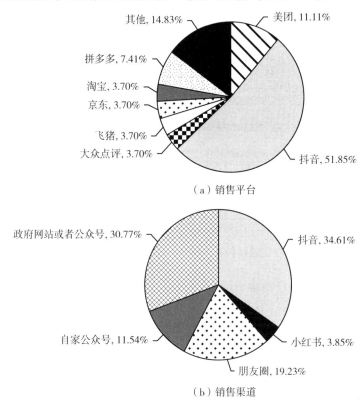

（a）销售平台

（b）销售渠道

图 3.8　4 个区域特色产品的销售和宣传渠道（村庄）

3.1.3　农产品地理标志

　　农户对本地地理标志产品的了解程度较低。农产品地理标志是指农产品来源于特定地域，产品品质和相关特征主要取决于自然生态环境和历史人文因素，并以地域名称冠名的特有农产品标志。近年来农产品地理标志增长较快，但农户对农产品地理标志的了解程度仍然较低。在调研的2293个样本中共有286位受访者表示听说过本地地理标志产品，仅占总样本的12.47%。分区域来看，西部地区、中部地区、东北地区、东部地区的样本中分别有10.20%、15.63%、10.86%、6.32%的受访者表示听说过本地地理标志产品（见表3.4）。

表3.4　　　　　　　　　4个区域的地理标志产品了解程度

地区	听说过地理标志产品人数	总样本数	比例（%）
总体	286	2293	12.47
西部	72	706	10.20
中部	174	1113	15.63
东北	24	221	10.86
东部	16	253	6.32

农户对本地地理标志产品的种植或养殖比例低。西部地区、中部地区、东北地区样本中分别仅有3.68%、0.90%、1.81%的受访者种植或养殖了本地的地理标志产品。西部地区、中部地区、东北地区和东部地区中亲戚或者村里其他人种植或养殖了地理标志产品，分别占比8.07%、6.83%、4.07%、1.19%（见表3.5），均高于受访农户种植或养殖地理标志产品的比例。除此之外，种植或养殖的地理标志产品的认证时间分布差异大，最早的追溯到2000年，最近的是2020年。

表3.5　　　　　　　　　4个区域的地理标志产品种植/养殖比例

地区	种植/养殖地理标志产品人数	占总样本比例（%）	亲戚或者村里其他人种植/养殖地理标志产品人数	占总样本比例（%）
总体	40	1.74	145	6.32
西部	26	3.68	57	8.07
中部	10	0.90	76	6.83
东北	4	1.81	9	4.07
东部	0	0	3	1.19

种植或养殖同一类型产品的比例高于地理标志产品本身。与此同时，

占总样本4.32%的农户表示虽然未种植或养殖地理标志产品，但有种植或养殖了同一类型产品，同样，亲戚或者村里其他人同样存在这种情况，占总样本的比例为9.42%（见表3.6）。地理标志产品品质优良、特色鲜明、美誉度高，与其他农产品相比，具有显著比较优势和市场竞争力，但并非所有当地种植或养殖相关产品的农户参与到地理标志产品的供应中。

表3.6   4个区域的种植/养殖地理标志产品同一类型产品比例

地区	未种植/养殖地理标志产品，但种植/养殖了同一类型产品	占总样本比例（%）	亲戚或村里其他人未种植/养殖地理标志产品，但种植/养殖了同一类型产品	占总样本比例（%）
总体	99	4.32	216	9.42
西部	13	1.84	65	9.21
中部	84	7.55	140	12.58
东北	2	0.90	9	4.07
东部	0	0.00	2	0.79

农户了解地理标志产品认证的渠道主要是通过网上宣传。调研数据显示，在28位受访者中，有11位农户表示通过政府宣传了解地理标志产品认证，有16位农户通过网上查询获取相关信息，4位农户表示通过亲戚朋友告知得到（见图3.9）。随着信息资源在农村共享开放不断深化，互联网和大数据在农村的价值开始显现，农户可以借助互联网学习和了解相关农业生产信息。

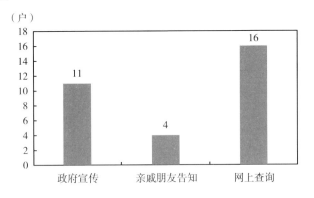

图3.9   4个区域地理标志产品认证了解渠道

受访者未种植地理标志产品的最主要原因是不了解相关政策。共有298位受访者回答了未种植地理标志产品的原因，相关政策的普及程度低是地理标志产品种植比例低的主要原因，占比达到44.29%；认证程序复杂、达标成本过高和没有合适的销售渠道的占比分别为13.09%、24.83%和8.39%（见图3.10）。此外，没有种植经验、不种地、无合适土壤、利润低、年龄较大、已种植其他作物等其他原因也在一定程度上降低了地理标志产品种植比例。

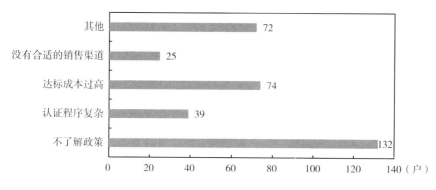

图3.10　4个区域未种植/养殖地理标志产品原因

3.2　农业生产与经营体系现代化

3.2.1　农业生产机械化

新型农业组织的参与率较低。在11个调研省份的2598个有效样本中，仅有211个农户参与了新型农业组织，参与率仅为8.12%。在参与新型农业组织的农户中，40.76%的农户参与了合作社，占比最高；其次是土地托管，占比为29.38%。此外，近年来，"公司＋农户"模式也逐渐推广开来，"公司＋农户"农业组织的占比达到17.06%，这有助于提高农业生产效率与农业现代化（见图3.11）。

农业机械化主要应用在耕地、播种和收获过程。在针对4个区域调研的2811个样本中，有681个农户表示在农业生产过程中使用了农业机

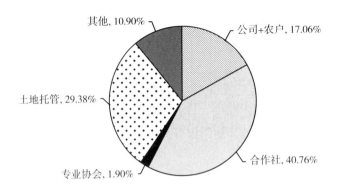

图 3.11 4 个区域新型农业组织参与的主要类型

械，整体农业机械化率为 24.23%。不同生产过程中机械化率差异较大，耕地、播种、收获过程的机械化覆盖率较高，分别为 65.10%、39.88%、55.43%；打药和施肥环节的机械化程度较低，分别为 28.30%、21.99%（见图 3.12）。

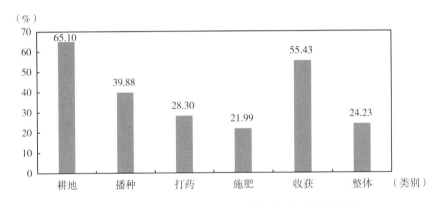

图 3.12 4 个区域不同生产过程中的农业机械化覆盖率

新型农业经营主体的农业机械化水平较普通农户更高。农业机械装备是现代农业发展的重要物质基础，新型农业经营主体生产经营规模更大，农业机械应用的规模经济和低边际成本优势得以发挥，对农业机械使用的诉求更高。图 3.13 显示，新型农业经营主体机械化率为 50.98%，小农户机械化率整体为 26.08%，新型农业经营主体机械化率比小农户高 24.9 个百分点。

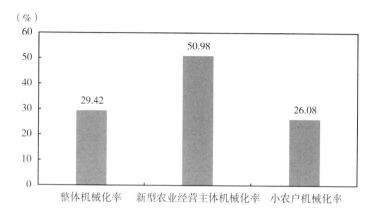

图 3.13　4 个区域新型农业经营主体和小农户机械化覆盖率比较

农用机械无人驾驶技术应用率较低。如图 3.14 所示，在农业生产过程中使用机械的 681 个农户中无人驾驶技术的覆盖率整体偏低，其中打药环节的无人驾驶应用率最高，达到 22.46%；施肥环节的覆盖率次之，为 6.54%；耕地、播种和收获生产过程的覆盖率仅 2% 左右。

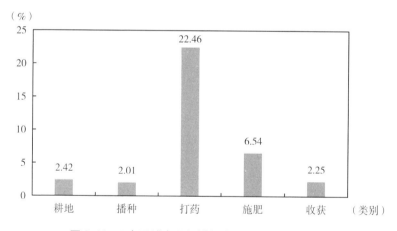

图 3.14　4 个区域农业机械化中无人驾驶的覆盖率

提高农业机械化的关键是降低农机使用成本，强化农业机械化技能培训。如图 3.15 所示，我国农业机械化率受地势条件、使用成本、土地经营制度、农民观念等多重因素影响，其中使用成本是调研地区农业机械化率低的主要影响因素。另外，农户不会使用机械也是重要影响因素之一，留守在农村从事农业生产的大多是年龄偏大、文化素质较低的劳动力，阻碍了农业机械化新技术、新机具的推广和应用。

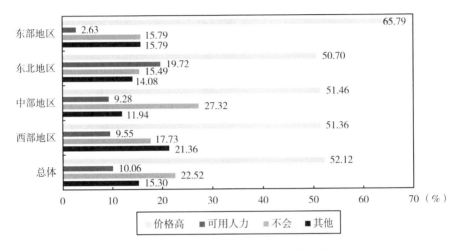

图 3.15　4 个区域的农业机械化率低的原因

机械化使用成本差异较大，但主要集中在每亩 60～120 元。由于各地生产条件、地势、经营方式等差异，农业生产机械的使用成本分布离散化程度较高，图 3.16 和图 3.17 分别表示机械化率较高的耕地和收获两个生产环节的机械使用成本分布，前者主要集中在 60～120 元，后者主要集中在 60～100 元。

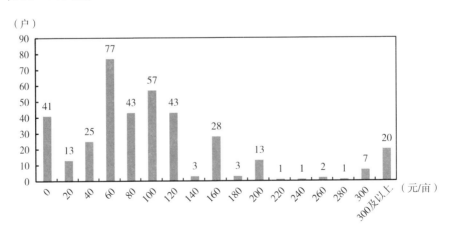

图 3.16　4 个区域在耕地环节的机械使用价格分布

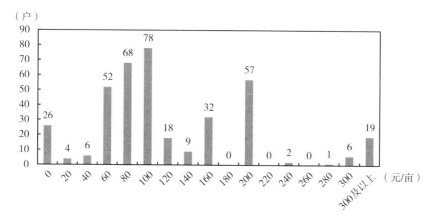

图 3.17 4 个区域在收获环节的机械使用价格分布

3.2.2 农业社会化服务组织

农业生产服务参与程度低，支持力度不够。农业社会化服务体系是通过运用社会各方面的力量，使各类农业生产经营单位适应市场经济的需要，克服自身规模狭小的弊病，获得专业化分工和集约化服务规模效益的一种社会化农业经济组织形式。调研结果显示，2592 户农户中仅有 38 户表示在从事农业生产服务，占全部调研农户的 1.47%。

农业生产服务产业规模较小。图 3.18 显示，参与农业生产服务的农户拥有的农用机械设备数量整体偏低，34 家农机户提供了详细的机械设备拥

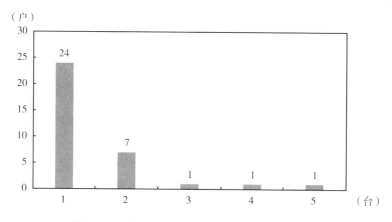

图 3.18 4 个区域的农机户拥有的农机数量分布

有情况，户均农机拥有量大都在 2 台及以下，其中拥有 2 台农用机械的家庭有 7 户，拥有 1 台农户的家庭有 24 户，拥有 3 台及以上农用机械的家庭仅 3 户。如表 3.7 所示，拥有的机器主要是耕地机和收割机，服务价格主要集中在 60~100 元/亩，此外还有部分拖拉机、插秧机和播种机。在江苏，目前已有农户使用无人机打药，农业机械设备相对完备。

表 3.7　　　　　　　　4 个区域的代表性农户提供农业机械情况

编号	所属区域	省份	农机名称	服务单价（元/亩）	是否国产	是否无人驾驶
农户 1	西部	宁夏回族自治区	大型拖拉机	100	是	否
			拖拉机		是	否
			客货车		是	否
农户 2		四川省	耕地机	300	是	否
农户 3	东部	江苏省	无人机	60	是	是
			插秧机		是	否
			大型拖拉机		是	否
农户 4		江苏省	收割机	60	是	否
			收割机		是	否
农户 5	中部	安徽省	播种机	50	否	否
农户 6		湖北省	大型旋耕机	150	是	否
农户 7			微耕机	100	是	否
农户 8			旋耕机	180	是	否
			收割机		是	否
农户 9	东北	黑龙江省	收割机	80	否	否
			播种机		否	否
农户 10			耕地机	100	是	否

　　农业生产资产持有水平总体较低，各省份持有农业生产资产分化明显。图 3.19 显示，在回答了农业生产资产持有情况的 30 个农户中大多数农村受访者用于农业生产的资产总额为 5000 元以下，反映出大多数农村居民仍然以个体生产为主，规模化程度和产出效率均较低。图 3.20 显示，拥有农业资产超过 20000 元的农业生产大户占到有效样本总数的 1/3，其中 5 户的农业资产总额甚至达到 160000 元以上，这些农户主要来自江苏省，这

与东部地区经济发展水平、农业现代化程度更高的现状相符。湖北省农户拥有农业资产水平相对集中，除去超过20000元的农业生产大户，其余农户的农业资产数额主要分布在2000~4000元。此外，相对于平地，地形为山地和丘陵时，农业生产的固定资产较少，农业机械化水平较低，说明山地和丘陵的地形制约了农业机械化的发展（见图3.21）。

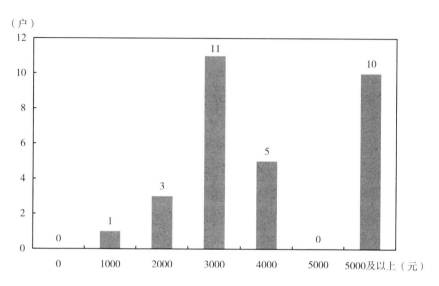

图3.19　4个区域的农户农业生产资产持有状况

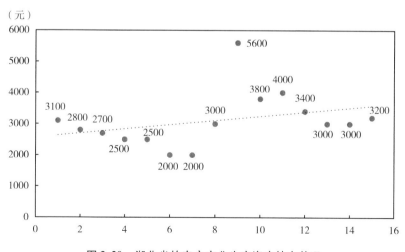

图3.20　湖北省的农户农业生产资产持有状况

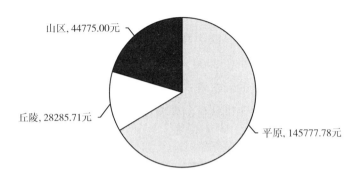

图 3.21　4 个区域不同地形的平均农业生产固定资产

农业机械使用以国产为主。在 4 个区域的调研中，有 34 个农机户提供了详细的机械设备拥有情况，他们共拥有 49 台农用机械设备，其中 46 台是国产机械，占比 93.88%，仅 3 台机器为进口设备（见图 3.22）。与进口设备相比，国产机械设备在关键技术创新和产品稳定性方面不足，但国产农业机械技术不断提高，价格优势使其应用率较高。

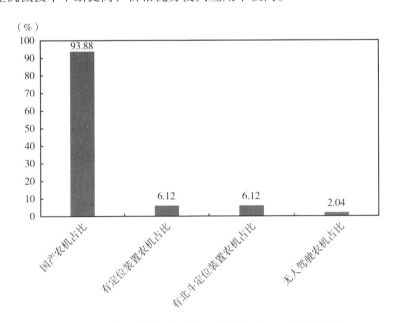

图 3.22　4 个区域的国产农机、定位装置、无人技术占比

智能化技术在农用机械中应用率较低。从农用机械的智能化水平来看，有定位装置和无人驾驶技术的农用机械占比较低，分别为 6.12% 和

2.04%；调研的农机户中使用无人机（打农药）、无人驾驶拖拉机的占比分别为17.65%、2.94%，没有农机户使用遥控自走履带式旋耕机、自走式绞盘喷灌机、无人驾驶水稻插秧机和无人驾驶收获机，79.41%的农机户表示没有使用任何智能设备，通过提升智能化水平提高农机的服务效率是下一步农业生产化服务的发展方向（见图3.23）。

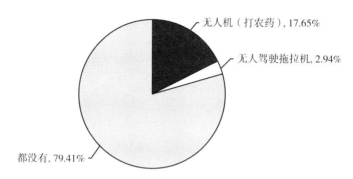

图 3.23 4 个区域的农机户中智能设备占比

3.3 农村一二三产业融合

3.3.1 农产品加工业

农户参与农产品加工业占比存在区域异质性，且与农业占比存在倒挂。调研数据显示，有766户农户提供了是否从事农产品加工业工作的数据，如图3.24所示，仅有54户农户表示有从事或参与农产品加工业，参与率为7.05%。分区域来看，尽管东部地区的第一产业占比较低，但东部地区从事和参与农产品加工的农户占比最高，63户农户中有7户农户表示涉足了农产品加工业，占比达到11.11%；相反，尽管东北地区是我国重要的粮食主产区，但在东北地区的调研样本中都表示没有涉及农产品加工业。除此之外，西部地区、中部地区的农户从事或参与农产品加工业务的占比分别为7.46%、6.96%，介于东部地区和东北地区之间。

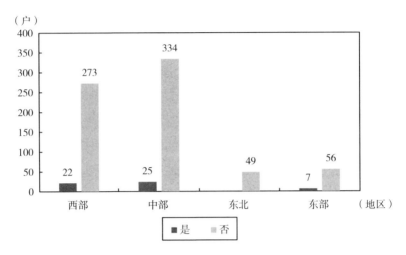

图 3. 24   农户对农产品加工企业工作的参与程度

从事农产品加工业的农户大多以全职形式参与。农户从事或参与农产品加工主要以两种形式存在：一种是全职参与，以在农产品加工业的工作为主要收入来源；另一种为兼职形式，表现为在农忙时以农业种植为主，在农闲时参与农产品加工的工作中。调研数据显示，回答了在农产品加工业上工作时长问题的 53 个农户中，23 个农户表示几乎一整年都在做农产品加工的相关工作，占比达到 43.40%；13 个农户表示从事时长为 6 ~ 12 个月，占比 24.53%。两种情况占比已经超过 2/3，可以认为农户从事农产品加工业大多数是以全职的形式参与的，兼职占比较低（见图 3.25）。

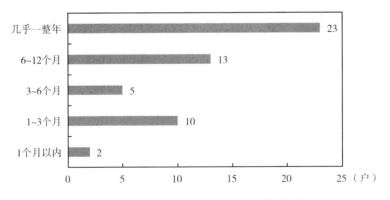

图 3. 25   农户参与农产品加工企业工作的时长

农户在农产品加工中获得收入存在较大差异，整体稳中上升。在调研样本中，有 31 个农户提供了农产品加工的收入数据，其中，2/3 农户的年收入都在 5 万元及以下，但农户之间的收入差异较大，少数农户的收入在 10 万元以上，甚至最高达到百万级别（见图 3.26）。从收入变化来看，2022 年与 2021 年相比、2022 年与 2019 年相比的收入变化呈现相同的分布特征，50% 左右的农户表示在农产品加工业中获得收入整体保持不变，30% 左右的农户则表示在这期间的收入有所上升，只有 20% 左右的农户感觉自己在农产品加工中的收入有所下降（见图 3.27）。

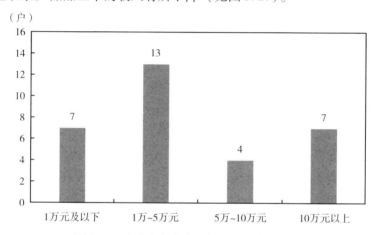

图 3.26 农户参与农产品加工业的收入分布

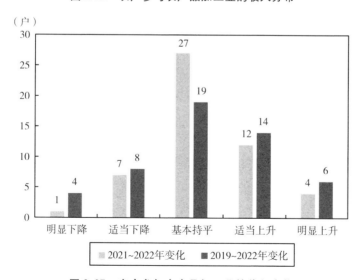

图 3.27 农户参与农产品加工业的收入变化

农产品加工领域呈现多样性，但精深加工不足制约农产品附加值提升。调研数据显示，农产品加工领域以粮食为主，占比 32.07%，农产品加工领域不断拓宽，由以粮食、油料为主的种植业领域，逐步向以蔬菜、水果、畜禽产品、乳制品、中药材、食用菌等为主的种植养殖领域拓展（见图 3.28）。农产品加工是提升农产品附加值的关键，调研的 54 个样本中，农产品加工类型以初加工为主，有 41 个样本，占比 75.93%，即农产品原料成分和理化性质没有大幅改变，如对农产品清洗、修整、去皮、切割、分级、包装等，但精深加工不足，占比不足 25%。

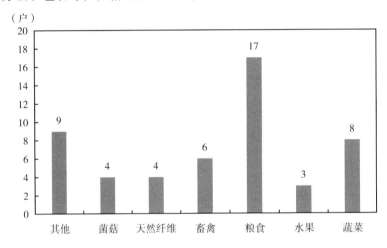

图 3.28　农产品加工企业（个体户）采用的农产品原料

以价格和质量优势塑造竞争优势，普遍缺乏知名的农产品品牌。调研数据显示，2/3 的农产品加工业产品的竞争优势主要来源于产品价格优势和产品质量优势，普遍没有建立起全国知名品牌（见图 3.29），在 53 个样本中仅有 4 个农户表示所从事农产品加工业企业有全国知名品牌，占比仅为 7.55%。

3.3.2　乡村服务业

农户参与所在家乡乡村服务业比例较低。从调研数据来看，受访者参与乡村服务业项目的比例低，表明乡村服务业项目的参与情况差、参与率有较大提升空间。从 4 个区域的调研情况来看，如图 3.30 所示，调研的

2293 个受访户中仅 180 户表示所在家乡拥有乡村服务业项目，占比 7.85%。

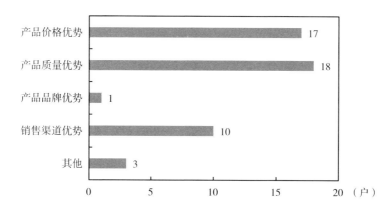

图 3.29　农户所在农产品加工企业或合作社的竞争优势

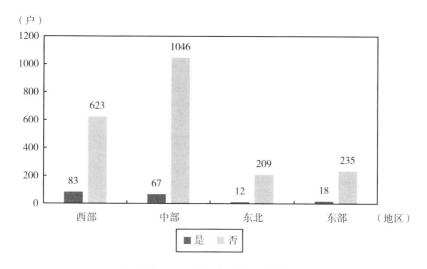

图 3.30　农户参与乡村服务业的情况

农户主要通过经营店铺及餐厅服务的形式参与乡村服务业。如图 3.31 所示，在积极参与乡村服务业的 180 个农户中，经营店铺是主要的参与形式，分别有 26.67%、21.67% 的农户经营便利店、经营摊位出售自家特产；其次是与餐厅服务相关的工作，16.67% 的农户经营农家餐馆，11.67% 的农户在餐馆、客栈或店铺担任服务员。除此之外，还有从事景区服务、理发服务、导游服务等相关的乡村服务工作。

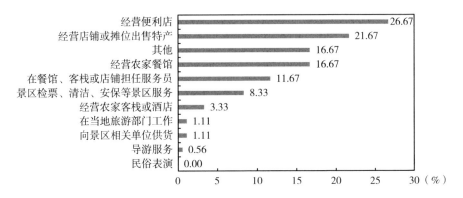

图 3.31　农户参与乡村服务业主要业态分布

　　乡村服务产品线上销售比例 23.89%，美团成为主要渠道。在积极参与乡村服务业的 180 个农户中，有 43 个农户表示会通过网上销售其服务产品，占比为 23.89%。其中，美团最受欢迎，开通线上销售渠道的乡村服务产品中使用美团进行销售的比例高达 86.05%，其次是淘宝、自家微信公众号和京东，占比分别为 32.56%、23.26%、23.26%（见图 3.32）。

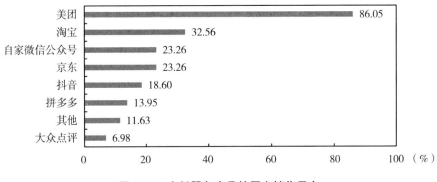

图 3.32　乡村服务产品的网上销售平台

　　乡村服务产品主要通过短视频和微信朋友圈推广。在参与乡村服务活动的 180 个农户中，有 68 个农户表示会通过各种形式的线上渠道宣传当地服务产品。如图 3.33 和图 3.34 所示，抖音和微信朋友圈是两个最常用的宣传渠道，占比分别为 83.82% 和 82.35%，其中，抖音是以短视频的方式

呈现，微信朋友圈则是以不断更新的动态发布出现。此外，政府网站或公
众号也是重要的补充渠道，占比为 20.59%。

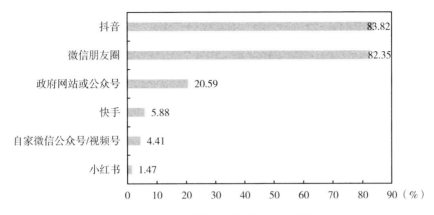

图 3.33　乡村服务产品的网上宣传平台

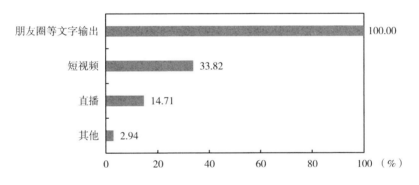

图 3.34　乡村服务产品的网上宣传方式

农户在乡村服务业中获取的收入差异大，整体稳中有升。从收入分布
直方图来看，参与乡村休闲旅游项目的年收入水平的个体异质性较大，在
提供收入数据的 147 个农户中，超过 50% 的农户在乡村服务业中的收入 2
万~6 万元，也有 12.95% 的农户参与乡村服务业的收入低于 1 万元，同时
也有 14.29% 农户的收入超过 10 万元（见图 3.35）。整体来看，农户从事
乡村服务业收入的年变化幅度较小，与 2021 年和 2019 年相比，接近 50%
农户 2022 年的收入整体基本持平，24% 的农户收入出现上升，仅有 26%
的农户收入表现出下降（见图 3.36）。

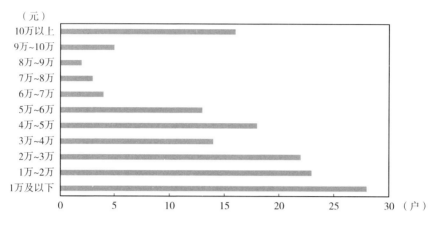

图 3.35　农户在乡村服务业中获取的收入

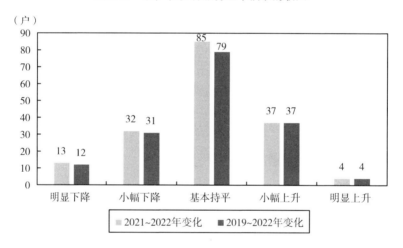

图 3.36　农户在乡村服务业的收入变化

3.3.3　乡村旅游业

大部分地区的乡村旅游业发展并不景气。从乡村旅游景区的竞争优势来看，自然禀赋赋能的景区特色（如生态环境、文化传承等）是消费者选择的主要因素，但与此同时，地理条件优越和交通便利性也是很重要的方面。在调研样本中，有 188 个农户回答了乡村旅游相关问题，其中 62.78% 的农户表示，自己所属村庄并不在旅游线路上，以至于本地的乡村旅游景区几乎没有游客，项目运营的成效惨淡（见图 3.37）。

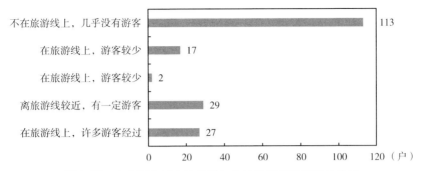

图 3.37 农户所在村庄的位置与本地常规旅游线路的关系

旅游产业种类比较单一，仍以自然生态旅游景点为主。尽管全国乡村旅游业态逐渐呈现多样化、融合化趋势，但是从图 3.38 和图 3.39 看，乡村旅游业仍主要依托乡村良好的自然生态环境开展，占比 56.52%。除此之外，乡镇通过对所处地理位置和文化的挖掘，打造属于该乡镇的特色旅游，吸引更多游客"闻名而去"，民族民俗、红色旅游、休闲度假占比分别为 9.24%、11.41%、9.24%。

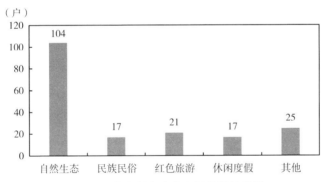

图 3.38 农户所在家乡乡村旅游的类型

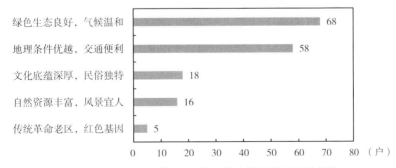

图 3.39 农户所在村庄/乡镇开发乡村旅游项目的优势

从事乡村旅游业的农户大多以全职形式参与。调研数据显示，在参与乡村旅游业的77个农户中，有38个农户表示自己几乎一整年都在参与乡村旅游业，有13个农户表示从事乡村旅游业的时间在6个月以上，二者合计占比2/3（见图3.40）。从农户距离乡村旅游项目的距离来看，将近50%的农户表示这个距离在10公里以上，在3公里以内步行距离的占比仅为26%，距离景点的远近在一定程度上也决定了农户参与乡村旅游的时间安排，大多数农户将从事乡村旅游业作为一份全职工作，仅少数农户将其作为调节农忙农闲的兼职工作（见图3.41）。

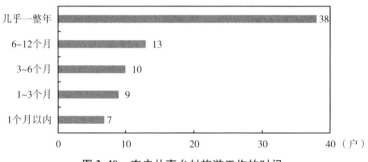

图3.40　农户从事乡村旅游工作的时间

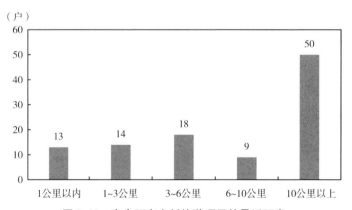

图3.41　农户距离乡村旅游项目的最近距离

3.4　本章小结

只有产业兴旺，乡村振兴才有强大的物质基础。从调研整体情况来看，我国的乡村产业体系建设呈现从"传统农业"向"现代农业"转变的特征，农业生产和经营体系现代化水平持续提高，乡村特色产业有了长足的发展，随着第二产业向农业渗透和第三产业的发展，以及人民日益增长的对美好生活的需要，以"农业 + 工业""农业 + 旅游"为代表的农村一二三产业融合发展持续推进。

我国农村现代产业体系建设中成就和问题共存，具体表现如下：（1）调研农村地区的产业发展仍然以第一产业为主，且区域产业结构差异明显，经济发展较高的东部地区的农村二三产业占比明显高于中西部地区。（2）农村特色产业主要以初级农产品和农副产品加工为主，农村地区的品牌意识薄弱，"三品一标"在农村已经有了一定发展但覆盖范围有限。（3）农户了解地理标志产品认证的渠道主要是通过网上宣传，农户也会通过抖音、朋友圈等平台宣传和销售当地的农产品或乡村旅游产品。（4）农业生产机械化程度有待进一步提升，且新型农业经营主体由于生产的规模经济，其农业机械化水平相对于普通农户来说更高。（5）农业社会化生产服务发展滞后，调研地区农民参与农业生产服务的程度低，农业生产服务产业规模较小。（6）农产品加工业和乡村服务业成为农民增加收入来源的重要途径，但产品附加值难以提升，制约了农户参与二三产业的收入增加。乡村农产品加工领域呈现多样性，但仍主要以初加工为主，精深加工不足；农户参与乡村服务业主要通过经营店铺及餐厅服务参与，旅游产业种类比较单一，以自然生态环境为核心吸引力，发展并不景气。

第4章

乡村技术进步与人才支撑

4.1 农业技术进步

4.1.1 农业新技术和新设备使用

农业新技术使用范围较小。农业技术的创新应用可有效促进农业生产各个环节的进步，例如，提高化肥吸收率、节约灌溉水资源、培育优良种子等。技术创新也可以有效节约生产、人力投入等成本。

表4.1是关于4个区域生产技术的使用情况，5.87%的农户使用了水肥一体化技术，5.83%的农户使用了节水灌溉（喷灌/滴灌）技术，6.73%的农户购买并使用了生物/低毒农药，25.93%的农户进行了轮作，8.82%的农户使用了有机肥农家肥。

表4.1　　　　　　　　　4个区域的生产技术使用情况　　　　　　　单位：%

项目	总体	西部地区	中部地区	东北地区	东部地区
水肥一体化技术	5.87	5.89	6.57	5.60	2.49
节水灌溉技术	5.83	5.18	6.93	6.90	1.42
生物/低毒农药	6.73	8.13	5.80	8.62	5.69
轮作	25.93	32.39	23.60	14.22	25.93
有机肥农家肥	8.82	14.37	6.36	12.07	1.78

由此可以看出，新型农业科技产品的使用范围较小，水肥一体化技术、节水灌溉（喷灌/滴灌）技术、生物/低毒农药，应用率均低于10%。目前我国每年省部级以上的农业科技成果奖有6000多项，但从受访样本结果可以看出，农业科技成果转化率不高。

农业智能设备使用率低。从图4.1可以看出，97.26%的农户在进行农业生产过程中没有使用任何智能设备，西部、中部、东北、东部地区该比例分别为98.46%、96.89%、93.97%、97.87%，可见各地区农业智能设备使用率均低。

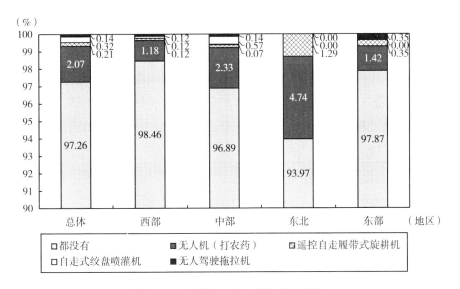

图4.1　4个区域农业智能设备使用率

4.1.2　农业技术指导

接受过农业技术指导的比例不高且存在地区间不平衡。从图4.2可以看出，对于4个区域的农业生产经营主体，接受过农业技术指导的比例只有13.54%，受访样本中仅有西部地区比例达到22.38%，其余区域均未超过15%。整体来说，接受过农业技术指导的比例不高，且地区间存在较大差异，西部地区接受过农业技术指导的农户比例与其他三个地区相比较高。

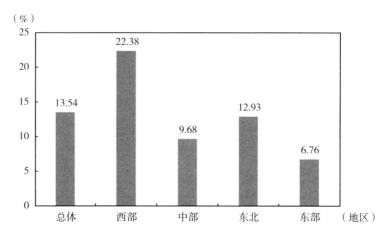

图4.2　4个区域农户接受过农业技术指导比例

从图4.3可以看出，在接受过农业技术指导的农户中，农业技术指导最主要的来源首先是农技站等政府推广部门，其次是科技特派员下乡和媒体网络，通过科技示范户和外地交流学习得到农业技术指导的比例较小。

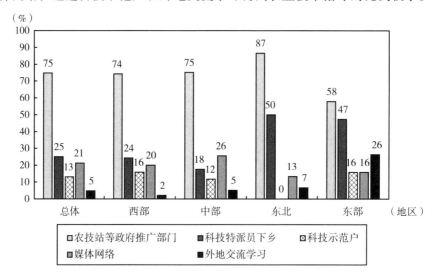

图4.3　农业技术指导来源

农业技术指导开展频率较低。从图4.4可以看出，接受过农业技术指导的农户，61.39%在半年或更长时间内才开展一次技术指导，西部、中部、东北、东部地区该比例分别为70.33%、42.74%、78.57%、78.95%，可见各地区开展农业技术指导频率较低。

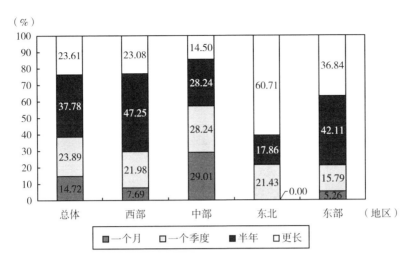

图 4.4　4 个区域农户接受农业技术指导频率

目前已开展的农业技术指导取得积极成效。从图 4.5 可以看出，对于接受过农业技术指导的农户，8.22% 认为农业技术指导使其大幅增产增收，62.19% 认为农业技术指导使其有一定幅度增产增收，西部、中部、东北、东部地区认为农业技术指导对增产增收有效果的比例分别为 65.40%、74.44%、89.29%、63.16%，可见目前已经开展的农业技术指导反馈较好。

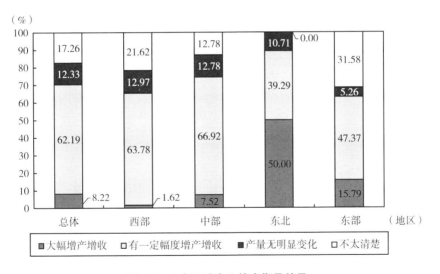

图 4.5　4 个区域农业技术指导效果

从图 4.6 可以看出，农户最喜欢的农业技术指导方式是结合农时现场示范。从图4.7可以看出，农户最需要的农业技术指导种类首先是良种繁育、栽培技术，其次是病虫害防治技术、肥料施用技术，以及农产品收获、加工、包装、储藏、运输技术。从图4.8可以看出，农户最需要农业科技人员服务的活动是技术项目和科技咨询与诊断。

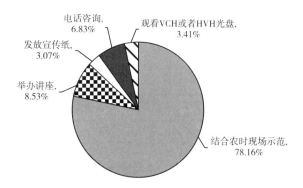

图4.6　农户最喜欢的农业技术指导方式

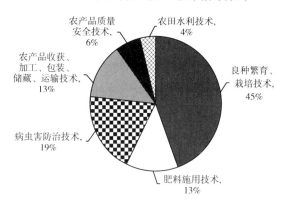

图4.7　农户最需要的农业技术指导种类

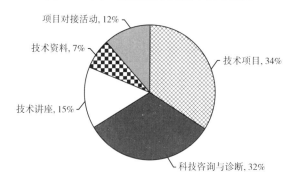

图4.8　农户最需要农业科技人员服务的活动

4.2 农民健康水平

4.2.1 生病频率

受访者生病频率较低。从图4.9可以看出，受访者中几乎不生病的比例为47.52%，西部、中部、东北、东部地区该比例分别为42.38%、47.84%、51.79%、57.91%。大部分受访者几乎不生病或者偶尔生病，生病频率较低。

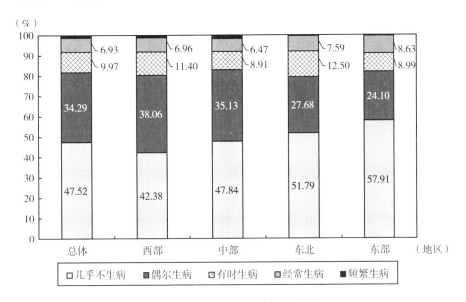

图4.9 4个区域受访者生病频率

受访者配偶生病频率较低。从图4.10可以看出，受访者配偶中几乎不生病的比例为49.86%，西部、中部、东北、东部地区该比例分别为43.03%、52.18%、55.49%、53.85%。大部分受访者配偶几乎不生病或者偶尔生病，生病频率较低。

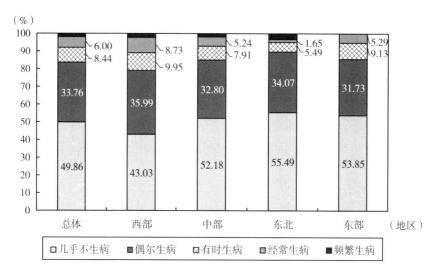

图4.10　4个区域受访者配偶生病频率

4.2.2　身体质量指数（BMI）

受访者BMI正常比例不够高，存在超重问题。从图4.11可以看出，受访者中BMI正常的比例为70.87%，西部、中部、东北、东部地区BMI正常的受访者比例分别为71.98%、71.54%、68.81%、65.82%。各地区BMI正常的受访者比例均在65%~75%，各地区均有超过20%的受访者超重或肥胖，整体来说受访者BMI合格比例不够高，存在超重问题。上述问题可能归因于以下两个因素：一是随着农业机械化发展，农民如今的劳作方式与过去相比消耗的能量大大减少。二是随着食品加工行业向农村深入，越来越多农民开始尝试各类高热量加工食品。摄入增加、消耗减少，从而导致肥胖人口比例的增加。

受访者配偶的BMI情况与受访者类似。从图4.12可以看出，受访者配偶中BMI正常的比例为72.01%，西部、中部、东北、东部地区受访者配偶中BMI正常的比例分别为71.29%、74.23%、68.32%、65.52%。各地区受访者配偶中BMI正常的比例均在65%~75%，整体来说受访者配偶的BMI合格比例不够高，存在超重问题。

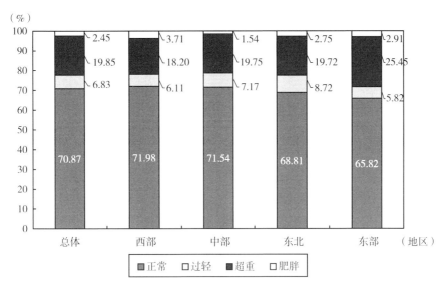

图 4.11　4 个区域受访者身体质量指数（BMI）

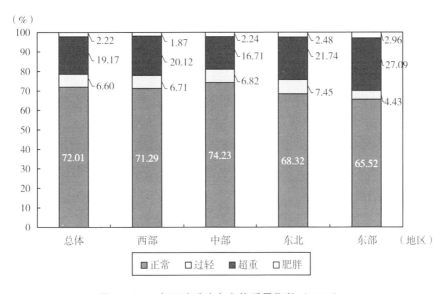

图 4.12　4 个区域受访者身体质量指数（BMI）

4.2.3 　"三高"及其他慢性病

受访者对血压的风险意识高于血糖和血脂。从图 4.13 可以看出，受访者测量过血压、血糖、血脂的比例分别为 81.85%、73.39%、66.69%。

从区域差异看，东部地区测过血压、血糖、血脂的受访者比例与其他地区相比均较高。从检测疾病种类看，各地区受访者中测过血压的比例最高，血糖次之，血脂最低。说明受访者对高血压的风险意识较高，而更容易忽略高血糖和高血脂问题。

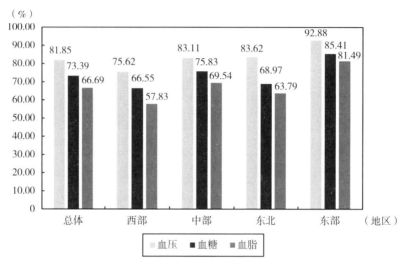

图4.13　4个区域受访者检测血压、血糖、血脂比例

"三高"患病比例较低。从图4.14可以看出，测量过三项指标的受访者中指标正常的比例分别为77.12%、87.83%、87.74%，各地区三项指标正常的比例均在70%以上，可见受访者患高血压、高血糖、高血脂的比例较小。

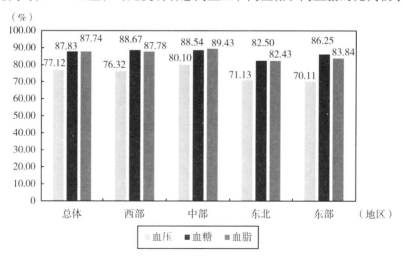

图4.14　4个区域已检测受访者各项指标正常比例

其他慢性病患病比例较低。从图4.15可以看出，受访者患慢性病比例为15.59%，其中，西部、中部、东北、东部地区该比例分别为14.37%、15.55%、15.52%、19.57%。各地区患慢性病比例均不超过20%。慢性病主要包括风湿、关节炎、慢性咽炎、慢性胃炎、心脑血管疾病等。

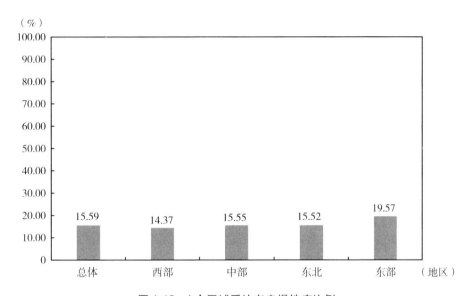

图4.15　4个区域受访者患慢性病比例

4.3　农村教育

4.3.1　农村居民的教育水平

我国农村居民的教育水平仍低于全国平均水平。如图4.16所示，根据第三轮对4个区域农村居民的受教育情况的调研显示，4个区域中15岁及以上人口农村居民的平均受教育年限为7.69年，与全国15岁及以上人口平均受教育年限9.91年相比，农村居民的教育程度仍然偏低。

从教育阶段来看，如图4.17所示，农村居民最高受教育程度为初中的比例最大，为35.52%，最高受教育程度为高中/中专的比例为15.53%。

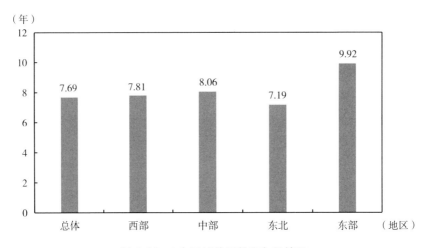

图4.16 4个区域的受教育年限情况

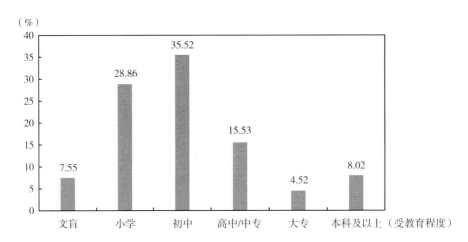

图4.17 4个区域受访者不同水平最高学历占调研样本的比例

从5个省份的总体受教育程度来看,受访者的受教育程度不高。受访者受教育程度为初中的比例为36.69%,受教育程度为小学的受访者比例为26.61%,受教育程度为高中/中专的受访者比例为19.48%,受教育程度为大专水平的受访者比例为4.85%,仅有8.26%的受访者教育程度为本科及以上(见表4.2)。分年龄来看,不同年龄段受访者的受教育程度存在差异,随着受访者年龄的增加,受高等教育的人数占比会降低。如表4.2所示,20～30岁的受访者中有63.57%受过大专及以上的教育,31～40岁的受访者有 19.05% 受过大专及以上的教育，41～50 岁中有 7.24% 的受访者受过大专及以上的教育，51～60 岁的受访者有 0.60% 受过大专及以上的教育，61～100 岁的受访者没有受过大专及以上的教育。

表 4.2　　5 个省份受访者分性别、分年龄组别的受教育程度　　单位：%

类别	受教育程度	文盲	小学	初中	高中/中专	大专	本科及以上
	总计	4.09	26.61	36.69	19.48	4.85	8.26
性别	男	2.17	24.73	38.59	21.60	4.89	7.88
	女	6.52	28.82	34.31	16.81	4.80	8.75
年龄分组	20～30 岁	0.78	0.00	10.01	24.81	14.73	48.84
	31～40 岁	0.00	11.90	46.43	21.43	14.29	4.76
	41～50 岁	2.17	24.64	40.58	25.36	5.07	2.17
	51～60 岁	3.64	41.82	46.67	6.67	0.00	0.60
	61～70 岁	21.62	51.35	14.47	12.16	0.00	0.00
	71～80 岁	37.14	42.86	0.20	0.00	0.00	0.00
	81～90 岁	0.00	100.00	0.00	0.00	0.00	0.00
	91～100 岁	0.00	0.00	0.00	0.00	0.00	0.00

中部地区、西部地区、东北地区教育与东部地区教育仍然存在较大差距。根据第三轮对 4 个区域的调研中的教育年限变量，如图 4.18 所示，东部地区的教育程度较高，中部地区和西部地区次之，东北地区最低，导致的原因可能是第三轮调研数据中东北地区的数据样本收集太少，存在较大误差。我们进一步调研计算了各级教育水平完成情况，在义务教育阶段，对于初等教育而言，东北地区、东部地区、中部地区和西部地区受访者完成小学教育的比例分别为：93.53%、96.81%、92.57% 和 90.45%。东北地区、东部地区、中部地区和西部地区受访者进一步完成初中教育的比例分别为：56.90%、75.16%、64.19% 和 60.14%。这说明，东北地区、西部地区 9 年义务教育普及还有待提高。从达到高中以上学历所占比例来看，如图 4.18 所示，依然存在地区失衡的情况，第三轮对 4 个区域的调研显示，东部地区教育程度为高中及以上学历的受访者的比例最高，为 46.82%；中部地区达到高中以上学历的受访者比例为 29.02%；西部地区达到高中以上学历的受访者比例为 23.02%；东北地区教育程度为高中及以上学历的

受访者的比例最低，为 15.08%。

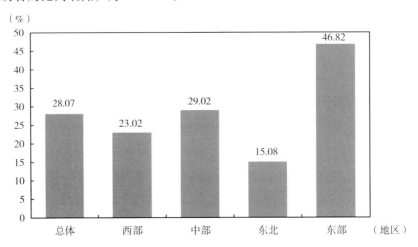

图 4.18　4 个区域高中以上学历所占比例

分性别来看，图 4.19 显示，农村地区的男性教育水平高于女性教育水平，其中男性平均教育年限为 8.46 年，女性平均教育年限为 7.73 年。女性的教育水平低于农村地区平均教育年限。农村教育的性别差距依然存在。除了东北地区，这种性别间教育的差距在东部地区、中部地区及西部地区都存在，而且东部地区教育的性别差距最大，其男性与女性教育年限相差 0.79 年。

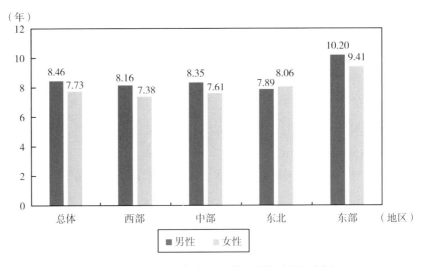

图 4.19　4 个区域高中以上学历分性别所占比例

5 个省份的调研也显示出类似的结果，总体来看男性受教育水平要高于女性。如表 4.2 所示，除了教育程度为大专和本科及以上的女性占比略大于男性之外，教育程度为文盲和小学程度的女性占比大于男性，教育程度为初中、高中/中专和大专水平男性占比大于女性。

4.3.2　农村子代的教育水平

子女教育方面，整体上，农村子代的教育水平相较于父辈显著提升。首先，农村学前教育普及水平显著提升。根据第三轮对 4 个区域调研中的"孩子是否接受过学前教育"变量发现，97.42% 的农村儿童接受过学前教育。其次，进一步计算 4 个区域子代接受学前教育的占调研样本的比例后发现，中西部地区学前教育普及率有较大提升，其中中部地区有 97.92% 的农村儿童接受过学前教育；西部地区有 96.87% 的农村儿童接受过学前教育。最后，4 个区域农村儿童的文盲率较低，4 个区域农村儿童的文盲率平均值在 0.52% 左右，说明农村地区义务教育的普及保障了农村儿童的入学。如表 4.3 所示，子代达到高中以上学历的比例为 67.39%，其中接受高等教育的比例为 42.13%。

表 4.3　　　　　　4 个区域农村儿童最高学历分布情况　　　　单位:%

最高学历	总计	西部地区	中部地区	东北地区	东部地区
文盲	0.52	0.71	0.55	0.68	0.35
小学	5.41	6.61	6.17	5.91	4.50
初中	26.68	30.15	25.23	26.92	21.54
普通高中	12.17	14.52	12.99	10.97	9.61
职业高中	7.89	6.01	8.54	7.55	5.12
技校	2.14	2.97	2.21	3.04	1.77
中专	3.62	3.18	3.88	3.78	2.87
大专	16.90	14.88	16.40	15.06	21.54
本科	23.35	20.96	22.42	23.10	29.68
硕士及以上	1.88	0.51	1.61	2.88	3.02

地区农村子代最高学历分布有差异，主要体现在高等教育完成水平上。如表4.3所示，各地区最高受教育程度为初中的子代比例大致相当，平均值为26.68%，但在高中阶段以后，各地区最高学历的分布出现差异。如图4.20所示，对于东北地区及东部地区来说，完成高等教育的子代比例较高，高于中西部地区。其中东部地区最高学历在大专以上的达到54.24%；其次是东北地区，达到41.04%；而中部、西部地区最高教育学历在大专以上的比例分别为40.43%和36.35%。

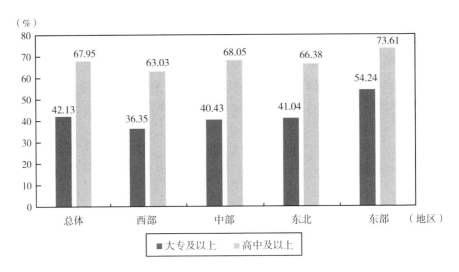

图4.20 4个区域最高学历为高中和大专及以上的子代占比

在教育支出方面，如图4.21所示，农村家庭在教育方面的年平均支出为8365元。其中，东部地区的教育支出最高为10681元，中部地区次之，为9025元，西部地区为6280元。同时，如图4.22所示，在政府补贴方面，接受过政府补贴的农村居民占调查样本的比例为58.14%。其中，西部地区77.82%的农村居民接受过政府补贴，中部地区42.47%的农村居民接受过政府补贴。东部地区和东北地区该比例分别为36.12%和30.28%，这说明政府补贴对中部、西部地区教育发展发挥了积极作用，有助于减少中部、西部地区的教育负担，降低家庭的教育支出。

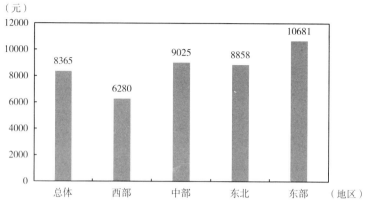

图 4.21　4 个区域的教育费用情况

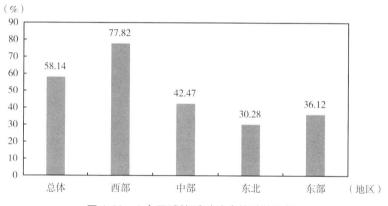

图 4.22　4 个区域接受过政府补贴的比例

在学龄前子女的早期教育方面，如表 4.4 所示，有 65.56% 的适龄子女接受了儿童早期教育。中国教育财政家庭调查报告（2019）显示，2017年，一线城市的早教参与率约为 20%，农村地区仅为 2% 左右。可见与2017 年相比，2022 年农村儿童早期教育参与率有较大的提升。而作为儿童早期教育投入的数量指标，农村地区早教平均支出为 3317.8 元/人·年。受访者早教平均支出占同年家庭 2022 年收入的 3.2%。据中国教育财政家庭调查报告（2019）显示，2017 年，总体家庭幼儿园教育年平均花费为6879.7 元，这说明农村早教子女的人均支出和全国的平均水准有着较大的差距。①

————————————————————

① 资料来源：《中国教育财政家庭调查报告（2019）》。

表 4.4   子代早期教育情况

适龄子女数 （人）	早教子女数 （人）	早教平均支出 （元/人·年）	早教子女占比 （%）	早教支出占比 （%）
302	198	3317.8	65.56	3.2

4.3.3 农村教育基础设施

农村教育基础设施作为农村教育的重要物质基础，是农村教育水平提升的重要保障。本部分主要从农村小学的建设情况入手，对农村教育设施的建设情况进行调查。本次调查的内容主要包括：就读学校是否提供寄宿、离家最近的学校距离、上学交通便利情况等方面。如图 4.23 所示，根据第三轮对 4 个区域的调研数据计算得出，中部地区和西部地区能够选择住宿的学校占比为 50.84% 和 50.91%，东部地区和东北地区能提供选择住宿的学校占比为 28.57% 和 20.59%。

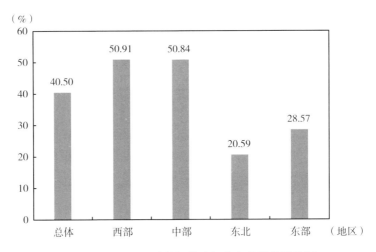

图 4.23　4 个区域能够提供选择住宿的学校的比例

农村孩子上学存在交通不便利的情况。如表 4.5 所示，距离受访对象最近的小学的平均距离为 5.67 千米，且有许多的样本村受访对象距离最近的小学的平均距离在 5 千米及以上，而受访者中家校距离最大甚至高达 35 千米。考虑农村道路崎岖不平，这样的距离还是给农村家庭子女上学带来了一定困难，而且因为是小学，许多家庭可能还要接送孩子上学，这个距离可能也会给农村家庭接送孩子上学带来了一定困难。

表4.5　　　　　4个区域受访对象距离最近的小学的平均距离　　　　单位：千米

项目	均值	极大值	极小值
距离	5.67	35	0.2

如图4.24所示，有24.89%的受访者表示从家到孩子所在小学的交通状况不便利。大部分受访者子女所在的小学都并未配备校车。在"从您家到最近的小学是否有校车"这一问题中，回答没有校车的受访者占总人数的85.44%。可以看出，在我国农村，小学校车还并不普及，再结合前面的家校距离进行分析后发现，受访者从家到学校的交通不太便利，我国农村教育的基础设施建设还有待加强。

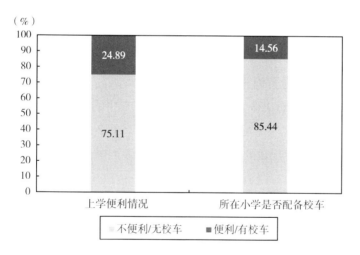

图4.24　5个省份受访者家校交通便利度与小学校车普及度

4.4　农民创业

4.4.1　创业经历

返乡创业比例显著增加。根据第二轮对4个区域农村居民创业情况的调研数据显示，农村居民创业比例的平均值为 36.88%，据农业部公布的数据显示，2009～2011 年 3 年的年均成立的创业主体占总量的比例为 4.5%，2014 年以来，是农村创业创新的高速增长期，4 年内成立的创业主体占总量的 54.1%，年均占 13.52%。① 可见，相较于 2014～2018 年农村创业比例有所下降。但农民返乡创业的比例显著增加，返乡创业占外出务工人口的比例为 9.4%，相较于农业部 2015 年统计的农民工返乡创业比例的 2% 有显著提升。根据本项目的 5 个省份调研显示，四川有创业经历的受访者比例最高，达到 58.92%；江苏次之，为 47.61%；河南有创业经历的受访者比例最低，仅有 40.00%，如表 4.6 所示。

表 4.6　　　　　近 5 年来您是否有过创业经历（5 个省份调查情况）　　　单位：人

分类	四川	湖北	湖南	河南	江苏
0 = 否（位）	23	90	5	9	22
1 = 是（位）	33	76	5	6	20
百分比（%）	58.92	45.78	50.00	40.00	47.61

根据表 4.7，在有创业经历的 381 个样本中，仅有 1 次创业经历的受访者数量最多，共有 128 人，湖北在这 128 人中占据最高比例，共有 81 人，其次是江苏，有 15 人有过 1 次创业经历。有 2 次创业经历的受访者共有 24 人，随着创业次数的增加，受访者人数不断减少。创业经历最多的受访者来自湖北，其总共创业了 6 次。

表 4.7　　　　　　　　　5 个省份创业经历次数统计　　　　　　　　单位：人

创业次数	总计	四川	湖北	湖南	河南	江苏
1	129	24	81	4	5	15
2	24	4	16		1	3
3	19	3	14			2
4	4		3	1		
5	1		1			
6	2		2			

① 农村创业创新呈蓬勃发展趋势［EB/OL］. 中华人民共和国农业农村部，2018-03-05.

5 个省份的调研显示，有 77.90% 的受访者仍在经营自己的企业。如表 4.8 所示，江苏是企业经营比例最低的省份，仅有 68.42% 的受访者仍在经营企业；河南是经营比例最高的省份，有 100% 的受访者仍在经营自身的创业企业；四川紧随其后，有 87.88% 的经营比例。在所有的创业者中，创业时间最早是 1976 年，这是一名来自湖北的受访者，投资的是汽车维修行业。

表 4.8   5 个省份持续经营比例调查

标签	总计	河南	湖北	湖南	江苏	四川
0 = 否	40	0	28	1	6	4
1 = 是	141	5	91	3	13	29
经营比例（%）	77.90	100.00	76.47	75.00	68.42	87.88

4.4.2 创业所在行业

创办企业的行业多以第三产业为主。根据 4 个区域的调研数据，与销售有关的创业活动占比为 24.53%，出现频次为 52 次；其中销售水果最多，出现 20 次；其次是销售服装，出现 12 次。除此之外，餐饮、销售日用品出现的次数也较高，分别为 11 次和 5 次。销售是农村创业群体主要从事的行业，并且生产、家电、百货、加工、养殖、超市是出现频率较高的关键词，可见受访者创办的企业以第三产业为主，第二产业、第一产业作为补充。

5 个省份的调查统计结果与 4 个区域的调研结果类似。销售作为关键词出现得最多，销售水果出现了 7 次，销售服装出现了 3 次，除此之外还有销售鞋子、日用品、服装等作为受访者创办企业的主要业务。出现频率次高的是服务关键词，餐饮出现了 4 次，理发也出现了 23 次，除此之外还有农家乐、饭店、婚庆公司等服务出现次数较多。

4.4.3 创业规模

在企业的经营规模方面，受访者创办的企业还是以小微型企业为主。

雇用员工在一定程度上可以反映创业企业的规模。在所有企业中，个体经营（不额外雇用员工）样本数量最高，有 55.51% 的创业主体是个体经营。雇用人数在 10 人以上员工的企业占全部创业企业的比例为 16.58%，其中西部地区该比例为 8.97%，中部地区该比例为 6.51%，东北地区该比例为 3.45%，东部地区该比例为 13.04%。

5 个省份的调研显示，在所有企业中，个体经营（不额外雇用员工）样本数量最高，如表 4.9 所示，总计有 108 家企业是个体经营。其次是雇用 2 名员工的企业，共有 20 家；雇用 1 名和雇用 3 名员工的企业数量较为接近，分别是 13 家和 8 家。雇用 10 人以上员工的企业仅有 15 家。这说明受访者创办的企业还是以小微型企业为主，规模并不大。

表 4.9　　　　　　　　　　　5 个省份雇用员工数量　　　　　　　　　　单位：个

雇用员工数量	总计	四川	湖北	湖南	河南	江苏
个体经营	108	23	74		5	6
1	13	1	10		1	1
2	20	4	13			3
3	8	3	3	1		1
4	3		1			2
5	5		2			3
6	3		1	2		
7	1		1			
8	5		4			1
9	1					1
10 人以上	15	2	11			2

4.4.4　创业利润

创业企业的利润情况也是调研关注的信息。整体而言，如表 4.10 所示，创业企业的平均利润为 99562.89 元，其中中部地区创业群体的平均净利润为 100497.12 元；西部地区创业群体的平均净利润为 100672.61 元；东部地区创业群体的平均净利润最低，为 88185.68 元；东北地区创业群体的平均净利润最高，为 104864.04 元。从分布来看，在下四分位数、中位数、上四分位数上，东部地区落后于中部地区、西部地区和东北地区。

表 4.10　　　　　　　4 个区域创业主体的经营净利润情况　　　　　　单位：元

地区	均值	下四分位数	中位数	上四分位数
总计	99562.89	15000	50000	100000
西部	100672.61	15000	45000	80000
中部	100497.12	12000	50000	110000
东北	104864.04	35000	50000	100000
东部	88185.68	12000	50000	100000

在 5 个省份的调研中，如表 4.11 所示，在所有样本中，暂未盈利的企业共有 11 家，湖北占据最多比例，共有 7 家企业未曾盈利。利润分布在 5 万元以下区间的企业最多，共有 72 家，可见农村地区大多数企业并没有很强的盈利能力。

表 4.11　　　　　　　　　　5 个省份盈利情况　　　　　　　　　　单位：家

利润	总计	四川	湖北	湖南	河南	江苏
暂未盈利	11	1	7		1	2
5 万元以下	72	21	45		2	4
5 万~10 万元	24	3	16		1	4
10 万~30 万元	42	8	26	2	1	5
30 万元以上	5		3			2

4.4.5　创业互联网使用情况

在 5 个省份调研覆盖的有创业经历的 178 个样本中，共有 66 个使用了互联网进行生产设备的购买，如表 4.12 所示。这说明物流基础设施的普及给农村地区企业主提供了更多的选择空间。

表 4.12　　　　　5 个省份使用互联网进行生产设备的购买情况　　　　单位：个

分类	总计	四川	湖北	湖南	河南	江苏
0 = 否	112	20	74	0	4	14
1 = 是	66	13	41	4	2	6

除了生产端之外，互联网的便利性也对销售端产生了影响。通过互联网提供的便利渠道，企业所面向的市场不再局限于本地，有更多的消费者可以通过移动互联网手段接触到企业的产品，并通过社交平台或电商平台完成购买的操作。如表 4.13 和表 4.14 所示，在 5 个省份调研覆盖的有创业经历的 177 个样本中，共有 74 个样本表示使用了社交平台进行销售，共有 40 个样本使用电商平台进行销售，使用社交平台销售的企业要比电商平台更多，这可能是因为社交平台具有更高的使用率和黏性，更容易解决销售中信任这一问题。

表 4.13   5 个省份使用社交平台进行销售情况   单位：个

分类	总计	四川	湖北	湖南	河南	江苏
0 = 否	103	20	67	1	4	11
1 = 是	74	10	50	3	2	9

表 4.14   5 个省份使用电商平台进行销售情况   单位：个

分类	总计	四川	湖北	湖南	河南	江苏
0 = 否	141	28	87	1	5	20
1 = 是	40	5	32	2	1	0

在创业企业互联网使用方面，使用互联网进行生产资料购买的企业盈利较高。我们主要关注中部地区、西部地区。经调研发现，中部地区创业企业拥有网站的比例达 8.22%，西部地区创业企业拥有网站的比例达 2.60%，中部地区显著高于西部地区。同时，如图 4.25 所示，中部地区创业企业使用互联网进行生产资料购买的比例均高于西部地区。中部地区创业企业使用互联网进行销售的比例与西部地区持平。其中 24.68% 的中部地区创业企业通过使用互联网进行产品销售，37.79% 的创业企业使用互联网来购买生产资料。24.68% 的西部地区创业企业使用互联网进行产品销售，31.17% 的西部地区创业企业使用互联网来购买生产资料。

进一步对比创业企业使用互联网与不使用互联网的盈利情况发现，在生产资料的购买环节，使用互联网的企业的平均净利润远高于不使用

互联网的企业；而在销售环节，使用互联网似乎并未给企业带来更高的
净利润。

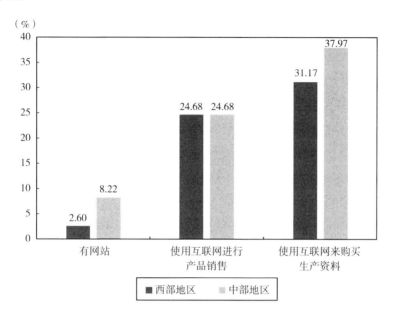

图 4.25 西部地区、中部地区创业企业使用互联网情况

4.4.6 创业企业资金来源

小微企业的第一笔启动资金对企业至关重要。在过去的乡村振兴战略
中，政府一直强调要给小微企业提供贷款等金融服务作为支持，但实际落
地的情况不得而知。本次调研也继续追加研究了投入资金筹措渠道的问
题，根据 4 个区域的调研结果显示，创业企业资金主要来源于个人储蓄或
家庭资助，占比为 62.63%。其次是来自亲戚朋友的资助或入股和政府或
商业性贷款，所占比例分别为 19.53% 和 9.10%（见图 4.26）。

5 个省份调研得到的资金筹措渠道结果与上述结论类似，在 179 个企
业资金筹措渠道统计数据中，151 例来自个人储蓄及亲戚朋友，14 例来自
商业性贷款，8 例来自政府扶持，5 例来自其他合伙人，仅有 1 家江苏的企
业投入资金来自风险融资。可见无论是在哪个省份，大部分的企业主要以
个人储蓄和家人资助作为启动资金的来源。

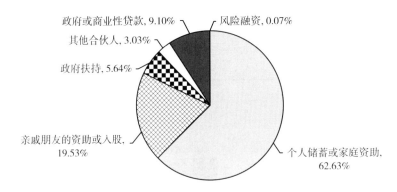

图4.26 4个区域调研资金筹措渠道占比

4.4.7 创业政策支持

返乡创业补贴政策精确度较低。通过对第三轮4个区域调研数据中"是否享受了返乡创业扶持政策？"变量进行分析发现，在创业群体中，8.42%的创业者获得返乡创业扶持政策支持。其中中部地区和西部地区获得返乡创业补贴政策支持的创业者占创业总人数的比例分别为6.47%和14.67%。在享受到返乡创业政策扶持的群体中，创业群体主要享受的政策支持是贷款支持和财税支持政策。这方面的优秀经验如下：河南设立总规模100亿元的农民工返乡创业投资基金，通过撬动社会资本加大对初创型返乡创业企业的支持力度；江西赣州市南康区以县域金融改革创新试点为抓手，引导区内银行创新推出"产业升级贷""品牌贷"等50个金融创新产品，发行"双创债"，支持返乡创业企业融资；安徽太湖县建设了占地47.7亩新仓镇农民工返乡创业园，采取"财政补一点、税收补一点、金融机构贷一点、规费减一点、职能部门帮一点"的方式支持农民工进驻园区经营。

第一轮调研的5个省份几乎都出台了专门面向乡村地区企业的返乡创业扶持政策。但根据调研结果，如表4.15所示，在26个有效样本中，有16个企业享受返乡创业扶持政策，表明扶持力度已得到加强。同时，在一系列返乡创业政策中，返乡创业企业主要获得的返乡创业政策支持为贷款支持、财税支持和创业培训支持，如表4.16所示。

表 4.15　　　　　　　　　　享受返乡创业扶持政策情况　　　　　　　单位：个

分类	总计	四川	湖北	湖南	河南	江苏
0＝否	10	2	7	0	0	1
1＝是	16	2	10	0	1	3

表 4.16　　　　　　　　　　返乡创业扶持政策类型　　　　　　　　单位：个

类型	贷款支持	用电支持	财税支持	创业培训支持	其他
享受该政策的受访者数	7	0	11	3	5

　　调研也统计了受访企业所面对的外部环境情况。政府补贴对创业有着积极的影响，可以衡量当地政府对小微企业的扶持力度。如表 4.17 所示，在调研覆盖的有创业经历的 179 个样本中，创业活动获得补贴的样本共有 26 个，占比也不到 17%。每个省份收到补贴的企业数都很少，最少的是江苏。而获得的政府补贴类型主要为一次性创业补贴和担保贷款贴息，如表 4.18 所示。

表 4.17　　　　　　　　　　创业活动获得政府补贴情况　　　　　　　单位：个

补贴情况	总计	四川	湖北	湖南	河南	江苏
有	26	4	15	4	2	1
没有	153	29	101	0	4	19

表 4.18　　　　　　　　　　　　补贴类型情况　　　　　　　　　　单位：个

类型	一次性创业补贴	担保贷款贴息	创业培训费用补贴	其他
获得该种补贴的受访者数	13	9	2	2

　　除此之外，本调研也统计了受访者对工作地经营环境的满意程度。如表 4.19 所示，大部分受访者对工作地经营环境一般满意，其中满意及非常满意的受访者占比为 41.01%，其中河南省的满意的比例最高。

表 4.19　　　　　　　　　对工作地的经营环境满意程度　　　　　　单位：个

满意程度	总计	四川	湖北	湖南	河南	江苏
1 = 非常不满意	3		2			1
2 = 不满意	12	2	8			2
3 = 一般	91	25	56		2	8
4 = 满意	52	3	37	3	1	8
5 = 非常满意	21	3	13	1	3	1

4.5　本章小结

从农业技术进步整体情况可以看出，农业新技术和新设备使用率较低。农业技术指导仍有较大的发展空间，尽管目前已经开展的农业技术指导取得积极成效，但仍存在普及程度不高、开展频率较低和地区间不平衡的问题。受访者对良种繁育、栽培等技术存在需求，且更偏好结合农时现场示范的指导方式。

从农民健康水平整体情况可以看出，受访者对血压的风险意识高于血糖和血脂，患"三高"和其他慢性病的受访者比例较低；但 BMI 正常的受访者比例不够高，各地区均在 65%~75%，存在超重问题，有潜在患病风险。

教育方面，农村地区学前教育普及水平显著提升。相较于父辈，子代的教育水平显著提升。政府通过政府补贴的形式对中部地区、西部地区教育发展进行了较大的扶持。但我国农村居民的教育水平仍低于全国平均水平。同时，农村教育存在区域和性别差距。中部地区、西部地区和东北地区与东部地区教育仍然存在较大差距。农村地区的男性教育水平高于女性教育水平。东北地区和西部地区在义务教育阶段以上的教育完成方面较东部和中部地区存在差距。

农民返乡创业比例显著增加，受访者创办的企业还是以小微企业为主。在创业企业互联网使用方面，使用互联网进行生产资料购买的企业盈利较高。获得返乡创业政策支持的群体主要获得的政策支持是贷款支持和财税支持政策。同时，目前存在返乡创业补贴政策精确度较低的问题。

第 5 章

乡 村 建 设

5.1 基 础 设 施 建 设

5.1.1 生活性基础设施建设

受访村庄的道路交通基础设施较为完善。从 4 个区域的调研结果来看，受访村庄的通村道路主要为硬化路，即水泥路或柏油路，仅有 4 个受访村庄的通村道路是泥土路。受访村庄的通村道路宽度集中在 3 ~ 6 米。此外，从受访村客运班车通车情况来看，有超过 60% 的受访村庄已经开通了客运班车，整体通车率较高，其中，东部地区江苏的受访村庄客运班车的通车率最高①，达到了 87.5% ，中部地区云南的受访村庄客运班车通车率最低，为 36.4% 。

受访村庄的交通通达程度在区域间发展不平衡。从 4 个区域的调研情况来看（见图 5.1），东部地区受访村庄离最近客运站的平均距离最短，为 3.55 千米，东部地区受访村庄的情况要明显好于东北地区和中部地区，其中西部地区受访村庄交通最不方便，与最近客运站的平均距离在 7.60 千米左右。

---

① 由于广东省调研地区只有一个样本，虽然这个样本村庄已经开通了客运班车，但是得到的 100% 客运班车通车率的结论不具有代表性。

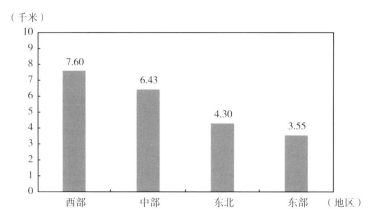

图5.1　4个区域受访村庄离最近客运站的平均距离

乡村饮水困难和饮水不卫生问题基本得到解决。在饮水安全方面，受访村庄的饮用水来源主要是自来水，而纯净水和其他水源（井水、河水、山泉水等）占比较少。受访村庄的自来水单价集中在2~5元/吨，仅有部分地区的部分受访村落自来水单价超过了5元/吨。同时，受访村庄的饮水安全和饮水便捷性基本上能得到保障，饮水困难和饮用水不卫生的问题已基本被消除（见图5.2）。仅有极少数村庄的村户存在饮用水安全隐患，占所有受访村庄的不到3%。

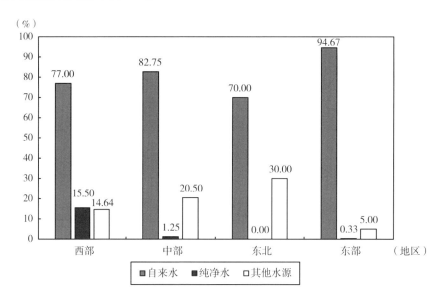

图5.2　4个区域受访村庄饮用水来源占比

　　乡村沼气池数量有待增加。受访样本村庄沼气池配置情况均不够理想，东部地区的受访村庄中，拥有沼气池的村庄不超过 20%；东北地区的受访村庄拥有沼气池的比例不超过 8%；中部地区拥有沼气池的村庄所占比例为 32%；西部地区拥有沼气池的村庄所占比重最大，达到 38.10%，但也没有超过 50%（见图 5.3）。由此可见，村庄沼气池配置情况还需要相关基层干部落实。

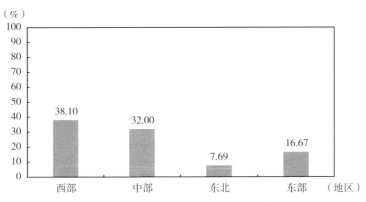

图 5.3　4 个区域受访村庄拥有沼气池的比重

　　乡村基本实现用电普及。在电力使用方面，除四川省、河南省、贵州省三地有极个别受访村庄的村户家里未通民用电，其他受访地区的村庄均已实现用电的完全普及。

　　从调研结果来看，受访村庄的生活设施建设总体来说已经获得较大改善，具体表现在受访村庄道路基础设施、客运班车通车率、饮水安全、沼气池配备、电力使用等方面的改善。但仍存在一些问题亟须解决，从调研省份的情况看，调研村距最近客运站、火车站的距离还较远。分区域看，部分西部受访村庄的交通通达性差，离最近的客运站过远，这对村庄经济发展、村民交通出行均有不利影响。东北、东部地区的沼气池配备情况较差，不利于农村环境的保护和改善。

5.1.2　农村电商相关的基础设施建设

　　受访农户所在村的电子商务服务点覆盖率均较低，甚至有些省份的村庄均未设置电子商务服务点。在总受访农户中，仅有 28.41% 的农户所在村具有电子商务服务点，其中湖北的受访农户所在村的电子商务服务点覆盖率最高，为52.17%。安徽、广东和四川三个省份的受访农户所在村均未设置电子商务服务点。

受访农村的益农信息社的覆盖率较低。在本次调查的79条样本数据中，仅有37.30%的样本表示村内有益农信息社或村级信息服务站，这说明益农信息社的普及程度还不高。各个省份的覆盖率差距较大，其中云南的普及率最低，仅有9.09%，江苏的益农信息社普及率最高①，达到70%。

从4个区域的调研结果来看，与电子商务相关的服务站或服务中心在乡村覆盖率不高这一现象同样存在。东部受访村庄的与电子商务相关的服务站覆盖率最高，达到了36.36%，但也未过半数。但是东部地区覆盖率明显优于西部地区（13.16%）、中部地区（28.99%）和东北地区（18.18%）。从区域内具体省份来看，安徽、广东和四川的与电子商务相关的服务站覆盖率在全国范围内最低，均未设置服务站点。而益农信息站和12316村级信息服务站在乡村的覆盖率同样不高，东部和中部地区受访村庄的益农信息站或12316村级信息服务站的覆盖率高一些，分别达到了72.73%和38.81%，而东北和西部分别只有18.18%和29.73%（见图5.4）。总体来

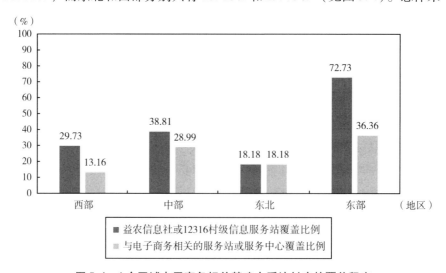

图5.4　4个区域电子商务相关基建在受访村庄的覆盖程度

① 由于广东省调研地区只有一个样本，虽然这个样本村庄具有益农信息社，但是得到的100%覆盖的结论不具有代表性。

看，虽然电子商务在农村的普及和发展在逐年加快，但是配套的服务设施
和信息站的普及情况却并未达到期望效果，需要相关部门实施有效的政策
来协助乡村配套服务设施和信息站的落地。

5.2　人居环境整治

受访农户参与生活垃圾分类意识不够强，乡村生活垃圾的分类、处理
方面存在明显的区域差距。针对具体12个省份的调研结果显示，受访农户
对生活垃圾分类的意识比较淡薄，生活垃圾进行分类收集的村庄比例未达
到60%。图5.5展示了受访者家庭生活垃圾的主要处理方式情况，在所有
的受访者样本中，由专门的机构运走处理的有115个样本，是最主要的生
活垃圾处理方式。仅有80位受访者选择对垃圾进行简单的分类，说明受访
农村的垃圾分类处理意识仍有待加强。

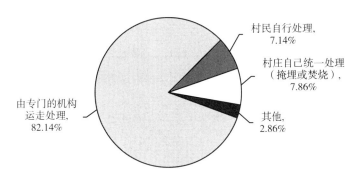

图 5.5　4 个区域生活垃圾处理方式

乡村污水处理有了较大的改善，且东部和中部地区要明显优于其他地
区。在污水排放方面，总体来看，受访地区接近30%的村庄都安设了生活
污水排污管道（排污渠或下水道），但从具体区域来看，西部地区受访村
庄的生活污水排污管道安设情况不如其他地区。在生活污水最终去向方
面，东部和中部地区省份表现要明显优于其他地区，如江苏绝大部分受访
村庄的生活污水会由管道或排污渠通往污水处理厂，或是先流向本村污水
净化池（化粪池），再排放至附近水域，只有极少受访村庄产生的生活污

水会直接流向附近河流、小溪、湖泊或大海。但在东北地区，有近 2/3 的
受访村庄生产的生活污水会直接流入附近河流、小溪、湖泊或大海，或是
流入或渗入到附近土壤里，如图 5.6 所示。

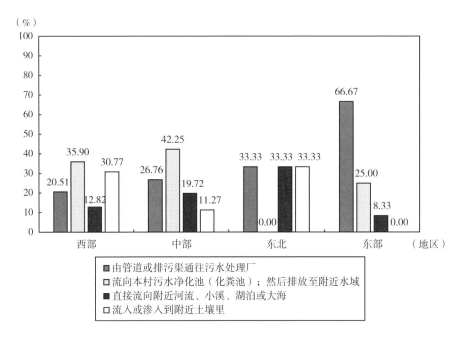

图 5.6　4 个区域受访村庄生活污水的最终流向

　　总体来看，受访村庄的人居环境整治情况相对以往已经得到了明显改
善，表现在生活垃圾处理的规范程度越来越高，污水排放合规性越来越强
等方面。但从调研的 4 个区域具体来看，受访农户参与生活垃圾分类的意
识还比较淡薄。分区域具体来看，东北、西部地区部分受访村庄的人居环
境整治要明显落后于东部地区受访村庄。比如，东北地区受访村庄生活污
水合规处理的比例仅有 1/3，有 2/3 的污水是直接排向附近水域或者直接
渗入附近土壤，对环境有较大的危害。

5.3　数字化服务建设

　　乡村互联网应用程度较高。在针对 4 个区域的调研中，总调研样本中

家庭的网络宽带和智能手机使用率分别为 86.42% 和 88.61%，其中东部地区网络宽带使用率最高，为 93.55%，东北地区智能手机使用率最高，为 93.04%；与 2021 年相比，西部地区的网络宽带使用率有所提高，由 70.72% 上升到 87.6%，且地区间互联网应用程度差距较小（见图 5.7）。

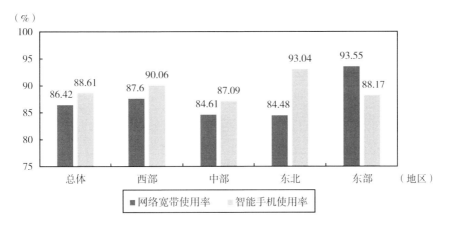

图 5.7　4 个区域受访村户的网络宽带和智能手机的使用率

根据调研样本统计结果，目前农民使用智能手机主要用于休闲娱乐和网上支付，特别是东部地区农民休闲娱乐的比例高达 93.91%。用于农业生产和农产品销售的比例较低，占总样本比例分别为 8.85% 和 7.96%（见表 5.1）。

表 5.1　　　　　　　　　　4 个区域受访农户使用智能手机的用途

地区	工作技能		农业生产		农产品销售		网上支付		休闲娱乐	
	样本量（个）	占比（%）	样本量（个）	占比（%）	样本量（个）	占比（%）	样本量（个）	占比（%）	样本量（个）	占比（%）
总体	305	15.45	174	8.85	155	7.96	1420	67.65	1963	89.23
西部	131	19.52	81	12.16	62	9.35	457	66.42	629	87.97
中部	129	13.26	71	7.39	65	6.81	701	66.89	981	88.86
东北	7	5.11	13	9.03	6	4.35	101	66.89	137	90.73
东部	38	19.69	9	4.64	22	11.46	161	75.94	216	93.91

互联网金融使用比例有所提高。调研总样本中农民使用互联网金融的

比例为 59.9%，较 2021 年的 14.55% 有所提升，其中东部地区最高为 68.89%，其次是中部地区，为 61.29%，东北地区最低，为 55.07%（见表 5.2）。不使用互联网金融的原因主要是缺乏对金融的了解，缺乏电脑、移动端等设备，以及投资风险大等。

表 5.2　　　　　　　　　4 个区域受访农户的互联网金融使用情况

地区	1 = 是		0 = 否	
	样本量（个）	占比（%）	样本量（个）	占比（%）
总体	1615	59.9	1081	40.1
西部地区	465	56.02	365	43.98
中部地区	839	61.29	530	38.71
东北地区	125	55.07	102	44.93
东部地区	186	68.89	84	31.11

乡村的电子商务经营比例不高。在全部村镇中，电子商务经营比例仅有 25.71%，中部地区样本中有 33.33% 的家庭在经营电子商务，交易的商品主要是农产品、农副产品和日用品。东北地区比例最低，在东北地区的 12 个村庄样本中，仅有 1 个村在经营电子商务（见表 5.3），交易商品为农产品。关于农产品电商创业盈利模式主要依靠直销自营模式，其他模式中包括入驻平台模式与供应链模式。

表 5.3　　　　　　　　　4 个区域家庭的电子商务经营比例　　　　　　样本数：户

地区	是	否	占比（%）
总计	36	104	25.71
西部地区	7	35	16.67
中部地区	25	50	33.33
东北地区	1	11	8.33
东部地区	3	8	27.27

在 4 个区域的调研样本中，有乡镇电子商务产业园建设的比重为 22.86%，其中东部地区的电子商务产业园比重最高为 55.56%，中部地区为 23.08%，东北地区的调研样本中没有乡镇建设电子商务产业园。电子

商务平台建设比重为51.89%，相对高于电子商务产业园的比重，其中，中部地区比重最高，为67.31%，其次是东部地区，为55.56%，东北部为30%。各地直播带货助农模式总样本比例较低，仅有9.29%，东部地区比重最高，为18.18%（见表5.4）。但以上乡镇、村庄调研样本太少，不足以观察出目前乡镇和村庄的电子商务设施的真实发展情况。

表5.4 **4个区域电子商务产业园、电子商务平台和电商直播带货助农情况**

地区	本乡镇有电子商务产业园		本乡镇有电子商务平台		本村有电商直播带货助农	
	样本量（个）	占比（%）	样本量（个）	占比（%）	样本量（个）	占比（%）
总体	24	22.86	55	51.89	13	9.29
西部	7	20.59	12	34.29	2	4.76
中部	12	23.08	35	67.31	9	12.00
东北	0	0	3	30.00	0	0
东部	5	55.56	5	55.56		18.18

5.4 基本公共服务建设

根据村户调研发现，农村养老主要依靠与子女同住和老人独居的方式。有53.41%的老人选择依靠与子女同住的方式，有43.67%的老人独居养老（见图5.8）。养老保险的参与类型主要是农村养老保险，但从总样本来看，依旧有38.13%的农民仍未参与养老保险。

乡镇医疗水平有待提高。在乡镇调研样本中，乡镇卫生院的平均数量为3.33个，其中中部地区的平均值最大，为4.43个；东北地区次之，为4.22个，东部地区为2.50个，西部地区最低，为1.55个。在乡镇卫生院上转县级医院的患者数量的平均占比为25.37%，其中东北地区最高，为57.50%，东部地区最低，为2.80%，但两地区的样本量较少，结果并不能反映当地的真实情况。西部和中部地区转县级医院的患者占比分别为23.62%和24.98%（见表5.5）。

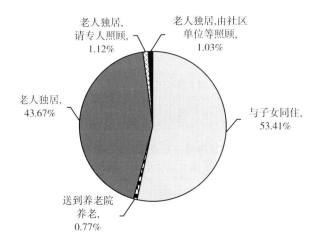

图 5.8　4 个区域农村养老方式

表 5.5　　　　4 个区域乡镇卫生院平均数量和上转县级医院的患者占比

地区	乡镇卫生院平均数量（个）	转县级医院的患者数据	
		样本量（个）	占比（%）
总体	3.33	47	25.37
西部	1.55	17	23.62
中部	4.43	22	24.98
东北	4.22	4	57.50
东部	2.50	4	2.80

从村庄数据来看，调研样本中平均每村的卫生室数为 1.25 个，平均药店数为 1.38 个，平均全村医生人数为 3.28 人（见图 5.9）。4 个地区平均每村的卫生室数没有太大差异。平均药店数上，东部地区的平均药店数最高，为 3.11 个，中部地区最低为 0.82 个。在平均全村医生人数上，东北地区最高为 8.1 个；中部地区最低，为 2.46 个。

此次调研中，5 岁以下儿童 0 死亡的行政村个数占总有效样本的比例为 96%，其中东北地区比重最高，为 100%；东部地区最低，为 87.5%。孕产妇 0 死亡的行政村个数占总有效样本的比重为 98.02%；其中东北地区和东部地区最高，均为 100%；西部地区比重最低，为 96.97%（见表 5.6）。

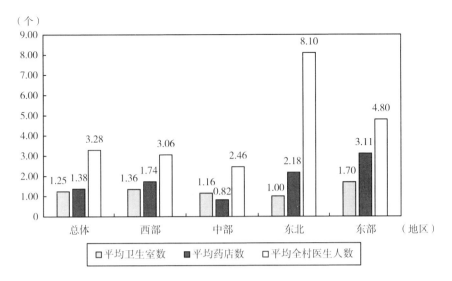

图 5.9　4 个区域的村庄平均卫生室、平均药店数和平均全村医生人数

表 5.6　　4 个区域的村庄当年 5 岁以下儿童 0 死亡的行政村占比、
当年孕产妇 0 死亡的行政村占比情况　　　　　　单位：%

地区	当年 5 岁以下儿童 0 死亡的行政村占比	当年孕产妇 0 死亡的行政村占比
总体	96.00	98.02
西部	93.75	96.97
中部	98.08	98.08
东北	100.00	100.00
东部	87.50	100.00

5.5　本章小结

　　根据调研数据发现，受访村庄的生活设施建设、人居环境整治总体来说已经获得较大改善，农村的交通基础设施、水电使用、垃圾处理和厕所改造等方面均有明显改善，但在区域间的发展还存在不均衡的问题。受访村庄的数字化服务水平得到提升，互联网应用与电子商务经营比例较高，但互联网金融使用水平较低。受访村庄的基本公共服务建设方面，依旧有小部分农民没有参与养老保险，且乡镇医疗水平还有待提高。

第 6 章

乡村治理与支农惠农政策

6.1 乡村治理

6.1.1 村级组织构成

1. 乡村基层组织形式

由图 6.1 可知,乡村基层组织形式除村党支部和村委会外,主要包括村民小组和村民代表会议,其比例分别为 35.37% 和 34.41%。红白喜事理事会也成为重要的基层自治形式,比例为 21.54%。而家族祠堂组织和宗教组织占比很小,两者加起来不到一成。分区域看,东北地区的乡村治理体系主要是村民小组和村民代表会议,其他组织形式很少;而西部地区、中部地区和东部地区则是以村民小组、村民代表会议、红白喜事理事会作为重要的基层组织形式,同时也存在家族祠堂组织或宗教组织等其他形式。总体而言,中国乡村治理在党的领导下呈现出村民自治的有序发展,具备"多元融合"的特性。

2. 村主任兼任村支书情况

目前,大部分村庄已经实现了村支书兼任村主任"一肩挑"的局面。由图 6.2 可知,村支书和村主任由同一人担任的比例占到了 70.77%。过

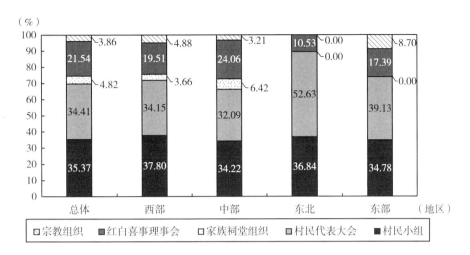

图 6.1 4 个区域乡村基层组织形式（不含村委会和党支部）

去，村支书和村主任（村长）分别由不同的人担任，处理村务的时候，在工作思路、操作方法上很难统一意见，办事流程也相对复杂。2021 年后，全国慢慢开展将由村支书兼任村主任实现"一肩挑"，村支书与村主任职位"一肩挑"能够将工作统一，提高工作效率与协调性，村民办事也更直观方便。分区域来看，西部地区、中部地区、东北地区、东部地区该比例分别为 70.00%、72.06%、54.55%、81.82%，西部地区、中部地区和东部地区落实村干部选举新规定的情况较好。

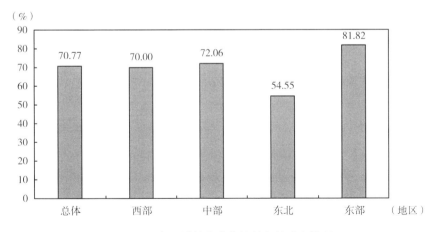

图 6.2 4 个区域村支书兼任村主任试点情况

3. 驻村"第一书记"选派情况

驻村"第一书记"制度是国家层面以精准扶贫、乡村振兴为抓手。由图6.3可知，从总体来看，超过六成的乡村驻扎有第一书记，其中西部地区的比例最高，中部地区和东北地区其次。分区域来看，西部地区、中部地区和东北地区乡村派驻"第一书记"的占比明显高于东部地区。而西部地区、中部地区和东北地区的广大农村正是乡村振兴的主战场，巩固脱贫攻坚成果任务较重，也存在一些党组织软弱涣散村，这些均是选派第一书记的重点区域。

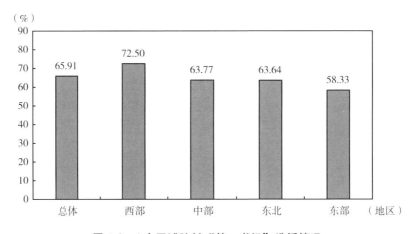

图6.3 4个区域驻村"第一书记"选派情况

4. 驻村"第一书记"主要来源

如图6.4所示，下派的在职干部是目前驻村"第一书记"的最主要来源，东部地区通过本村选举的干部也是重要途径。近年来，向"软弱涣散"村派驻"第一书记"已经成为党基层组织建设工作中的一项有效的举措。"第一书记"存在着工作时间短、困难大的特点。要想在短时间内解决问题，必须有丰富的基层生活和工作经验，才能尽快投入工作。目前驻村"第一书记"的来源主要包括本村选举、下派的在职干部、离退休干部等多种来源，其中下派的在职干部是其最主要的来源渠道。无论其来源如何，都要从有基层工作经验的干部中选择。

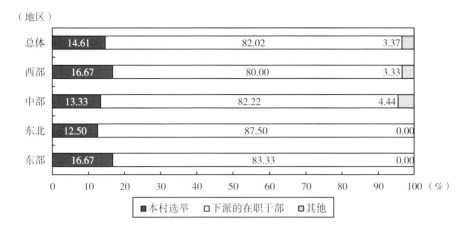

图 6.4　4 个区域驻村"第一书记"的主要来源

6.1.2　村务管理

1. 村规民约普及程度

目前大部分村庄存在村规民约。由图 6.5 可知，受访者中表示所在村庄有村规民约的比例占到了 73.92%，西部、中部、东北、东部地区的比例分别为 77.21%、71.05%、68.70%、81.64%。从总体看，村规民约已经成为乡村基层治理体系中的重要组成部分，且地区间差异并不大，东北

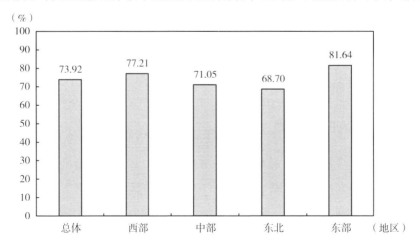

图 6.5　4 个区域村规民约的普及程度

地区村规民约的比例相比其他三个地区较低。村规民约是村民进行自我管理、自我服务、自我教育、自我监督的行为规范，是受道德约束的行为规则，也是健全和创新党中央领导下自治、法治、德治相结合的现代基层治理体系的重要形式。提高乡村治理水平需要在乡村治理中切实强化村规民约，依法推进村民自治。

2. 村规民约主要内容

如图 6.6 所示，村规民约主要包括移风易俗、文明乡风；改善村居环境、维护公共设施；社会公共道德、精神文明建设；提倡遵纪守法、维护本村社会秩序，在所有的村居受访样本中分别占比 22.32%、21.96%、21.79%、20.89%。而针对鼓励创业、发展经济相关的村规民约占比相对较小，约为 13.04%。

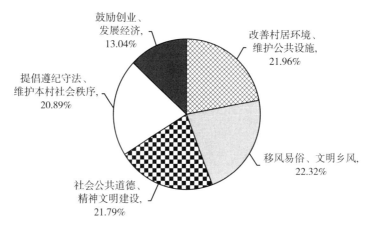

图 6.6　村规村约包含的主要内容

3. 村务公开普及程度

目前绝大多数乡村已经落实了村务公开，中部、西部地区仅有极少数乡村未能落实。从总体来看，如图 6.7 所示，表示本村开展了村务公开的受访者占比达到 83.80%，明确填无的仅有 2.82%（其中还存在 13.38% 的缺失值）。进一步地，从样本中删除缺失值重新计算 4 个区域村务公开普及程度。如图 6.8 所示，东北和东部地区明确表示所调研乡村已经落实了村务公开（普及程度均为100%）。然而，西部和中部地区仍存在个别调研乡村没有落实村务公开（普及程度分别是97.14%和95.65%），这两处村庄可能存在监督机制的缺失。但从样本总体情况来看，村务公开已经成为中国农村村务管理的常态化基础工作。

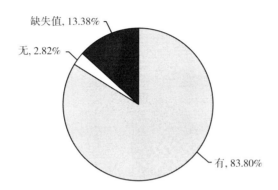

图6.7　本村是否开展了村务公开（整体情况）

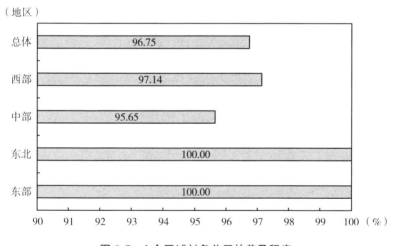

图6.8　4个区域村务公开的普及程度

4. 村务公开主要方式

如图6.9所示，总体来看，村务公开栏是村务公开的最主要方式，占比达到54.42%。另外3个重要的村务公开方式分别是村务公开网站、村务公开报告会议、微信/QQ群，其比例分别为15.35%、14.42%和13.95%。

比较小众的村务公开方式还有为每户村民家中发村务信函，其比例为1.40%。分区域来看，如表6.1所示，村务公开栏是各地区最主要的村务公开方式。然而村务公开网站和村务公开报告会议在东部地区更为明显，其比例大约是西部和中部地区的两倍以上。微信/QQ群作为村务公开方式则在中部地区明显高于其他地区。通过分地区的比较，能明显感知不同地区对村务公开方式有着不同的偏好。

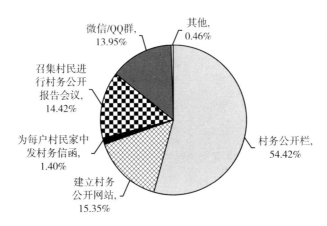

图6.9   村务公开方式（整体情况）

表6.1   4个区域的村务公开方式频数及其所占比例情况

村务公开方式	总体	西部地区	中部地区	东北地区	东部地区
村务公开栏	117	32(56.14%)	66(55.00%)	8(80.00%)	11(39.29%)
建立村务公开网站	33	9(15.79%)	17(14.17%)	0	7(25.00%)
为每户村民家中发村务信函	3	1(1.75%)	1(0.83%)	0	1(3.57%)
召集村民进行村务公开报告会议	31	8(14.04%)	16(13.33%)	1(10.00%)	6(21.43%)
微信/QQ群	30	1(10.53%)	20(16.67%)	1(10.00%)	3(10.71%)
其他	1	1(1.75%)	0	0	0

6.1.3　财政支出

1. 村集体财政收支状况

如图6.10所示，从总体来看，调研的村庄收支基本保持平衡的比例达到了48.15%，表示所在村庄收大于支的比例为30.86%，而表示所在村庄收小于支的比例为20.99%。分区域来看，东北和东部地区的村集体财政收支状况要好于中部和西部地区，但由于东北和东部地区样本量较少，该结论不具有一般性。西部地区调研村庄收小于支的情形更加突出，反映出西部地区的村集体可能存在财政紧平衡现象，甚至有不少村集体入不敷出。

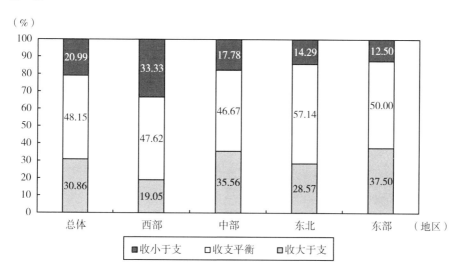

图6.10　4个区域的村集体财政收支情况

2. 村集体财政支出用途

从总体来看，村集体财政支出主要用于水利、电力等基础设施建设、修公路、援助贫困家庭，其所占比例分别为24.75%、23.75%、20.40%（见表6.2）。分区域来看，中部和东部地区的村集体财政侧重于基础设施建设，修公路和水利、电力基础设施建设累计在财政支出中的比例为51.21%和50.00%，明显高于西部地区的43.75%和东部地区45.95%。而西部和东部地区的村集体财政侧重于保障基本民生，援助贫困家庭在财政支出中的比例为25.00%和27.03%，明显高于中部和东北地区的10.84%和12.50%。此外，有部分受访者选择了其他方面的用途，如就业补贴和环境整治。

表 6.2　　　4 个区域的财政支出用途频数及其所占比例情况

村集体财政支出的用途	总体	西部地区	中部地区	东北地区	东部地区
义务教育	23(7.69%)	6(7.50%)	12(7.23%)	1(6.25%)	4(10.81%)
修公路	71(23.75%)	18(22.50%)	41(24.70%)	5(31.25%)	7(18.92%)
水利、电力等基础设施建设	74(24.75%)	17(21.25%)	44(26.51%)	3(18.75%)	10(27.03%)
提供村民文化娱乐场所	45(15.05%)	15(18.75%)	22(13.25%)	3(18.75%)	5(13.51%)
援助贫困家庭	61(20.40%)	20(25.00%)	29(17.47%)	2(12.50%)	10(27.03%)
其他	25(8.36%)	4(5.00%)	18(10.84%)	2(12.50%)	1(2.70%)

3. 公共产品建设资金来源

如表 6.3 所示，总体来看，农村公共物品建设资金依次来自各级政府财政转移支付(47.74%)，村级组织的集体收入(28.14%)，采用"一事一议"方式收取资金(14.07%)及通过民间资本筹集(6.03%)，而其他项的比例仅为4.02%。分区域来看，西部、中部和东北地区来自各级政府财政转移支付的资金占一半左右(分别是52.00%、47.71% 和50.00%)。而东部地区来自村级组织的集体收入则达到45.45%，与西部、中部和东北地区构成了鲜明对比。采用"一事一议"方式收取资金及通过民间资本筹集在各地区没有太明显的差距，两种方式占比约两成。通过比较发现，各级政府财政转移支付是西部、中部和东北地区农村公共产品建设资金的主要来源，而村级组织的集体收入则是东部地区的主要来源。

表 6.3　　　4 个区域的农村公共产品建设资金来源频数及其所占比例情况

农村公共产品建设资金来源	总体	西部地区	中部地区	东北地区	东部地区
各级政府财政转移支付	95(47.74%)	26(52.00%)	52(47.71%)	9(50.00%)	8(36.36%)
村级组织的集体收入	56(28.14%)	12(24.00%)	28(25.69%)	6(33.33%)	10(45.45%)
采用"一事一议"方式收取资金	28(14.07%)	6(12.00%)	17(15.60%)	2(11.11%)	3(13.64%)
通过民间资本筹集	12(6.03%)	3(6.00%)	7(6.42%)	1(5.56%)	1(4.55%)
其他	8(4.02%)	3(6.00%)	5(4.59%)	0	0

6.2　支农惠农政策

6.2.1　社会救助兜底保障工作

在调研覆盖的各个地区中，绝大多数的村庄都具有兜底低收入群体最低生活保障的救助机制，其中中部地区救助机制覆盖的比例最大，高达80.00%，东北地区的比例最低，但也达到了66.67%（见图6.11）。这些政策包括：提供低保、帮助就业、医疗救助和提供救助金等（见图6.12）。大多数地方政府在当地村庄一直实施着兜底低收入群体最低生活保障的救助机制，切实兜住了困难群众的基本生活底线。但是值得注意的是，受限于地方财政、执政效率等因素，最低生活保障救助机制的落实情况以及政策效果仍待考察。

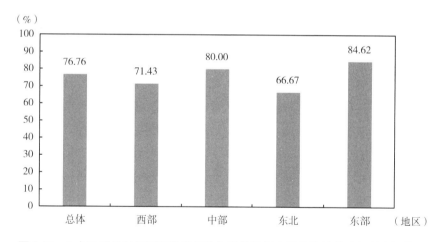

图6.11　4个区域的村居拥有兜底低收入群体最低生活保障的救助机制比例情况

6.2.2　创新创业政策

创新创业政策能鼓励本地产业发展，创造更多就业岗位。在调研覆盖的4个区域的超过140个村庄中，共有31.69%的村庄为村民提供创新创

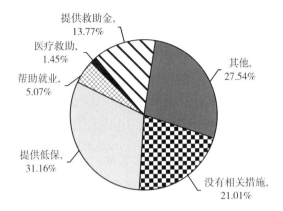

图 6.12　4 个区域的村居兜底低收入群体最低生活保障救助机制的具体措施情况

业支持政策，4 个区域的政策实施比例相差较大，其中中部地区村庄的创新创业支持政策实施比例最高，达到 40.00%。而调研覆盖的东北地区的村庄均未提供创新创业支持政策（见图 6.13），但由于东北地区样本量较少，该结论不具有一般性。

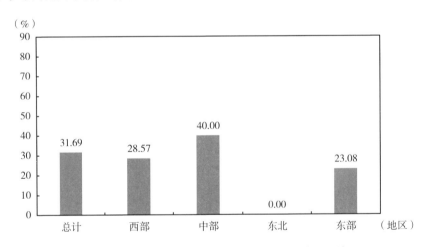

图 6.13　4 个区域的村居提供创新创业支持政策比例情况

加快完善土地、资金、人才等要素支撑的政策措施，能够确保各项政策可落地、可操作、可见效。如图 6.14 所示，在这些提供创新创业支持政策的村居中，村居支持政策中人才补贴政策的比例相对最大，达到 36.92%；其次是土地支持政策，达到 27.69%；最后是财税优惠、用水用电以及其他政策。

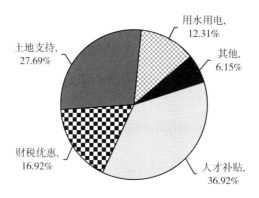

图6.14 4个区域的村居提供的创新创业支持具体政策情况

地方政府对创新创业人员实施的补贴政策以及对小微企业的扶持力度是促进乡村创新创业的重要保障。在有创业经历的296个受访者样本中，共有292个受访者反映了政府补贴的情况，其中有37个受访者表示创业活动获得了政府补贴的支持，占有效样本的12.7%（见表6.4）。而获得的政府补贴类型主要为一次性创业补贴和担保贷款贴息（见表6.5）。

表6.4　　　　　　　4个区域的村民创业活动获得政府补贴的情况

选择	西部地区	中部地区	东北地区	东部地区	总计
有	16	19	0	2	37
没有	83	119	24	29	255

表6.5　　　　　　　　　4个区域的政府补贴类型情况

类型	一次性创业补贴	担保贷款贴息	创业培训费用补贴	其他	总计
获得该种补贴的受访者数	16	13	3	5	37

6.2.3　粮食作物补贴情况

在调研覆盖的4个区域中，东北地区的粮食作物补贴比例最高，其次是中部地区和西部地区，而东部地区的粮食作物补贴比例明显较低（见图6.15）。近年来，党中央、国务院高度重视农业补贴政策的有效实施，明确要求在稳定加大农业补贴力度的同时，逐步完善农业补贴政策，改进农业补贴方式。在调研所覆盖的 4 个区域中，粮食直接补贴所占比例最大，近 80%；其次是良种补贴，占比 11%；农业保险补贴等其他补贴所占比例均不到 10%（见图 6.16），具有较大的差异性。各地政府应该以绿色生态为导向，使用创新方式方法，提高我国粮食生产主体的积极性。

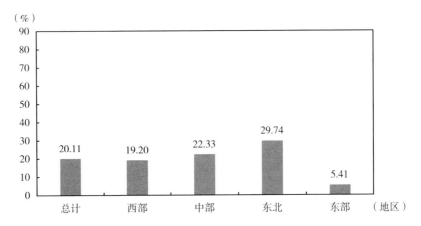

图 6.15　4 个区域的农户获得粮食作物补贴的比例情况

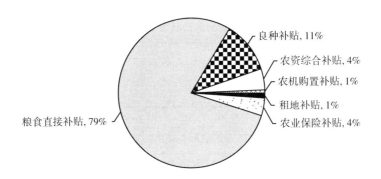

图 6.16　4 个区域的不同的粮食作物补贴的比例情况

本次调研也对农户倾向降低粮食作物的生产经营风险的途径进行了相关的调查与统计。调研发现，愿意参加农业保险的农户所占比例最高，近 40%；其次是通过学习提高种植技术的途径，占比 22%（见图 6.17）。基于农民意愿的调查结果，当地政府可以因地制宜，完善当地补贴政策，从而给农民吃下"定心丸"、织牢"保障网"，为保障粮食安全发挥综合效应。

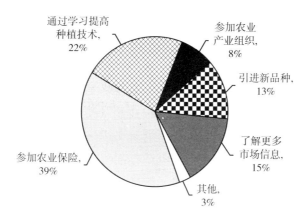

图 6.17 4 个区域的农户更倾向于降低粮食作物的生产经营风险的途径情况

6.3 本章小结

在乡村治理的实践中，除村党支部和村委会发挥核心作用外，同时也有村民小组、村民代表会议和红白喜事理事会等乡村自治体系作为重要补充，乡村治理呈现出在党的领导下实现村民自治的有序发展，具有"多元融合"的特性。

村务管理作为党组织领导下现代基层治理体系的重要表现形式，是推动基层治理的重要内容。当前绝大部分区域存在村规村约，主要内容包括移风易俗、文明乡风；改善村居环境、维护公共设施等内容。同时，村务公开作为农村基层建设的基础性工作，绝大多数乡村也已经基本落实，其主要形式包括村务公开栏、村务公开网站、村务公开报告会议和微信/QQ 群。

发展壮大农村集体经济，是实现共同富裕和乡村振兴的必由之路。目前村集体财政收入小于支出的比例达到了两成，西部地区村集体的财政紧缩现象更加突出。中部、西部和东北地区农村公共产品建设资金主要的来源是各级政府财政转移支付，而东部地区则主要来自村级组织的集体收入。

在支农惠农政策方面，绝大多数的村庄都具有兜底低收入群体最低生活保障的救助机制。这些政策包括提供低保、帮助就业、医疗救助和提供救助金等。受限于地方财政、执政效率等因素，失业措施的具体落实情况仍待考察。只有较好地解决产业结构升级等问题，结构性的劳动力失业才可以被避免。

同时，各地村庄也出台了创新创业扶持政策，但是还具有较大的提升空间。在调研覆盖的 4 个区域超过 140 个村庄中，共有 31.69% 的村庄为村民提供创新创业支持政策，提供的创业支持政策以人才补贴和财税优惠为主。但具体面向创业活动的政府补贴存在落实力度不足的现象，且补贴的形式较为单一，创业补贴的规模与质量有待进一步改进。

专题报告

● 板块一　产业链协同与农文旅融合

● 板块二　数字化转型与科技驱动

● 板块三　特色产业培育与优势发展

专题报告主要关注我国乡村特色产业振兴的案例。通过实地调研和现场采访共完成28个案例报告，通过进一步分析，得到不同地区具有代表性的特色产业实现振兴的发展模式和理论机制，并总结其发展经验，旨在为其他地区相同特色产业的进一步振兴提供有效指导。

专题报告具体分为三个板块，分别聚焦于产业链协同与农文旅融合、数字化转型与科技驱动、特色产业培育与优势发展。

在产业链协同与农文旅融合方面，选取了湖南省冷水江市小水果产业、商洛市商南县茶产业、合肥市护城社区田园综合体等产业振兴案例，这些地区将当地特色产业与其他产业相结合，形成产业融合发展的新模式，带动了乡村产业链的延伸与发展，实现了传统特色产业的转型升级。例如，冷水江市的小水果产业与农旅观光相结合，打造了农业旅游景区。商南县的茶产业通过茶叶深加工产业的发展，延伸了茶叶产业链条，提升了产业附加值。合肥市护城社区积极推进农文旅融合发展，重点打造特色小镇和田园综合体，并将稻虾共养、大棚蔬菜和苗木林卉等产业有机融合，形成了多元发展的产业格局。这些经验表明，通过充分发挥当地资源优势，重点培育特色产业，并积极推进产业链融合和农文旅协同发展，可以实现经济的可持续增长和产业的持续升级。

在数字化转型与科技驱动方面，本部分对堰下村花木产业、于都县纺织服装产业、炎陵县黄桃产业等案例进行分析，总结数字化转型和科技引领我国农村传统产业转型升级的发展模式和成功经验。数字化转型可通过构建乡镇大数据体系，为精准种植提供科学依据。如堰下村通过打造"数字堰下"平台，整合全村苗木生产和销售信息，以实现精准农业生产、销售。也可通过引入数字化技术的智能化基础设施，提高生产效率，降低生产成本。例如，于都县纺织服装产业通过数字化转型实现了生产过程的智能化管理，大大提高了生产效率和产品质量。此外，还可利用科技创新促进生产方式的革新，提升农产品加工技术，促进农村产业结构的优化升级。例如，炎陵县黄桃保鲜技术的研发与应用，使当地黄桃的质量与口感大幅提升。综上所述，数字化转型与科技驱动不仅是乡村产业振兴的必由之路，更是引领乡村发展走向智能化、高效化的重要契机，对实现农村产业转型升级、为乡村振兴注入了前所未有的活力和动力。

在特色产业培育与优势发展方面，重点分析了陕西眉县猕猴桃产业、重庆茶坪村脆李产业、山东盐窝镇黄河口滩羊产业等案例，这些特色产业彰显了乡村优势的挖掘与发展的重要性，是促进产业振兴的关键举措。它们通过充分利用当地的自然和人文资源，发掘特色产业优势，并进行资源整合和优化配置，形成产业链条，提高产业附加值。如陕西眉县猕猴桃产业充分利用阳光和气候优势，形成种植、观光采摘等完整产业链，提高了猕猴桃的附加值。庆茶坪村脆李产业依托优质土壤和传统文化，打造脆李品牌，并开展主题活动，促进了当地经济发展。盐窝镇黄河口滩羊产业通过科学管理和文化传承，形成滩羊品牌，提升了产品知名度，推动了当地经济繁荣。可以看到，充分挖掘和利用当地的自然资源、人文资源和地域优势在特色产业培育与优势发展方面至关重要。

产业链协同与农文旅融合

党的二十大报告指出，全面建设社会主义现代化国家，最艰巨最繁重的任务仍然在农村。要全面推进乡村振兴，坚持农业农村优先发展。《中共中央 国务院关于学习运用"千村示范、万村整治"工程经验有力有效推进乡村全面振兴的意见》进一步提出，推进中国式现代化，必须坚持不懈夯实农业基础，推进乡村全面振兴。要促进农村一二三产业融合发展，坚持产业兴农、质量兴农、绿色兴农，加快构建粮经饲统筹、农林牧渔并举、产加销贯通、农文旅融合的现代乡村产业体系，把农业建成现代化大产业。近年来，随着乡村振兴战略的深入推进，农文旅融合已经成为推动产业链协同和乡村高质量发展的有效发展路径。

农文旅融合是农业、文化、旅游的有机结合，这一模式立足传统农业形式，充分挖掘乡土资源禀赋和文化价值，因地制宜规划地方特色产业项目，积极创新融合发展模式，最终实现产业优势互补、资源共享和效益最大化。总体而言，农村产业融合发展模式根据经营方式的不同可以分为全产业链延伸融合、农业功能扩展型融合、多业态复合型融合等（雷明和王钰晴，2022）。目前，各地方正在积极探索适合本地发展的产业链协同与农文旅融合模式。以浙江为例，浙江农文旅融合已大致总结出五大模式，分别为"家庭农场＋农耕文化＋农事体验游""田园景观＋山水文化＋乡村山水游""乡野风情＋乡村文化＋民俗民风游""美丽乡村＋休闲文化＋乡村度假游"和"和谐乡村＋养生文化＋康体养生游"（曹莉丽，2019）。

农文旅融合具有显著的"联动效应"和"乘数效应"（申军波等，2020），对于乡村经济发展具有重要作用。一方面，通过农文旅融合发展，乡村旅游能够有效整合乡村资源，形成乡村旅游产业链，从而实现乡村资源价值的最大化。另一方面，乡村地区能够有效地促进农民增收致富和农业产业结构优化升级，从而推动乡村经济社会全面发展，为促进我国经济高质量发展、实现乡村振兴战略奠定坚实基础。此外，乡村文旅融合还是实现乡风文明的重要抓手，有利于提升文化在乡村发展与乡村治理中的现实作用（沈晨仕，2020）。

本板块选取了部分典型案例，展示了不同地区如何利用自身的特色资源，通过产业链的整合和延伸，以及农业、文化和旅游的深度融合来推动地方经济的发展和乡村振兴。从湖南省冷水江市的小水果产业全链条发展，到湖北省老河口市绿岛王府洲以特色产业为纽带促进农旅深度融合，再到黄果树旅游区新兴旅游业态的崛起，这些地区通过整合当地农业、文化和旅游资源，实现了产业的多元化发展。四川省巴中市南江县的云顶茶乡以茶产业为媒，探索出一条茶旅融合的乡村振兴之路。安徽省合肥市护城社区的田园综合体则立根于江淮地区传统农耕生产模式，在城市周边农文旅领域纵深发力。江苏省扬州市宝应县的荷藕产业，通过产业链的整合，提升了产品的附加值，培育了多元融合主体，形成新发展格局。湖北省咸宁市崇阳县石城镇作为乡村振兴示范区，将特色农业、观光农业、休闲旅游、红色文化融为一体，推动农文旅深度融合、产加销全链条发展。陕西省商洛市商南县的茶产业，积极打造自身具有强竞争力的产业集群，引领乡村产业经济发展。浙江省湖州市德清县莫干山的民宿产业，从文旅融合的视角出发，已成为乡村精品民宿发展的策源地、创新高地和产业聚集地。张家界市武陵源区协和乡产业园深入贯彻绿色发展的理念，构建了可持续发展的产业生态体系。湖北省宜昌市夷陵区官庄村的柑橘产业，因地制宜发展柑橘种植业、柑橘加工业及旅游业，促进一二三产业融合发展。这些案例不仅展示了中国乡村振兴和产业升级的多样性，也为其他地区提供了可借鉴的发展模式。

产业链协同与农文旅融合的创新实践正推动着地方经济的转型与升级。让我们一起期待，在农文旅融合与产业链协同的双重驱动下，乡村振兴将展现出更加广阔的发展前景！

产业融合发展如何助力小水果产业打造全链条发展路径[*]

——基于湖南省冷水江市的案例分析

产业融合发展是指不同行业之间、不同环节之间相互关联、相互渗透，形成一体化、协同发展的产业格局。小水果产业是指种植、生产和销售一些较小型的水果，以小巧玲珑、口感鲜美为特点的水果品种。这类水果通常在市场上有着很高的需求，受到消费者的追捧。将小水果产业融入产业融合发展，不仅可以促进当地农业经济的多元化发展，还能提升产业附加值，增加就业机会，推动区域经济的持续健康发展。本文以湖南省冷水江市小水果产业示范园区十大重点项目之一——冷水江市旭翔农业发展有限公司小水果标准化种植基地为例，揭示产业融合发展在小水果产业打造全链条发展路径的作用机制和实践效果，为其他小水果产业打造全链条发展路径提供启示和借鉴。

为了深入探究产业融合发展助力小水果产业转型打造全链条发展路径的途径，下文以案例分析的形式进一步揭示。

一、产业融合发展助力小水果产业打造全链条发展路径

（一）绿色发展，构建循环经济产业链

"循环经济"一词是最早由美国经济学家K·鲍尔丁在20世纪60年代提出的（徐玖平等，2011）。他认为，要使地球的资源得到长久发展，就必须实现对资源循环利用的循环经济，要在最大程度上减少排放废物，并且实现资源的循环利用。循环经济学理论倡导的是一种与环境和谐相处的

---

[*] 本文资料均由笔者走访当地收集整理所得。

经济发展模式，其核心是遵循"减量化、再利用、再循环"的原则，运用生态学规律来指导人类的社会生产活动。循环经济是该理论所倡导的经济发展模式，以低开采、高利用和低排放等为特征，是一种力求实现经济、社会和环境三者协调平衡的生态经济（郭坤，2015）。小水果产业在实现绿色发展和构建循环经济产业链方面，可以通过采用环保种植方法、节约资源、循环利用废弃物、发展深加工产业和引导消费等措施来促进。这包括采用有机种植方法减少化肥农药使用，推广节水灌溉技术，将果园废弃物进行资源化利用，发展小水果深加工产品，以及倡导健康饮食理念，从而实现资源的有效利用、减少环境污染，推动小水果产业可持续发展。

旭翔农业以乡村度假观光休闲度假为主线，以基地建设为基础，以农产品深加工为依托，致力生态农业综合开发，形成三产融合发展新格局，现已初步形成了"五大产业"：特色水果种植采摘、珍稀树种培育、林下生态养殖、农产品加工和产业乡村度假休闲。2023 年实现产值 700 多万元，销售收入 300 多万元，利润 120 万元左右。先后被评为"湖南省林业产业化龙头企业""湖南省农业产业化龙头企业""湖南省现代农业特色示范园""湖南省林下经济示范基地"。

（二）产业升级，做强做优标准化种植基地

产业升级是现代农业发展的必由之路，随着社会经济的不断发展和人们对食品安全、品质的日益关注，农业生产也需要不断提升质量和效率（姜长云，2011）。在这一背景下，做强做优标准化种植基地成为推动农业产业升级的重要举措。标准化种植基地是指按照统一的标准和规范进行种植管理的农业生产基地，通过规范化的种植管理和生产流程，实现生产过程的可控性和可追溯性。其核心目的在于提高生产效率、保证产品质量、降低环境污染、增强市场竞争力（钱开胜，2015）。引入智慧农业设备是推动做强做优标准化种植基地的重要举措之一。智慧农业技术的应用可以提高农业生产的效率、降低成本、减少资源浪费，进而推动农业产业升级和可持续发展（胡太平，2020）。

在小水果产业的发展中，实现产业升级和做强做优标准化种植基地显得尤为重要。首先，这需要我们不断引进先进的种植技术，积极培育适应

当地气候和土壤条件的优质水果品种，同时建立起规范化、标准化的种植基地，确保生产过程中的管理、技术和品牌达到一致化标准。其次，小水果产业还需加强市场营销工作，深入了解消费者需求，制定有效的销售策略，开拓多元化的销售渠道，并着力打造具有竞争力的水果品牌，从而提升产品的附加值和市场地位。再次，为了保障水果的质量和安全，必须加强质量监管制度的建设，严格执行生产标准和质量检测，确保消费者放心购买。最后，政府在小水果产业发展中扮演着重要角色，应当出台支持政策，提供资金支持、税收优惠等相关措施，鼓励更多的农民和企业投身水果产业，共同推动产业升级，实现水果产业的可持续发展，助力农民增收致富，促进地方经济的繁荣。这些综合举措将有助于提高小水果产业的整体竞争力，实现产业的良性循环发展，为农村经济的振兴和社会的可持续发展贡献力量。

旭翔农业 2023 年改扩建 85 亩猕猴桃种植基地，全部建成高标准的猕猴桃避雨栽培大棚，提升和完善基础设施建设。按照国家标准果园建设规范要求，落实改土建园、良种壮苗、环境友好的管理技术和优质高效生产等各环节。在高标准猕猴桃避雨棚种植中引入智慧农业管理系统，自动喷淋、精准施肥、病虫害监测，农技专家在线看果，对温度、阳光、甜度能智能感知、智能预警、智能分析。全力打造成现代化的农业企业，用科技的力量来发展农业，结合科研一起来开发猕猴桃产业。

（三）科学管理，联农带农富农成效显著

联农带农富农的模式在农业发展中发挥着重要作用，通过推动农村产业融合发展、农民增收致富和乡村振兴战略的全面实施，有效激发了农村的内生动力。该模式不仅促进了传统农业向现代农业转型升级，还加强了农村与城市的互动融合，构建了多元化的农产品供给体系和市场体系（张清泉，2022）。同时，联农带农富农的模式也为农业科技创新、农业机械化和数字化发展提供了有力支持，带动了农业产业链的全面升级（蔡惠钿等，2019）。在乡村产业全面振兴的阶段，继续深化联农带农富农的机制创新，探索实施更加精准、高效的政策举措，为农业农村工作注入新的活力，为实现乡村产业全面振兴目标贡献更多中国智慧和中国方案。

小水果产业通过联农带农富农模式取得了显著成效。首先，在种植技术方面，采用现代化的种植技术和科学管理模式，提高了小水果产量和品质，同时有效预防和控制病虫害，推动了小水果生产的现代化和规模化发展。其次，在市场拓展方面，建立健全的销售网络和渠道，拓展了市场份额，提升了产品知名度和竞争力，实现了农产品从田间到餐桌的良性循环，为农民创造了更多的销售机会。最后，通过加强农民培训和技能提升，小水果产业为农民提供了就业机会，增加了农民的收入来源，改善了农村居民的生活水平，促进了乡村振兴和社会稳定。

旭翔农业在小水果产业种植方面，采取"公司＋专业合作社＋基地＋农户"的经营模式，提供就业岗位、免费发放种苗、树苗、果苗、鸡、鸭、鹅、猪给贫困户种植、养殖，提供种植养殖管理技术和专利共享，与农户签订了统一农产品回收协议，还通过重点产业发展、生产性资产分成分享等模式带动。2023 年公司员工 58 人，其中建档立卡贫困户劳动力就业 30 人；与坪塘社区签订村企产业合作发展协议，以股金形式保底分红；形成的生产性资产按 4% 分红。旭翔农业被授予"湖南省扶贫车间""娄底市产业扶贫示范基地""娄底市就业扶贫示范基地""娄底市扶贫示范车间爱心单位""冷水江市扶贫经济组织""2019 年湖南省巾帼脱贫示范基地"等荣誉称号，公司董事长被评为娄底市"巾帼创业之星"。

二、产业融合发展助力小水果产业打造全链条发展路径的经验启示

通过对冷水江市小水果产业转型分析可以发现，产业融合发展有效实现了小水果产业打造全链条发展路径，带动乡村产业全面振兴，在特色产业打造全链条发展路径的过程中，逐渐引导小水果产业实施多元主体参与、科技创新、建立紧密的利益联结机制，同时，产业融合为当地特色小水果产业发展提供了良好的环境，为特色小水果产业可持续发展提供源源不断的动力。基于此案例，我们可以总结产业融合发展助力小水果产业打造全链条发展路径的经验启示。

（一）倡导多元化参与，实现互惠共赢

乡村振兴是与全面建成社会主义现代化强国相匹配的高水平振兴，实施乡村振兴战略所带来的不仅是农业农村面貌的改变、农民生产生活水平的提高，而且是农村与城镇共生共荣、互促共进、各美其美、美美与共。可以说，乡村振兴是中华民族伟大复兴的题中应有之义，体现着社会主义现代化的质量和成色。贯彻落实中央精神，实施乡村振兴战略，需要树立系统思维，壮大乡村振兴参与主体，探索乡村振兴实施路径，考量乡村振兴多维度效益，着力推动农业全面升级、农村全面进步、农民全面发展。

实施乡村振兴战略是一项长期的系统工程，需要方方面面的力量共同参与。为此，必须加强顶层设计、统筹协调。一是发挥好政府"有形之手"的作用。各地各部门要全面落实党和国家关于乡村振兴的一系列决策部署，强化组织领导，全力推动落实，特别是要培养造就一支懂农业、爱农村、爱农民的"三农"工作队伍。例如，在冷水江市小水果产业，政府设立小水果产业发展专项资金，用于改善种植环境、提升种植技术、推广优质品种等方面。同时，政府还组织专家团队深入田间地头，开展技术指导和培训，帮助农民提升种植技能，提高产量和品质。二是充分发挥市场"无形之手"的作用。发挥市场配置资源的决定性作用，调动企业参与乡村振兴的积极性，促进资源要素向乡村流动。作为"一县一特"，冷水江市小水果产业吸引了更多的社会资本和经营主体来参与。旭翔农业的董事长夫妇在体制内工作多年，2003年开始从事园艺绿化造林，有着深厚的农业情怀和社会责任感，个人素质高，懂经营管理，对政策、市场等方面的信息敏感性强，愿意学习先进的经营理念来发展小水果产业，也获得了更多的政府项目支持，形成了新业态、新技术和新的发展模式。三是汇聚社会主体力量。探索创新政府购买服务方式，引导全社会力量参与乡村振兴。对于小水果产业，除了观光采摘、农产品加工、休闲体验等链条外，还可以提出森林康养等新规划、新产业，今后带动农民多渠道增收致富。

（二）以科技创新为抓手，推动小水果产业高质量发展

2023年9月21日，农业农村部在广西壮族自治区南宁市召开全国特

色果业高质量发展推进现场会。会议强调，要深入贯彻习近平总书记关于特色产业发展重要指示批示精神，立足资源禀赋，强化市场导向和创新驱动，以"控规模、调结构、提品质、增效益、强链条"为重点，推动果业走出规模适度、结构合理、特色鲜明、模式先进、环境友好、产出高效的特色产业高质量发展之路。

会议指出，近年来特色果业发展取得积极成效，供应能力明显增强，花色品种更加丰富，果品质量稳步提升，科技成果加快应用，产业素质不断增强，促进增收就业作用明显，为高质量发展奠定了基础。但果业发展依然存在区域和产品结构不优、果园基础设施不完善、科技创新不强、组织化程度不高、产业融合度不深等短板挑战，亟须坚持问题导向和目标导向，突出主导产业，进一步明确发展思路目标和重点任务，强化政策扶持，集聚各方资源，推动水果产业实现高质量发展。

对于小水果产业，要聚焦重点难点，突出优势产区，集聚政策、技术和服务，加快推进小水果产业高质量发展。一是优化产品结构和区域布局，实现差异化、多元化发展，重点抓好调优品种结构，优化品种熟期，做强优势产区。比如，旭翔农业在未来与大型科研院所搞校企合作的计划中，准备将猕猴桃、无花果和林下种植的艾叶融入食品中，开发健康养生产品。通过调优品种结构和优化品种熟期，公司可以实现产品结构的优化，实现差异化、多元化发展。同时，重点发展优势产区，加强特色小水果种植的区域布局，进一步巩固其在该领域的竞争优势。二是推进绿色标准化生产，构建现代生产体系，加快低效果园改造，发展轻简栽培和绿色标准化生产，建立生态调控、理化诱控、生物防治和科学用药相结合的病虫害绿色防控技术体系，加快提升防灾减灾能力。未来旭翔公司准备将猕猴桃、无花果，还有林下种植的艾叶，这些药食同源的水果，融入食品中，开发一款深受广大人民喜爱的健康养生的产品。不仅延长了产业链，提高了产品的附加值，还提供更多的就业岗位，帮助农民增加收入。

（三）建立紧密的利益联结机制

近期习近平总书记的重要文章《坚持把解决好"三农"问题作为全党工作重中之重，举全党全社会之力推动乡村振兴》。文章指出，要完善利益联结机制，通过"资源变资产、资金变股金、农民变股东"，尽可能让农民参与进来。要形成企业和农户在产业链上优势互补、分工合作的格局，农户能干的尽量让农户干，企业干自己擅长的事，让农民分享更多产业增值收益。

推进乡村振兴，重在促进农民共同富裕，而完善利益联结机制，推动"资源变资产、资金变股金、农民变股东"，可以解决土地分散、资金零星、房屋空置等问题，盘活资源要素，激发内生动力，做大农民共同富裕的"蛋糕"。各地要因地制宜，完善利益联结机制，让农村沉睡的资产活起来、分散的资金聚起来、增收的渠道多起来。

一是要完善"资源变资产、资金变股金、农民变股东"的利益联结机制。建立完善的利益联结机制，重在通过"资源变资产、资金变股金、农民变股东"，实现"小生产"与"大市场"的有效对接，推动产业集约化、专业化、链条化发展，带动农户参与产业、分享收益、增收致富。例如，旭翔农业与坪塘社区签订村企产业合作发展协议，按该项目财政资金100万元的50%即50万元由村集体按优先股的形式委托给旭翔农业管理，村集体连续5年按不低于8%的年利率获得保底，即每年不低于4万元。村集体获得收益的40%用于产业发展和公益事业，60%用于巩固脱贫攻坚成果，分红给脱贫户、监测户等低收入人群、开发公益性岗位等。二是要拓展"租金＋股金＋薪金"的增收致富渠道。传统的一家一户经营，抵御市场风险能力脆弱、增收渠道狭窄、资源利用率低。因此，要通过"资源变资产、资金变股金、农民变股东"，拓展"租金＋股金＋薪金"的增收致富渠道，提高群众在产业发展中的参与度和受益度。三是要完善"龙头企业＋合作社＋农户"的产业发展模式。在一些地方，农民因为观念、技术、市场、资金等多方面因素的限制，独立发展产业的难度很大。而"龙头企业＋合作社＋农户"把三者结成了利益共同体，带动了农民从"小生产"走向"大市场"，有效改变了贫困户在农业生产中"单打独斗"的状态。例如，旭翔农业在建设高标准猕猴桃避雨栽培示范园区的过程中，培养了一批爱学习、勤劳肯干的农业科技人才。授人以鱼不如授人以渔，通过产业发展带动贫困群众掌握现代化技术，实现就业增收，变输血为造血。

（执笔人：赵紫锦、袁嘉妮、贺萌萌）

全产业链融合发展助推农村产业融合[*]
——以江苏省扬州市宝应县荷藕产业为例

推进乡村产业振兴，实现"产业兴旺"，是乡村振兴战略的实施要点。农村产业融合发展，能够促进农业产业链延伸、农业功能拓展、农业价值提升，是拓宽农民增收渠道、构建现代农业产业体系的重要举措，是加快转变农业发展方式、探索中国特色农业现代化道路的必然要求，通过产业融合重拾农业多功能性，是乡村产业振兴的关键。本文以宝应县的荷藕产业为例，分析了宝应县培育多元融合主体、多类型融合业态的产业发展路径，揭示产业融合发展对于延伸农村产业价值链、提升乡村产业发展水平的作用机制和实践效果，为其他地区以产业融合促进乡村产业发展提供了启示和借鉴。

为了深入探究农村产业融合发展促进乡村产业振兴的途径，下文以案例分析的形式进一步揭示。

一、融"荷"发展建设举措

（一）培育多元融合主体，形成企业主导、农民参与、科研助力的新型产业发展格局

多种主体参与的融合模式，可以实现优势互补、风险共担、利益共享。培育多元融合主体需支持发展县域范围内产业关联度高、辐射带动力强、参与主体多的融合模式。促进资源共享、链条共建、品牌共创，形成企业主导、农民参与、科研助力的产业发展格局。营商环境的改善能够促

---

* 本文资料均由笔者走访当地收集整理所得。

进生产性私人投资和人力资本投入特色农业产业，是夯实农村产业基础以实现产业兴旺的重要路径，充分体现了农民主体性的乡村振兴战略目标（周晓和朱农，2003；陈学兵，2020）。

宝应县搭建"莲藕节"平台，丝系企业家，智能创造资本聚集，大力推动产业升级。2023年，中国·宝应荷藕节开幕式在宝应县低碳智造产业园举办，开幕当天，有集中签约项目36个，计划总投资138.3亿元，可谓是宝应县智能创造资本聚集的一次巨大成功。宝应县委书记在接受媒体采访时说："我们努力打造最优质的营商环境，把企业家当作'自己人'，把企业事当作'自家事'。极大地体现了宝应对产业升级的热情。宝应县政府提出'拎包入住'+'保姆'服务，'投资宝地'变'产业高地'，将对标苏南平谦等园区，为入驻企业提供品质化服务，保障企业'拎包入住'。"

宝应的发展以人为本，大力惠农体现农民主体性。宝应县荷藕产业链产值近50亿元，带动就业十万余人。据省统计调查局反馈：宝应县2022年度农村居民人均可支配收入27723元，比上年同期增加1934元，绝对值居江苏省40个县（市）第19位，同比增长7.5%，增幅居全市6个县市区第1位；跃居全省40个县（市）第2位。[①]

宝应繁荣的荷藕产业和得天独厚的荷藕种植条件吸引了不少专家学者。由中国工程院院士、国家特色蔬菜产业技术体系首席科学家邹学领衔，在宝应组建成立"国家特色蔬菜产业技术体系莲藕研究院"，并成功举办"绿色发展，畅想世界"全国莲藕绿色发展高端论坛。研究院建成科技研发集成推广中心，与武汉大学、扬州大学、江南大学等6所高校签订莲藕新品种选育引进、深加工产品关键技术研发等协议9个，深度融合产学研。

（二）发展多类型融合业态，打造加工流通、功能拓展、信息技术的新型业态融合模式

跨界配置农业和多类型现代产业要素，促进产业深度交叉融合，可以

---

① 江苏宝应县：宝应县2022年农民收入增幅7.5%，跃居全省40个县（市）第二位［EB/OL］. 江苏省农业农村厅，2023-02-01.

形成"农业＋"多业态发展态势。发展多类型融合业态需引导各类经营主体以加工流通带动业态融合，发展中央厨房等业态。以功能拓展带动业态融合，推进农业与文化、旅游、教育、康养等产业融合，发展创意农业、功能农业等。以信息技术带动业态融合，促进农业与信息产业融合，发展数字农业、智慧农业等。以产业融合发展助力产业振兴须遵循产业融合的基本规律，采用科学的方法（苏毅清等，2016）。以深加工提升附加值，为区域品牌赋予崭新内涵。大力发展生态农业、农产品加工业和冷链物流业，加强品牌营销，并根据不同地区、产品特点、因地因品制宜地采取合理的发展战略，才能有效提高地理标志农产品的品牌竞争力（王文龙，2016）。文化与旅游产业发展成为国民经济的重要支柱产业，客观要求文化与旅游产业融合发展。无论从理论还是实践角度来看，文旅融合均为一种必然的发展趋势（刘治彦，2019）。通过文旅融合的方式，大力发展乡村文化旅游业，能够推动乡村振兴、精准扶贫、美丽乡村建设，唤醒乡村发展和振兴的动力，促进城市文化和乡村文化的协调发展（范周，2019）。以数字技术为依托的"数字乡村"建设为农业高质量发展提供了新动能（夏显力等，2019）。

宝应县通过"一心四区"产业布局助推产业融合，以加工流通为主导搭建全产业链发展创新模式。示范园建设之初，射阳镇党委、政府就提出园区建设的中心思想——"一心四区"产业布局，即"一心"为园区公共服务中心；"四区"为荷藕集中加工区、农渔生态循环示范区、荷藕文化小镇风情区、农业创意体验区。以宝应最知名的荷藕深加工品牌"荷仙"为例，"荷仙"集团在 2015 年推出全面创新产品"速冻莲藕合"。不同于以前传统的藕夹肉是藕夹中间加猪肉，现在的产品中加入了鸡肉、牛肉、海鲜，还有荸荠、南瓜、咸蛋黄芝士等，共有几大系列，一两百种产品；为了扩大市场，提升产品附加值，荷仙集团决定走差异化的竞争路线，大力发展发明专利。"荷仙"从 2009 年开始研究，在深加工方面投入了大量经费和专业人员，希望将工业化、高效率的生产方式带到传统食品上。更多的荷藕产品如糯米藕、贡丸、莲藕狮子头、藕汁饮品投入生产。2023年，荷仙集团在宝应新投资了年产 15 万吨的莲藕食品精深加工项目，于

2024 年 7 月正式投产。① 荷仙公司在未来的主要发展路径将集中创新和扩大深加工产品，不断开拓内外市场，真正形成内销外销双轮驱动的趋势；建设荷藕文化小镇风情区，文旅融合提升宝应荷藕文化知名度。荷园景区是宝应县国家农村产业融合发展示范园展示荷文化的重要平台，位于风景旖旎的射阳湖镇。射阳湖镇为更好宣传荷藕文化，进一步带动乡村旅游，打造了荷藕文化小镇风情区，先后投入 3000 余万元，② 风情区内新建了荷博园、百年好荷园、彩虹大道、室外游泳池、草坪音乐广场、民宿、藕韵精致餐厅等相关游玩项目和配套设施。在一系列成功的项目规划建设后，宝应的荷园已经成为全国旅游示范点、国家 3A 级旅游景区。生态文化旅游节撬动全域乡村旅游。定期举办"荷美射阳湖·湖畔嘉年华"生态文化旅游节，向游客推出美食之旅、玩乐之旅、唱响之旅、摄影之旅、游学之旅等多种主题旅游活动，用荷藕旅游节撬动荷乡全域旅游。通过荷藕文化展望宝应未来，凝聚乡情；数字技术支农助农，物联网技术全方位提质增效。宝应县智慧农业信息化综合管理平台中心将新型物联网技术与传统农业相结合，通过人机交互等多种形式，助力农户丰收。目前，宝应以射阳湖镇荷园、射南村为物联网建设示范点，开展荷藕种植物联网示范应用，集成气象观测、水情监测、病虫测报、孢子诱捕、水质溶氧等设备，通过网络传输视频，远程监控作物长势及种植、管理、采收等农事活动。农户只要通过 App 就能知道藕田水温、水质等情况，并得以及时处理。

（三）建立健全融合机制，引导新型农业经营主体与小农户建立多种类型的合作方式

健全的融合机制可以通过引导农业企业与小农户建立契约型、分红型、股权型等合作方式，把利益分配重点向产业链上游倾斜，促进农民持续增收。建立健全融合机制需引导新型农业经营主体与小农户建立多种类型的合作方式，促进利益融合。完善利益分配机制，推广"订单收购 + 分

---

①　江苏宝应县：市委副书记、统战部部长韩骅调研宝应农业重大项目建设情况［EB/OL］. 中共宝应县委 2022 – 08 – 22.

②　江苏宝应县：宝应有个国家级农村产业融合发展示范园［EB/OL］. 宝应最新闻，2020 – 09 – 16.

红""农民入股＋保底收益＋按股分红"等模式。通过加强新型农业经营主体社会化服务能力建设，创新其直接服务小农户的有效实现形式，不仅可以发挥村集体的统筹作用，激发小农经济的生命力，维护小农户的经济利益，而且可以破除束缚小农的外在约束性条件，将小农户纳入现代农业的发展轨道，使小农经济基础上的农业现代化成为可能。（赵晓峰和赵祥云，2018）。

宝应县打造"合作社＋基地＋农户"三位一体模式，提升农户们在市场议价的话语权。20世纪，由于组织形式不够完善，农户大多独立经营，荷藕价格容易被外来客商控制，导致上好品质的荷藕被贱卖。这种农户单打独斗的模式是制约产业发展的短板。2005年，风车头村由几名荷藕经纪人牵头，成立宝应县射阳湖风车头荷藕营销合作社，形成以风车头村为交易市场的流通体系。合作社成员均以"风车头鲜藕"品牌对外销售，统一藕种、统一药肥、统一定价、统一销售。这样的"合作社＋基地＋农户"模式，让抗风险能力较强的龙头大户发挥"压舱石"作用，使"弱、小、散"农户实现抱团发展，形成一定的种植规模，增强共同抵抗市场风险的能力，形成以市场为核心的流通体系，辐射带动本村及周边农民。形成这样的自主可控的生产、营销网络后，有利于农户在最短时间内掌握市场信息，形成合力，提升了宝应藕农的话语权。如今，风车头合作社自有种植荷藕3万亩，从业人员1200多人，年交易量达10多万吨，畅销全国各大城市农副产品批发市场，全国销量第一。风车头批发市场的荷藕价格决定了全国荷藕价格的行情走势。同时风车头合作社十分注重规范运营，严把荷藕的质量关，从种植、采收、冲洗等多个环节确保农户种植的荷藕达到绿色产品标准，也提高了荷藕产品品质，实现高质量发展、可持续发展。

二、农村产业融合发展促进乡村产业振兴重要启示

产业融合重拾农业多功能性，是乡村产业振兴的关键。宝应县培育多元融合主体，形成企业主体、农民参与、科研助力的新型产业发展格局；发展多类型融合业态，打造加工流通、功能拓展、信息技术的新型业态融

合模式；建立健全融合机制，引导新型农业经营主体与小农户建立多种类型的合作方式。全方位助力产业融合，推动乡村产业振兴。

基于以上案例分析，本文得到以下启示。培育多元融合主体，形成新型发展格局。在乡村建设中，不同主体具有不同优势，也存在各自的短板，必须通过政策制定、投入带动、管理创新等，充分调动其参与的主动性、积极性，形成不同主体优势互补、多元主体协同推进的乡村建设新格局，实现产业、人才、文化、生态、组织等方面的全面振兴。发展多类型融合业态，打造新型业态融合模式。使更大范围更高层次的社会产业大循环在乡村实现资源的优化配置和生产要素的重新组合。建立健全融合机制，促进利益分配向上游倾斜。通过引导新型农业经营主体与小农户建立多种类型的合作方式，发挥农民主体作用，合作共赢，重塑新型城乡关系，走城乡融合发展之路，促进乡村振兴和农业农村现代化。

（执笔人：晏琦、史宏博、栾笑）

创新驱动型农产品产业链的
发展路径研究*

——以陕西省商洛市商南县茶产业为例

　　产业集群是在某一个产业内，一群有交互关联性的企业和相关法人机构在某特定地域集聚的现象，有助于相互竞争的企业提高竞争力，对特定产业的发展有重要作用。而农业产业相对于农业概念来说是指依靠农业相关领域内的龙头企业带动，将农产品的生产、加工、销售过程有机结合，实现一体化经营的市场导向型农业。综合以上概念，农业产业集群可以大致定义为：各类在地理位置上互相临近的与农业生产有关的企业和互补机构，以彼此的共通性和互补性进行联结，通过集中开展农业经济活动的方式相互支持、相互促进，共同推动农村经济的发展。近年来，商南县茶产业打生态牌、念科技经、走特色路，多措并举，整合力量推进，全力以赴打造优势产业集群，有力地推动了农民增收致富和县域经济社会发展。截至 2023 年，全县共建茶园 28 万亩，其中丰产茶园 16 万亩，可采摘茶园 20 万亩，无性系茶园 8 万亩，无公害认证茶园面积 11 万亩，年产茶叶 8700 吨，产值达 16.5 亿元，约占全县生产总值的 17%。茶产业遍布全县 10 个镇办、108 个行政村、12 个社区，全县从事茶业的人数超过 2 万户 6 万余人，约占全县总人口数的 1/4，茶产业已成为商南县的支柱产业、乡村振兴的重要抓手、农民增收的重要来源。① 本文以该县茶产业发展为案例，探究乡村振兴背景下茶产业打造自身具有强竞争力的产业集群引领乡村产业经济发展的实现路径。

---

　　* 本文资料均由笔者走访当地收集整理所得。
　　① 陕西商南县：商南：一片叶子，绿了青山，红了日子［EB/OL］．商南宣传，2024 – 04 –
16.

一、商南县打造优势茶产业集群的实现路径

在讨论案例之前，本文先对国内产业集群和农业产业集群发展的相关研究做简要梳理。司景梅（2021）通过对运动休闲特色小镇体育产业集群发展情况的调查，认为产业集群的发展需要发挥政府职能，推动企业可持续发展，增强企业创新能力等。邓咏梅（2015）认为，知识溢出是企业集群发展、提高创新能力、获得持续竞争优势的重要影响因素之一，但这个影响过程仍然不是很清楚，所以她运用系统动力学模型对影响知识溢出的因素进行分析并得出结论。何悦和胡品平（2013）运用系统动力学和因果回馈图对产业集群向创新集群升级的机理进行分析，分别阐释了产学研、政府的宏观调控和转变狭隘的竞争观念对产业集群升级的不同影响。具体到对农业产业集群的研究，苗瑞洲（2021）在梳理价值链产业集群内涵的基础上深入分析了河南省农业产业集群的发展现状后认为，提升科技水平能力、发挥政府职能和培养龙头企业等措施可以促进农业产业集群发展。周雪松和刘颖（2007）参考产业集群的理论，对农业产业集群式发展进行了理论研究，并认为建立在农业规模化、产业化、企业化三个发展阶段基础上的农业产业集群才真正具有竞争力。李静（2015）结合国内外的相关研究成果，基于安徽省茶产业现状，通过多种模型和方法分析了农业产业集群的形成机制及其社会效应，并提出了充分发挥政府职能促进产业集群发展的措施。通过分析文献可以发现，大部分学者都认为应该发挥政府职能来发展产业集群，同时科技创新也是产业集群发展的重要影响因素之一。

（一）充分发挥政府职能，坚持规划引路

当地政府对于发展当地茶产业非常重视，具体来看，政府聘请知名陕西茶叶专家编制了《商南县茶叶主导产业转型升级方案》，对商南茶产业的发展作出清晰规划并提出转型的要求及其策略，以新发展理念推动茶产业发展。通过确立"调结构、提品质、促融合、补短板、创品牌"的茶产业转型升级思路，坚持政府搭台、企业唱戏、市场主导的产业发展模式，走"政策扶茶、质量立茶、品牌强茶、文化兴茶"的发展之路。当地始终

坚持高起点规划布局，按照"规模、质量、品牌"三提升和"旅游、康养、加工"三延伸的思路，目前聚力打造"三园一区"暨以县城为中心，以挖掘商南茶文化为主线，新建城关任家沟、瓜山片区、碾盘村等高效生态茶园，布局茶膳、茶浴、茶康养区域，打造茶康养示范园区；以富水镇为主体，依托茶海公园，打造智慧茶园综合体、茶叶采摘体验园、康养民宿、研学基地、旅游景观等东部茶产业融合发展示范园；以试马镇为主体，依托试马现代农业示范园，打造西部现代农业示范园；以赵川镇、十里坪镇、湘河镇等镇为主体，立足该区域海拔较高，昼夜温差大，茶叶内含物质丰富的优势，打造南部高山优质茶产区。

（二）重视特色品牌建设，技术指导助力茶产业发展

首先是积极引进和推广陕茶 1 号、龙井 43、金牡丹等良种茶苗茶种3000 万株，优质茶种 20 万斤，每年新发展无性系良种茶园 5000 亩以上，商南茶地理标志品牌价值为 4.44 亿元。[①] 商南通过规范化栽植、科学化管理，持续扩大无性系良种茶园面积，生产效率得到飞跃，茶叶质量显著提升。商南现有绿茶、红茶、乌龙茶、茯砖茶、工艺白茶五大类 20 多种茶产品，其中"商南泉茗""商南仙茗""秦园黄茶""商南白茶""商南龙井43"，以及"双山""秦园春""秦岭红"等绿茶和红茶产品，已连续多年荣获全国"国饮杯""中茶杯"名优茶评比特等奖和一等奖。其次是在优化产品质量的基础上，将特色小镇和观光农业建设相结合，统筹田、园、路、林、景等要素，高标准集中连片建成富水茶海公园、试马镇马泉山万亩茶叶基地和后湾村茶叶品种展示园，大力提升茶叶生产规模。最后是政府还特别组建茶产业专业指导团队，常年深入茶园、茶企、茶叶种植大户开展栽培、科管、培训、加工、防灾减灾等技术指导服务，为茶产业发展提供保障。

（三）创新生产经营模式以壮大龙头茶企

当地注重壮大茶叶龙头企业，培育链主企业。重点培育茶叶联营公

---

① 陕西商南县：陕西省商南县发展"生态茶文旅" 打造生态茶城促进生态产品价值实现［EB/OL］. 中华人民共和国国家发展和改革委员会，2022 – 01 – 19.

司、沁园春茶业公司、恩普农业开发公司、秦岭鹿茗茶业公司等本地优势企业主体，聚集资本、技术、人才要素，采用"公司＋基地＋合作社＋农户"的组织形式和线上线下共融共享等新型生产经营模式，推动一二三产融合发展。通过政府引导、企业自主、市场运作模式，适时将茶产业链中分散的资源通过利益联结机制整合，组建由政府控股、茶企和社会资本共同参与的"商南茶业集团"，引领商南茶产业创新、融合、规模化发展，抱团参与国内国际市场竞争，实现产业增效、茶农增收。截至 2023 年 6 月，除恩普农业公司、金丝茶业公司等 8 家省市级茶叶龙头企业之外，商南县还发展茶叶大户 6200 家，建设初制加工厂 200 余个。[①]

当地的王超正是最早一批投身于茶叶事业的个体工商户。一开始，他在商南县城南边租了 20 多亩地，发展势头不错，但接连两次洪水淹没了他的茶场。几经辗转，在张淑珍女士的帮助下，一切又开始好转。如今，王超正管理茶园近 8000 亩，在脱贫攻坚战中，当地超过 200 户村民在他的带动下摘掉了"贫困帽"。在初步形成茶产业集群后，积极搭建互联网公共营销服务平台，支持茶企、合作社开展网络直播带货，以及在"京东"等知名电商平台开设旗舰店，建立线上线下立体多元化市场销售体系。在京东上，商南茶叶销往全国各地，月销量超 1500 份，并且广受好评。

二、商南县打造优势茶产业集群的经验启示

（一）坚持科技引领，培育创新型人才

科技是第一生产力，随着乡村振兴政策的实施，只有让科技走进乡村，引入新技术、新方法让传统农业与现代科技有机结合，引入并积极培育产业相关的创新型人才、技术型人才，提高劳动人民素质，才能推进产业高效发展、高质量转型，让村民脱掉贫困帽，劳动致富。具体到茶产业，要完善从业人员的培训机制，除了传统的茶叶培育工艺，还专门引入新知识、新技术的培训，在重视茶叶技能人才发展的同时抓好职业农民的

[①]　陕西商南县：让茶产业成为农民增收的重要来源［EB/OL］. 商南县人民政府，2023 - 02 - 03.

培育。以案例村的情况来看，商南县还经常邀请国内知名茶叶专家来商南举办茶叶论坛、茶叶专业人才交流座谈会，为商南茶的发展把脉问诊、建言献策，有关地区可进行参考。

（二）重视品牌打造和宣传工作，助力产品打开市场

相关茶产业可结合自身特色和优势，打造、发布深入人心的区域公共品牌，编制确立好体系标准，让本地茶文化根植于大众心中。此外，有关政府还需进行多方面探索，优化宣传途径。重视官方媒体和抖音、微信、今日头条等新媒体的各种宣传途径，还可以邀请自媒体达人来赏茶喝茶，提高商南茶的名气。当地政府还可以组织涉茶人员赴其他茶文化发达地区参加评选会、博览会、展销会、考察会等活动，与其他地区的茶产业进行沟通、交流、互鉴，让茶叶真正成为当地响亮的名片。

（三）推动产业融合带动产业集群发展新格局

产业兴则乡村兴，积极推进一二三产业融合，在不断高质量发展农业的同时积极发掘农业当中的非农业价值，深化地方特色产业之间的联系，传承地方产业的精神文化，形成产业集群，才能助力乡村经济腾飞。具体来看，当地茶产业可坚持"政府引导、企业自主、市场运作"的茶旅康养融合发展思路，加快推进"三园一区"建设，开发"茶旅＋康养""茶旅＋民宿""茶旅＋研学"等茶旅文康融合新业态，打造最美茶乡品牌，开发茶旅精品路线，推广茶园生态游、茶乡体验游、茶事研学游等，提升茶产业的生态、休闲、文化和非农价值，引导产业集聚发展，实现一二三产业深度融合。深度挖掘茶文化的康养要素，有条件的可打造茶旅融合旅游景区，开放旅游路线。推进"茶＋旅游""茶＋康养""茶＋研学"等深度融合，提升茶产业的生态、休闲、文化和非农价值，让游客和百姓们能够在欣赏好山好水的同时，品醇香好茶，感受茶乡清蕴，体验茶文化。

（执笔人：宋颜希、张博奕、余梓裳）

绿色发展推动产业链协同*

——张家界市武陵源区协和乡产业园的可持续发展实践

生态环境与产业发展之间的平衡日益成为关注的焦点。协和乡菜葛综合开发产业园依托绿色发展的理念、产业链的优化整合以及创新政策的实施，共同构建了一个可持续发展的产业生态体系，为我们提供了一个如何在保护生态环境的同时，实现产业可持续发展的典范。协和乡菜葛综合开发产业园秉持绿色发展理念，通过引入先进的绿色种植模式，不仅确保了菜葛的品质与产量，更在源头上维护了生态环境的稳定。在产业链的优化升级方面，产业园致力于构建完整的产业生态链，从种植、加工到销售，各环节紧密衔接，形成高效循环。同时，特色政策举措的推出，进一步激发了产业园的创新活力，为产业的可持续发展注入了源源不断的动力。

一、菜葛综合开发产业园的绿色模式与产业链创新

（一）绿色模式，保质保量保生态

为了坚持绿色、有机、高效现代农业的经营理念，建设现代葛根农业产业示范园，园区内使用农业标准化技术进行葛根种植。同时，菜葛综合开发产业园制定了《葛根种植技术绿色标准》，确保葛根品种品质的原生态。在农产品生产过程中，推行"猪—沼—葛"等生态循环农业模式，建立严格的绿色农业标准化生产制度。

而其中的"猪—沼—葛"实际上是一个生态循环农业系统，在园区内，生猪养殖是这一模式的起点。通过科学的饲养管理，确保生猪健康成长，产生大量的有机废弃物，如粪便和废水。接着这些有机废弃物被收集

---

* 本文资料均由笔者走访当地收集整理所得。

起来，通过厌氧发酵产生沼气和沼渣；沼气可以作为清洁能源，用于园区的照明、烹饪等；而沼渣则是一种优质的有机肥，被直接用于葛根的种植，为葛根提供丰富的有机营养。同时，葛根种植过程中产生的废弃物也可以作为养殖环节的饲料来源，形成一个物质循环的闭环。这一模式充分利用了生物间的相互依存和物质循环原理，将养殖、种植和有机废弃物处理有机地结合起来，形成了一个闭合的、环境友好的农业生态系统。这样的绿色模式，在保质保量保生态的基础上，也一定程度上肯定了当地农民的传统经验，成功调动了农民配合抑或加入产业园生产的积极性（朱齐超等，2022）。为农民带来收入的同时增强了他们内心对祖祖辈辈农活经验的自豪感，进一步推动精准脱贫的进程。

（二）开拓创新，助力可持续发展

葛根富含铁、钙、锌、硒、葛根素、维生素等多种营养成分及微量元素，其药理功能、保健作用等的应用价值越来越引起人们的关注。但是，传统的葛根粉对冲泡手法要求较高，且口感欠佳。因此，为了解决葛根粉自身特点给扩大销售市场带来的难题，2016 年，菜葛综合开发产业园负责人与湖南省科学技术开发研究院（以下简称"省科院"）合作，开发一款葛根新产品——速溶葛根粉。2019 年 8 月，经过 3 年时间，近 200 次试验，克服了重重难关后，速溶葛根粉研制成功。速溶葛根粉解决了葛根粉一直以来存在的冲调难、口感差的问题。外观呈淡黄色或黄色，颗粒直径0.5 毫米左右，疏松多孔，具有葛根特有的香味。主要特点是水溶性较好，冲调水温度要求低（60℃左右）。操作简单，营养丰富，符合当下高品质快节奏的生活需求。

除此之外，为了提高产品的科技含量，葛根生态种植园利用新型种植专利技术，制定《葛根种植规程》国家标准，采用现代科技栽培技术，全程按照绿色食品的标准进行生产；葛根生产加工产业园将采用规划、实施、管理、技术标准、污染处理的五统一模式，在张家界工业园区建设标准加工产业园，形成一体化的产业链。葛根科技园将开发引进葛根种植新技术、研发葛根新产品，延伸产业链、提高产品附加值，提高资源的重复利用率。为了继续延长产业链，产业园与湖南农业大学、上海应用技术大学、农科院深度合作，进行菜葛深加工技术研发，开发出葛根果汁饮料、葛花茶、葛芽茶、葛鼻茶、葛丁茶等产品，受到了消费者的认可和喜爱，与省食品研究所、旺旺集团、加多宝集团建立了合作关系。协和乡菜葛综合开发产业园充分利用当地资源，推动菜葛种植、加工、销售等产业的融合发展。通过引进先进技术和设备，提升菜葛的附加值，形成完整的产业链，为乡村经济注入新的活力（曹智等，2019）。

（三）开发第三产业，延长产业链

与此同时，为进一步扩大销售市场，利用当地丰富的旅游资源，菜葛综合开发产业园内建有葛根景观园、葛根博物馆、游客购物体验中心。

其中，葛根景观园具有休闲观光、亲子户外、垂钓、婚纱摄影、餐饮体验和葛根标准化种植展示等功能。葛根博物馆面积约1000平方米，包含葛根标本区、葛根功能区、标准种植区、加工文化和饮食文化区，根据不同来源、不同品种，建立葛根标本区、葛根功能展示区、科技产品展示区等。游客购物体验中心建成后，有助于游客了解葛根产品及文化，追溯葛根全生命周期，增强购物的体验舒适度。这样，慕名而来的游客数量逐渐增加，"一条龙"式服务为产业园吸引了许多热度的同时，村民们也开发了"副业"，村里的农家乐逐渐兴起，无形中为百姓提供了很好的工作岗位。据统计，产业园每年为协合乡贫困人口派发产业红利100多万元，辐射周边2000户、5000多人受益，真正做到了为民谋利。①

二、绿色发展铸就生态新篇章

（一）引领绿色种植新标准，实现生态与效益双赢发展

协和乡菜葛综合开发产业园在制定严格的绿色种植标准方面，展现出了前瞻性和坚定的决心。这不仅体现在对种植技术的精细管理，更在于对生态环境的深度尊重。通过科学研究和实地试验，产业园制定了一套全面

---

① 湖南武陵源区：湘阿妹食品：开发葛根新产品，产业发展助就业［EB/OL］. 湘约"双创"，2020－10－22.

而细致的绿色种植标准，从选种、播种、管理到收获，每一个环节都严格遵循绿色、环保的原则。同时，他们还引入了生态循环农业模式，将废弃物转化为肥料，循环利用水资源，形成了闭环式的农业生态系统。这种模式不仅有效减少了农业生产对环境的负面影响，还提高了土壤肥力，提升了农产品的品质和产量。

这一做法对其他产业园来说，具有深远的启示意义。在追求经济效益的同时，必须高度重视生态效益，将绿色发展理念融入产业发展的每一个环节。只有通过科学规划和合理布局，平衡经济发展与生态环境保护之间的关系，才能实现真正的可持续发展。其他产业园应当从协和乡菜葛综合开发产业园的成功经验中汲取智慧，结合自身实际情况，制定符合自身特点的绿色发展战略，推动产业的绿色转型。

（二）强化产业链升级，引领可持续发展

协和乡菜葛综合开发产业园在产业链的优化升级方面取得了令人瞩目的成就。他们深知，只有实现产业链的完整性和高效性，才能提升产品的附加值和市场竞争力，达到可持续发展。因此，产业园投入大量资金和技术力量，建设了高标准的葛根加工自动化生产线。这条生产线不仅实现了对葛根的精深加工，提高了产品的品质和口感，还大大提高了生产效率，降低了生产成本。

在产业发展过程中，必须注重产业链的完善与提升，通过技术创新和产业升级，提高产品的竞争力和市场占有率。同时，还要加强产业间的协同合作，形成产业链上下游的良性互动，推动整个产业的健康发展。其他产业园可以借鉴协和乡菜葛综合开发产业园的经验，加强产业链整合，优化资源配置，提升产业的整体竞争力。充分发挥技术优势，完善绿色技术研发和应用的机制、平台和政策，引导企业加强绿色技术研发和应用，使科学技术在绿色产业发展中起到关键作用，实现经济效益提高（黄锟，2017）。

（执笔人：赵英、刘鸥逸、杜好）

以特色产业为纽带，
促进农旅深度融合*

——湖北省老河口市绿岛王府洲特色产业发展经验

在乡村振兴的大背景下，产业融合成为推动乡村产业转型的重要途径。湖北省老河口市绿岛王府洲以其独特的地理环境和坚实的产业基础，通过因地制宜发展特色种植，创新产业业态，以及实施抱团共建和多元主体合作等策略，实现了农业、文化、旅游的深度融合，为乡村产业发展提供了有益的借鉴。

王府洲依托丰富的水资源和亚热带季风气候优势，大力发展特色农产品种植，不仅丰富了农产品种类，还提升了农产品的附加值。同时，通过创新产业业态，将种植业、采摘业与旅游业、服务业有机结合，打造出一系列独具特色的农文旅项目，吸引了大量游客前来观光体验，有效促进了乡村经济的发展。在推动产业融合的过程中，王府洲注重发挥集体优势，通过成立联合党委、建立五级组织构架等方式，实现了资源的共建共享和整体推动。这种抱团共建的模式不仅打破了村级发展界限，还提升了基础设施建设和旅游观光业的整体性和连续性，为乡村产业的协同发展奠定了坚实基础。此外，王府洲还积极吸引多元主体参与乡村发展，通过合作建立产、供、销一体化的产业链条，实现了特色种植与市场的有效对接，带动了周边农户的增收致富。这种多元主体共同合作的模式不仅拓宽了乡村发展的路径，也为乡村产业的可持续发展注入了新的活力。

---

* 本文资料均由笔者走访当地收集整理所得。

一、王府洲乡村发展新模式：特色产品引领农旅融合与多元合作

（一）因地制宜，发挥特色农产品优势

王府洲是冲积而成的平原，四面环江，水资源丰富，亚热带季风气候，温暖湿润，适宜种植花卉等特色农产品，借助第一产业多年奠基的优秀基础，种植特色农产品，发挥当地地方优势。在种植玉米、包菜等普通粮食作物的基础上，四个村庄根据各自特点，种植多样化经济作物。八一村建成果蔬种植大棚，总面积21亩，后期预计扩建为40亩，是集采摘、育苗、观光于一体的综合农旅项目。八一村种植大片月季园发展花卉观光旅游业，晨光村种植竹子，太山村种植金桂。尤其是八一村的月季，八一村位于王府洲水坝附近，与城区道路相通，小河流水多，交通便利，空地大，种植各样式月季吸引老河口及其他地区游客到此处旅游观光。与此同时，他们顺应市场发展潮流和市场需求，统一规划8700亩蔬菜种植、1270亩桃梨及花卉苗木种植，因地制宜，推广种植荷兰土豆、紫山药、车厘子、桑枣、火龙果等附加值高且畅销的品种。并凭借着优越的地理位置，得天独厚的气候环境，走独具本地特色的产业发展道路。

（二）抱团共建，发挥"一盘棋"优势

王府洲地理位置特殊，四个村庄共聚而又远离城区。因而，在发展乡村的过程中，王府洲选择了组织管理方式创新，四个村成立联合党委，构建"街道党工委—绿岛王府洲联合党委—村党支部—党小组—党员中心户"五级组织构架，推动组织优势转化为发展优势、治理优势。同时注重工作协调，让机制顺起来，建立联合党委委员"联系一个片区、分管一块工作、包抓一项产业、对接一个经营主体"包保机制。虽然是四个行政村，但四个村凝聚为一个共同集体，他们打破村级发展界限，进行村组道路拓宽硬化与刷黑、旅游公厕建设、设置分类垃圾桶（垃圾转运箱）、村级文化广场（文化舞台）建设、小三园建设、太阳能路灯安装、雪亮工程

摄像头安装、集贸市场建设等方面，实行统筹规划布局、统一施工建设，实现资源共建共享，整体推动美丽乡村建设高质量发展。四村统一行动推动基础设施的完善和联动，使旅游观光业的发展更具有整体性和连续性，利用集体整合资源，更大限度发挥好绿岛王府洲的资源和地理优势（钟漪萍等，2020）。

（三）精准定位分类，做优区域特色

市政府对王府洲乡村发展做了准确的定位和具有大局性和前瞻性的部署。立足绿岛王府洲全域，对各村进行特色定位，力争达到分而有特色，合而有力量。八一村定位为月季村（苗木观赏休闲游玩中心），突出"园林院落、花卉小巷"风格，打造绿岛王府洲农文旅协调发展的示范样板村，成为市民纷至沓来的老河口"后花园"。太山村定位为果蔬交易村（果蔬交易中心），建设苗圃基地和农贸大市场，打造成为绿岛王府洲的农副产品和工业产品的集贸中心。晨光村定位为百竹村（乡村旅游中心），利用汉江老河床岸线复绿和森林湿地建设，打造老河口绿心外滩，努力成为游客慕名而至的网红"打卡地"。府洲村定位为果蔬产业村（果蔬产业种植推广中心），种植专业合作社打造专业产业链，使用更新的技术模式种植，积极扩大影响力，努力把供港果蔬基地打造成绿岛王府洲经济发展的绿色"引擎"。在政府领导多次实地考察和更多精细化的政策逐步实施后，再加上各村委和文旅局的高度重视，各个村庄特色显著、定位精准、分工合作、效益最大化，充分推动村民增收，促进经济发展。

（四）美丽乡村建设与乡村振兴并行融合

王府洲响应党和国家的指引，以党的二十大报告为指示，在统筹乡村基础设施和公共服务布局以建设宜居宜业和美乡村的同时，助力乡村特色旅游产业的发展。积极实施乡村振兴政策，积极拨款进行基础设施投资。2019～2023年，王府洲共计争取项目资金2560余万元，街道配套投入约1000万元。各村修缮道路，对道路进行拓宽，水泥路改为柏油路，进行公厕行动，对民居进行立面施工与徽派立面改造，新建齐全的公共设施，村容村貌集体提升。在这一过程中，基础设施的完善也吸引和容纳了更多旅

客，花卉的种植既是绿色乡村的体现，又是发展特色旅游业的契机。其根据季节变迁推出特色风景赏花路线，结合农时农事推出研学体验，依托本地特色农产品开发水果季采摘游，策划群众性文化活动点燃乡村夜经济，积极推动"一带两片三线"，各村打造示范点、建设示范片，因地制宜开展村庄建设，依托产业发展与链式联动推动乡村振兴全面发展。

（五）完善配套设施，科学规划管理

经过市领导的慎重规划和基于实际情况的考虑，对王府洲景区进行了科学的管理规划，政策摒弃以往景区只接纳游客的规定。颁布新规定，允许当地居民从事相关旅游副业。在四个村村委会联合规划，在旅游旺季时，规划好摊贩的特定位置，在符合安全规定的前提下，鼓励当地村民进行特色产品或食品的售卖，以及在旅游景点附近从事一些相关服务业，增加村民收入来源。同时，市委书记曹祖金十分重视当地居民的防返贫问题，批复多款资金用于合理安排一些低保户从事相关工作，如清扫景点垃圾、维护景点秩序等，"以工代赈"既解决了人手紧缺的问题，又有利于降低返贫现象发生的可能，促进了景区环境的完善，在发展特色旅游业的同时彰显了浓厚的人文特色。除此之外，由于花卉的季节性特点，王府洲在月季园附近种植了多种植物，规划了道路与景色，在市文旅的大力支持下，引入了配套的相关骑行设施，这使旅游设施被高效利用，即使没有花卉，仍然可以进行环岛骑行、欣赏风景，有利于降低损失，提高总营业收入。

（六）开展特色活动项目，宣传助力一三产业

在2023年，老河口市政府紧扣地方特色和时尚元素，给予资金开展各项活动，同时大力帮助宣传，并通过低税等优惠性政策进行招商引资和竞标活动，因而王府洲接连开展"西瓜文化旅游节""汉江音乐节"等特色活动，音乐会、篝火、夜间灯光火龙果采摘、露天电影等结合时尚元素和农村风情的活动吸引了大批游客，年龄层次丰富。融合了地区特色与新兴元素的项目被多次报道，引发了广泛讨论，火热的活动大大增加了绿岛王府洲的知名度，有利于旅游观光产业的发展，同时商户在活动中展出的农

产品也取得了较好的收益，也帮助当地居民产品售卖，以及吸引了更多投资商与王府洲进行产业合作往来或者投资建设活动。这种新型活动的开展，吸引更多年轻人的目光，也为发展注入新机遇，推动农旅产业的融合发展。

二、推动农文旅融合发展，创新乡村发展模式

（一）积极合作，以党建引领乡村特色产业发展

在推动农文旅融合发展的过程中，发挥党的集中统一领导作用，党建引领基层组织建设，推动美丽乡村建设。党的十八大以来，以习近平同志为核心的党中央坚持把解决好"三农"问题作为全党工作的重中之重，全面打赢脱贫攻坚战，启动实施乡村振兴战略，推动农业农村取得历史性成就、发生历史性变革。党的二十大决策部署为继续做好乡村振兴这篇大文章指明了方向、提供了遵循。要全面贯彻落实党的二十大精神，深刻领悟"两个确立"的决定性意义，增强"四个意识"、坚定"四个自信"、做到"两个维护"，举全党全社会之力全面推进乡村振兴，促进农业高质高效、乡村宜居宜业、农民富裕富足。十年来农业农村取得举世瞩目的成就，根本在于有以习近平同志为核心的党中央的掌舵领航，以及各级党组织的引领指导。因此，实现乡村振兴，最根本的是要坚持中国共产党的领导。

（二）深入挖掘，打造特色产业核心竞争优势

在发展乡村经济时，找准村庄特色，精准定位，延伸产业链条，打造特色品牌，以品牌的特色优势增强产业的核心竞争力，利用科技赋能，引进先进技术，提高创新能力，创新是推动发展的源动力。在乡村振兴发展中，需要借鉴其他优秀经验，同时扎根于自身，积极创新发展模式，发掘自身优势，从而让乡村的特色产业具有竞争优势，有利于乡村利用优势持续发展（李眉洁和王兴骥，2022）。结合实际，具体问题具体分析，实事求是，结合资源禀赋，走特色发展之路，发展壮大特色产业，为农民增收致富注入持续动力。

（三）设施配套齐全，基础设施是发展之基

俗话说，要想富，先修路。乡村振兴要想使农村亮起来，就要把农村基础设施建设搞起来。基础设施是经济社会发展的重要支撑，基础设施是稳增长的重要抓手。乡村基础设施的建设，既是美丽乡村建设的需要，也是发展特色产业的必由之道（杨歌谣，2019）。农产品的运输，旅游产业的道路、设备都离不开基础设施的建设。因此，发展农村特色旅游景点时，道路、餐饮饭店、交通设备、住宿民宿、农家乐等相关设施的建设有重要意义。按照乡村振兴局的理念，加强乡村基础设施建设，夯实乡村振兴根基。

（四）深度融合，促进农业发展

"推进农村一二三产业融合发展"自 2015 年《中共中央 国务院关于加大改革创新力度加快农业现代化建设的若干意见》首次提出以来，国家高度重视三产融合的发展并相继推出与其相关的政策措施，同时随着乡村振兴战略的部署与实施，农村三产融合发展逐渐成为加快实现农业现代化，构建现代农业产业体系和经营体系，以及全面推进乡村振兴产业兴旺的重要抓手（欧阳莉和李东，2018）。当前，农村剩余劳动力多，青壮年少，老龄化程度高，单纯依靠单一农业产业难以实现增收致富，初级农产品的投入高收入低。故而，农村应该依托特色走多产融合发展道路，第一产业农产品种植业与第二产业加工业及第三产业旅游业的有机融合，为农民增收致富带来更多可能性，降低单一产业的风险性，构建新兴农业发展模式，提升现代农业经营收入，带动农户的增收致富。

（执笔人：赵英、刘鸥逸、陈琳）

新兴旅游业态崛起，
助力传统乡村旅游转型升级*
——黄果树旅游区创新实践研究

随着社会的深刻变革和人们消费观念的升级，新兴旅游业态正如破茧之蝶，迅速崭露头角，为传统乡村旅游产业的振兴与转型升级注入了澎湃动力。黄果树旅游区过去主要以观光为主，但随着时代的变迁，单纯的观光已难以满足游客日益多样化的需求，人们对美好生活的向往越发强烈，对旅游的品质和内涵提出了更高要求。在这样的背景下，黄果树旅游区敏锐地捕捉到了市场的变化，勇于突破传统模式的束缚，积极探索新兴旅游业态的发展之路。新业态、新模式、新渠道、新场景的涌现，为游客提供更加丰富多彩、个性化的旅游体验，不仅丰富了黄果树旅游区的内涵，也提升了其品牌影响力和市场竞争力。黄果树旅游区的成功转型，不仅是对自身的一次深刻变革，更是对传统乡村旅游产业转型的有力示范，为我们提供了宝贵的借鉴经验：在推动传统乡村旅游产业振兴与转型升级的过程中，我们应更加注重消费者的需求变化，积极探索新兴旅游业态的发展路径，未来新兴旅游业态将继续在乡村旅游领域发挥重要作用，助力更多传统景区焕发新的生机与活力。

一、以创新与改革引领黄果树旅游区新篇章

（一）以创新为引领，倾力打造世界级旅游景区

1. 创新旅游项目："夜游黄果树"

推出《神鼓祈水》《云端织梦》等民族民俗文化实景表演，并通过高

---

* 本文资料均由笔者走访当地收集整理所得。

科技的光影变幻，将黄果树大瀑布、布依文化、地质文化融合呈现，让游客身临其境地感受特色民族文化。作为国内首个以自然峡谷打造的沉浸式夜游地，该项目启动后，黄果树"夜间旅行"的热度持续攀升，并成功入选国家级夜间文化和旅游消费聚集区。

2. 创新民宿，"留"住游客

2020 年 8 月 1 日，距离黄果树瀑布五公里处的精品度假民宿匠庐·村晓开业，这是国内首例整村改造民宿项目，完整保留了贵州布依族建筑风貌和村落文化，多次获得国内建筑设计奖项。民宿整体占地 70 亩，38 间客房，配套有乡村餐厅、乡村酒吧、游泳池、蜡染体验馆、茶屋、禅房等，是匠庐品牌旗下规模较大的高端度假目的地，被誉为"小而美的避世民宿集群"。在此之后众多民宿从业者来黄果树投资兴业，打造高端精品民宿，形成了民宿集群效应（陈瑾，2020）。黄果树旅游区已涌现出匠庐·村晓、匠庐·阅山、文凡·峤山、卧龙·山隐、山月集等一批知名品牌民宿。集聚在这里的 10 余家高端精品民宿，让游客"留下来"。与此同时，柏联温泉酒店、开元名都度假酒店等一批高端旅游酒店相继落户黄果树旅游区运营。希尔顿、君澜等知名酒店集团正在洽谈投资合作事宜。

3. 创新研学旅游项目

坝陵河大桥毗邻黄果树大瀑布，全长 2237 米，主跨 1088 米，建成时是"国内第一、世界第六"的大跨径钢桁梁悬索桥，也是国内少有的可以进入桥体内部开展旅行观光的超级工程大桥。目前坝陵河大桥已成为国内小有名气的高桥研学胜地。2022 年，坝陵河贵州桥梁科技馆被评为贵州省内唯一的"全国公路科普教育基地"。2023 年 4 月 29 日，贵州省坝陵河桥梁博物馆正式在坝陵河贵州桥梁科技馆挂牌，坝陵河大桥与桥梁科技馆"馆桥合一"，成为集研学教育、旅游观光于一体的中国峡谷大桥研学实践教育基地。2023 年一季度，坝陵河贵州桥梁科技馆共接待省内外研学群体万余人，其中 24% 为省外学生。[①] 在坝陵河贵州桥梁科技馆，游客可以通

---

① 贵州关岭布依族苗族自治县：桥上观光奇景，桥下探究人文，多元业态打造桥旅融合新地标［EB/OL］．安顺日报，2024-03-01；贵州关岭布依族苗族自治县："共建世界旅游目的地"调研行之一——"一棵树"的新使命——解码贵州旅游恢复增长之黄果树旅游区［EB/OL］．贵州日报，2023-06-14．

过图片、文字和视频了解贵州桥梁，也可以通过桥梁模型直观感受，还可以亲手制作一个模型来体会"建桥"的乐趣。

（二）以改革为动力，围绕资源、客源、服务构建"一体化"高效运营机制

1. 积极推动统一营销新格局的构建，致力于抢占客源引流的高地

根据"一推介一中心"的战略部署，安顺旅游集团精心策划并推出了多个国内和国际营销中心，将每一场文旅推介会与营销中心的设立紧密结合。2023 年 4 月 12 日在上海举办的"沪享黔景・畅游安顺"安顺全域旅游产品推介会，不仅成功推广了安顺的旅游资源，还标志着上海营销中心的正式挂牌运营。5 月 10 日在深圳举办的"安顺・深圳文化旅游宣传暨招商引资推介会"也实现了"大湾区营销中心"的同步挂牌开业。安顺旅游集团还进一步拓展国际市场，于 5 月 18 日在迪拜成功挂牌成立了国际营销中心。安顺旅游集团正通过精准的市场定位和创新的营销策略，全面提升其在国内外旅游市场的影响力和竞争力。

2. 加强景区智慧化建设

黄果树景区的智慧化建设始于 2013 年，至 2020 年已构建了一个集旅游指挥调度、智慧营销、智慧服务、智慧管理于一体的"四个平台"智慧旅游应用体系。该体系因其卓越的创新性和实用性，成功入选全国"2022 智慧旅游创新项目"名单。在智慧旅游平台的基础上，安顺旅游集团进一步推出了文旅产业数字化运营平台"安旅通"。该平台通过数字化手段对文旅产业资源要素进行整合，实现了统一管理、统一营销、统一分销和统一结算，为旅游产业的转型升级提供了有力支持。自 2023 年 2 月正式上线运营以来，"安旅通"平台已累计产生订单 32 万个，实现累计收入 1.4 亿元，显示出其强大的市场潜力和良好的发展前景。

二、黄果树新举措筑就旅游新篇章

（一）投资带动旅游产业升级

通过制定长期、科学、系统的旅游发展规划，明确发展目标和方向。

强化政府在旅游产业发展中的引导作用，通过政策扶持、资金投入等方式推动旅游产业升级（毛峰，2016）。充分发挥市场在资源配置中的决定性作用，根据市场需求调整旅游产品和服务，鼓励社会各界参与旅游开发，形成政府、企业、社区等多方协同的发展格局。坚持"规划引领、政府引导、市场主导、社会协同"原则，黄果树旅游区以黄果树景区为核心，围绕"吃住行游购娱"旅游六要素，以国际视野、一流标准建设旅游配套，做好规划、产品、营销等有关工作。在黄果树景区、龙宫景区谋划重点项目55个，2023年度计划总投资306亿元，计划开工45个，计划完成投资60亿元。① 推动黄果树景区和龙宫景区的旅游产业升级和发展，提升两个景区的旅游吸引力和竞争力。进一步完善景区的旅游设施和服务体系，提高游客的旅游体验和满意度。

（二）招商推介提升旅游产业知名度

识别并确定本地区的核心景区，集中资源打造具有国际竞争力的旅游品牌。学习安顺市在全国热门城市建立营销中心的做法，结合本地旅游资源和市场特点，构建覆盖全国的营销网络，提升本地旅游的全国影响力。安顺市委、市政府的主要领导积极行动，巩固广州、重庆等主要客源地市场，重点提升长三角、珠三角、京津冀和周边省市等重点旅游市场，在全国热门城市建成8大营销中心并挂牌。2023年，黄果树旅游区接待长三角、珠三角等重要区域游客客源占接待国内游客比重23.75%，其中，上海市游客约3.11%、江苏省游客约5.11%、浙江省游客约4.74%、安徽省游客约2.66%、广东省游客约8.13%。② 同时，为了开拓国际客源市场，安顺市也以日韩、欧美等为重点开展境外宣传推广，积极探索境外客源市场。借助对外交流机会，开展国际友好城市结对，加强与国际组织、协会、文化和旅游部驻外办事处等机构的密切联系，广泛参与国际旅游交流与合作，吸引更多海外游客前来体验安顺的独特魅力，提升安顺在国际

---

① 贵州关岭布依族苗族自治县："共建世界旅游目的地"调研行之一 "一棵树"的新使命——解码贵州旅游恢复增长之黄果树旅游区［EB/OL］. 贵州日报，2023 - 06 - 14.

② 贵州关岭布依族苗族自治县：做好"三大要素"升级文章 打造世界级旅游景区 建成一流旅游城市［EB/OL］. 掌上安顺，2023 - 04 - 06.

旅游市场的知名度和影响力。

（三）大力支持发展智慧旅游，提升旅游服务质量

安顺市在智慧旅游领域取得了显著成果。通过建成智慧旅游平台，实现了实名预约和分时预约功能，有效提升了游客的旅游体验和景区的运营效率，因此荣获了"全国智慧旅游创新项目"称号。此外，安顺市还开发了"安旅通"数字化平台，该平台整合了"吃、住、行、游、购、娱"六大旅游要素，为游客提供了一站式服务，打造了具有贵州特色的文化和旅游线上消费聚集平台。为了方便游客游览景区，安顺市还开通了"一车游景区"及 VIP 要客服务，为游客提供更加便捷、舒适的旅游体验。同时，安顺市还对标航空服务标准，致力于打造旅游服务品牌，提升旅游服务质量，让游客享受到更加优质、高效的旅游服务。

（执笔人：赵英、刘鸥逸、蒋坤）

以茶为媒，振兴乡村[*]

——四川省巴中市南江县云顶茶乡茶旅融合发展经验

云顶茶乡，镶嵌在四川省巴中市南江县的翠绿群山之中，以其独特的自然资源和生态优势，书写了一部乡村振兴的壮丽篇章。通过绿色发展、创新经营模式、建立区域公用品牌和推进多产业融合等策略，成功将生态优势转化为经济优势，实现乡村一二三产业融合发展，推动乡村产业的转型升级。在云顶茶乡，茶农们借助科技创新的力量，选育出品质上乘的茶叶品种；注重茶旅融合，将茶园变成美丽的旅游景区，吸引了大量游客前来观光体验；通过创新经营模式，建立了区域公用品牌，提升了茶叶的知名度和附加值。此外，政府也给予了大力支持，通过资金扶持、政策引导等方式，推动了茶叶产业的快速发展。这些举措不仅促进了茶叶基地的扩张，也提升了旅游影响力，使云顶茶乡成为乡村振兴的样板和典范。

一、打造生态经济新引擎，推进茶旅产业融合创新

（一）因地制宜，将生态优势转化为经济优势

根据南江县旅商局对云顶茶乡景区的简介，云顶茶乡平均海拔在 1100 米左右，元顶子为南江南部最高峰，海拔 1600 米。境内四季分明，光照充足，水源充沛，立体气候明显，生态环境优良，空气清新，田园风光旖旎，自然风光优美，土壤有机质含量丰富，富含硒元素，是国内两大富硒地带之一。云顶镇有效地利用了当地的自然资源优势，在富硒的土壤上种植特色茶叶大叶茶，现有茶叶种植面积 2.6 万余亩，投产茶园 1.7 万余亩，

---

* 本文资料均由笔者走访当地收集整理所得。

茶农占比高达 90% 以上，茶叶年产值达 1.3 亿元。[①] 同时云顶镇借助其优越的地理区位、良好的生态环境和产业优势，发展乡村旅游、开发休闲度假、生态农业体验旅游，打造国家 4A 级旅游景区，推动文旅康养综合体的建设，有效地贯彻并践行了绿水青山就是金山银山的发展理念，有力地促进了云顶镇乡村振兴，实现环境美与生活富的共赢。

云顶茶乡通过因地制宜的策略，巧妙地将生态优势转化为经济优势，进而实现了茶业与旅游业的产业融合。在这一过程中，云顶茶乡充分利用了其独特的自然条件和资源，打造了一条具有地方特色的产业发展之路（陈奇琦，2023）。

云顶茶乡深入分析和理解其所在地的自然环境特点。这里地处海拔较高的山区，四季分明、光照充足、水源充沛，这为茶叶的生长提供了得天独厚的条件。同时，云顶茶乡的土壤富含有机质，使这里的茶叶品质上乘，具有独特的口感和香气。云顶茶乡充分利用这些自然资源优势，大力发展茶叶种植，形成了规模化的茶园，为茶叶产业的发展奠定了坚实的基础。

云顶茶乡在茶叶种植和加工方面进行了精细化的管理。通过引进先进的种植技术和加工设备，云顶茶乡提高了茶叶的产量和品质，使茶叶在市场上具有更强的竞争力。同时，云顶茶乡还注重茶叶品牌的打造和推广，通过举办茶文化节庆活动、开展茶文化研学教育等方式，提升了茶叶的知名度和美誉度，进一步推动了茶叶产业的发展。

在此基础上，云顶茶乡依托茶园风光和茶文化特色，积极发展乡村旅游。通过建设茶园观光区、茶道体验区等旅游项目，云顶茶乡为游客提供了丰富多彩的旅游体验。游客们可以在这里欣赏茶园的美景、感受茶文化的魅力，还可以参与采茶、制茶等体验活动，深入了解茶叶的生产过程和文化内涵。

随着旅游业的兴起，云顶茶乡进一步实现了茶业与旅游业的产业融合。一方面，茶园的优美景色和丰富的茶文化为旅游业提供了独特的资源，吸引了大量游客前来观光游览；另一方面，旅游业的繁荣发展也为茶

---

① 云顶茶乡景区简介［EB/OL］. 南江县旅商局，2019 - 01 - 10.

产业带来了更多的机遇和空间，促进了茶叶的销售和品牌的推广。

（二）创新经营模式，构建利益共同体

云顶茶乡通过一系列创新经营模式，实现了茶产业与旅游业的产业融合，为当地经济发展注入了新的活力。

首先，云顶茶乡通过组成"龙头企业＋专合组织＋大户"的经营模式，流转土地并引导农民参与茶园管理，有效提升了群众种茶的积极性。这种模式将茶叶种植、加工、销售等环节紧密连接起来，形成了完整的产业链。其次，龙头企业通过引进先进技术和设备，提升了茶叶的品质和附加值，进一步增强了市场竞争力。云顶茶乡采取"党员示范＋农户"模式，流转土地发展茶叶。这种模式充分发挥了党员的示范带头作用，通过党员的引领和带动，激发了农户参与茶叶种植的积极性。最后，党员还通过技术指导、资金扶持等方式，帮助农户提高茶叶种植水平，增加了农户的收入来源。云顶茶乡还成立村集体资产管理公司、茶叶专业合作社等组织，对全村外出户、无劳动能力户进行代种，在最大程度上覆盖当地百姓（刘建生等，2022）。这些组织通过统一规划、统一管理、统一销售等方式，实现了茶叶产业的规模化、标准化发展，提高了茶叶产业的整体效益。

在产业融合方面，云顶茶乡依托茶园风光和茶文化特色，大力发展乡村旅游。通过建设茶道体验景观带、举办茶文化研学教育和节庆活动等方式，云顶茶乡为游客提供了丰富的旅游体验和文化熏陶。同时，云顶茶乡还加大基础设施建设力度，提升旅游接待能力和服务水平，为游客提供更加舒适便捷的旅游环境。

通过这些创新经营模式的实施，云顶茶乡成功实现了茶业与旅游业的产业融合。茶园的优美景色和丰富的茶文化为旅游业提供了独特的资源，吸引了大量游客前来观光游览、体验茶文化；而旅游业的繁荣发展也为茶业带来了更多的机遇和空间，促进了茶叶产业的升级和发展。

（三）多产业融合，茶业、旅游业协同发展

云顶茶乡自 2015 年以来，加大了开发建设力度，按照国家 4A 级旅游

景区相关标准，加强旅游基础设施和软件体系建设，取得了显著的成效。

目前，云顶茶乡采用多样化的模式让茶旅融合发展：一是以体验为核心的茶旅融合模式。其依托大坪茶园，建设云顶茶道体验景观带，修建了茶道景观大门、中轴茶道，充分利用茶园内现有步游道，合理布置体验设施和景观小品。建设了生态休闲亭廊、互动演绎台、林语茶香品茗、茶博苑、茶艺园、茶花仙子喷泉和采摘等体验项目。建成富硒茶产业、万寿菊产业、水产养殖特色产业和生态农业体验区。开发生态观光、休闲体验、运动健身、生态农业体验旅游产品项目，让游客在体验之中了解茶文化。二是以活动为核心的茶旅融合模式，通过"茶文化＋研学教育"，对接当地的小学与中学，让同学们感受传统茶礼与茶俗的魅力，传播中华茶文化。同时又通过"茶文化＋节庆活动"，开展"文化旅游节"推动当地旅游的发展。

除此之外，根据南江县文化广播电视和旅游局公布的数据，在基础设施方面，云顶茶乡建成乡村度假酒店、家居式宾馆、农家乐等接待设施，已形成2000人的接待能力。并且经过近些年来的快速开发建设，云顶茶乡旅游景区旅游基础、服务和配套设施已更加完善，累计投入资金34500万元，形成了集"吃、住、行、游、购、娱"要素于一体的乡村休闲度假旅游区。而至2017年，共接待游客90万余人次，实现旅游综合收入3亿多元，[①] 有力地带动了当地经济发展和当地居民脱贫致富，基本形成了以旅游业为主导带动地方经济发展的良性循环机制（蒋和平等，2020）。

二、借鉴云顶茶乡经验，探索产业融合新路径，助力高质量发展

（一）科技赋能，助力产业升级

培育优良品种，助力茶叶种植。云顶镇联合四川农业大学园艺学院茶树育种团队，成功选育"川茶5号"，进一步地丰富了四川省的茶树品种

---

① 乡村旅游道路玉湖旅游环线项目简介［EB/OL］. 南江县文化广播电视和旅游局，2022 – 07 – 04.

资源。而"川茶5号"是四川农业大学等单位通过单株选育法筛选得到的，经过多年的扦插繁育选育、性状观测和品比试验育成的茶树新品种。其抗寒性强、生长势旺、芽头肥壮、产量高、制茶品质优，为当地农民脱贫致富发挥积极作用。同时，云顶镇创新农业装置，提高生产力。在种茶过程中，茶农们不断更新改善种植工具，在茶叶灌溉装置、茶叶晾晒装置、喷药装置、施肥装置、树干防护装置等方面都取得了国家专利。这些装置极大地提升了作业效率，推动茶叶种植现代化。

（二）积极培育与引进人才，赋能产业振兴

云顶镇加强乡村人才队伍建设，提出实施高素质农民培育计划，开展农村创业带头人培育行动，提高培训实效。对在茶园工作的茶农，进行定期培训，召开座谈会，邀请四川农业大学茶学方面的专家进行点对点的指导，提高当地农民的素质。同时南江县近年来紧紧围绕"人才强县"战略，深入实施"巴山优才计划"和人才振兴工程，为人才提供安家补贴、特殊补助、社会保险服务等资金保障，引入大量农学人才，推动人才队伍建设，助力地方发展（李眉洁和王兴骥，2022）。

（三）政策帮扶，助力云顶发展

南江县在巴中市2023年一季度重点项目建设现场推进会上，提出突出"三位一体"，即用"产村、园景、人文"三张底牌全力助推"三区同建"。而云顶镇作为南江县的项目建设重点，政府针对产业规划、资金、宣传、科技创新和销售渠道等方面，进行了政策帮扶。

首先，政府坚持科学规划，按照"按点成线，连线成片、连片成面、带圈发展"产业布局，全面优化空间分布，制定茶叶产业发展规划，大力推进标准化茶叶基地建设，使茶叶基地向重点优势区域扩张、向旅游景区集中，突出抓好建设茶叶产业村（姜长云，2016）。其次，政府在科技层面的支持赋能当地的茶叶种植业，推动当地茶业的现代化发展。政府通过邀请茶学专家与当地的茶叶企业对接，将科学的、高效的种植技术推广，在提升当地茶农素质的同时，推动了当地茶业的发展，提升其产量，提高了其经济效益。再次，政府在宣传层面对云顶茶乡的支持大大带动了云顶

镇茶旅融合的发展。政府通过广告、自媒体等平台，让云顶茶乡的茶叶走出了大巴山，在各大城市均有售卖。同时也让云顶茶乡的自然风光为其他人所熟知，提升了其旅游影响力。不仅如此，针对销售渠道的问题，政府联合大型商超，并在各大城市开设旗舰店，成功将上万斤茶叶售卖，获得了较高的经济效益。最后，市政府针对其发展资金的问题，通过整合退耕还林的后续项目资金、政府茶叶产业发展专项资金、扶贫产业扶持基金、扶贫产业到户资金、扶贫小额信贷、党员精准示范项目资金、新型经营主体及农户投入资金7项资金，有力解决其产业发展资金不足等问题。

当前，云顶镇正在推进云顶茶乡文旅康养综合体项目。该项目为市政府招商引资建设，政府投资1.6亿元。该项目的建成将丰富云顶茶乡旅游项目，增加旅游吸引力和游客接待能力，从而更有力地推动旅游产业升级，使茶叶、旅游业协同发展，共同推动乡村振兴。

（执笔人：赵英、刘鸥逸、苟宸菁、赵佳玥、楼冰莹）

乡村农文旅融合发展路径探究[*]

——以安徽省合肥市护城社区田园综合体为例

加强文化赋能和旅游带动，推动农文旅深度融合，是全面推进乡村振兴的重要途径。近年来，护城社区立足于江淮地区传统农耕生产模式，顺应文旅消费综合提质转型的时代趋势及农村经济社会结构和城乡利益格局的深刻变化，在城市周边农文旅领域纵深发力，以"心灵农场"为突破口，以打造人与自然和谐共生的村庄部落为目标，围绕环境治理和乡村发展的有机结合，在省市县一系列脱贫攻坚政策及乡村产业发展政策的实施下，取得了明显成效，于 2016 年出列安徽省重点贫困村，实现了"村出列、户脱贫"，并先后获得省级民主法治示范社区、省级森林村庄、全省百个发展典型案例等荣誉。

本文以安徽省护城社区为例，深入探究农文旅融合助力乡村振兴的现实路径，为其他地区提供一定启示和经验借鉴。

一、护城社区农文旅融合的实现路径

农文旅融合是指将农业、文化与旅游业相结合，开发利用农村产业资源和传统乡村资源，打造独具特色的乡村旅游和产业品牌，推动乡村经济发展和乡村形象美化的过程（高钰君，2024）。农文旅融合发展具有多重时代意蕴，通过产业跨界融合实现乡村资源价值最大化，已成为推进宜居宜业和美乡村建设、驱动乡村全面振兴、实现共同富裕根本目标的新引擎（刘继为，2024）。近年来，护城社区立足于江淮地区传统农耕生产模式，顺应文旅融合深刻变化，乡村产业发展取得了明显成效。

---

[*] 本文资料均由笔者走访当地收集整理所得。

（一）注重产业协调，加快农旅同步发展

实施乡村振兴战略，产业兴旺是基础。必须加快农村产业培育和发展，形成以农村产业为支撑的格局，以实现三产融合发展（郭永田，2018）。脱贫攻坚前的护城社区是典型的以农业种植为主的单一结构的农村社区，社区集体经济基本为零，被列为省级重点贫困村，面临着农业人口大量外溢、农业种植业结构单一、产业基础设施薄弱等问题。

2019年起，护城社区首先着力推进扶贫产业园区建设，以稻虾共养、大棚蔬菜、苗木林卉三大产业为重点，齐头并进协调当地农业产业发展格局。在稻虾共养方面，依托本地大户的示范带动作用，护城社区发展稻虾共养3000余亩。同时，联合合肥梦里水乡科技有限公司建成隆平高科袁小庄稻虾基地，借助隆平高科农业技术，充分发挥袁西河水库的资源优势，于2021年实现产值650万元，"泥坑钻红虾，水田飞白鹭"；在大棚蔬菜方面，通过企业代建、出租收益的方式，护城社区建成钢架大棚蔬菜基地337亩，年产值可达800万元，其中空心菜、冬韭菜、香莴笋、油麦菜等绿叶品种直供直销合肥市各大连锁超市；在苗木林卉方面，护城社区现有苗木花卉2300亩，以美国天鹅绒紫薇、日本晚樱、垂丝海棠等为主，强调花卉种植与田园综合体景观设计的有机结合，以实现经济与观赏的双重价值，不断提高乡村生态的"颜值"，成为当地一道亮丽的风景。

协调发展三大产业为护城社区田园综合体现代农业循环经济产业的建设提供了有力支持，实现了农业生产、农民生活和农村生态的有机统一，形成了以现代农业为主导的产业体系，为护城社区的可持续发展打下了坚实基础。

（二）立足地方资源优势，加快拓展产业链

产业振兴是乡村振兴的关键，而产业振兴的关键在于产业融合发展，农文旅融合作为产业融合的重要形式，是农村经济发展的新引擎（杨剑波等，2024）。乡村文化与旅游的融合有助于推进乡土文化活化、产业转型升级和农民增收致富等，有利于促进发展、促成共享，是推动共同富裕的有效路径（程慧，2024）。护城社区秉承"一产延伸三产，三产服务一产"

的发展思路，通过产业推动乡村旅游的发展，也借助乡村旅游的力量进一步推动产业的繁荣。

一方面，结合当地物候特点等独特资源禀赋，护城社区重点打造袁小庄"灵魂农场"项目，项目累计投入达 4000 万元，已经完成核心区域 2000 亩土地的高标准稻虾共养、火车民宿、经济果木林等基础设施的建设。此外，项目还成功建成了 10000 平方米的省级研学示范基地连栋大棚，为中小学生提供了优质的实践基地，以开展特色研学游活动。[①] 总而言之，袁小庄"心灵农场"项目，以"自然农法"为发展理念，将传统农业的多维功能与现代休闲旅游的需求紧密结合，为游客提供有新意、有深度、有内涵的乡村旅游体验。

另一方面，护城社区与袁隆平农业高科技股份有限公司和隆平大学合作完成了 1500 亩的有机水稻生产基地的打造，重点引进"单元经营模式"和"永续农业生产模式"。其中，"单元经营模式"通过将农业生产划分为种植、养殖、加工、销售等多个单元，在每一个单元配置专业的技术人员和管理人员，以实现农业生产的精细化和专业化发展。而"永续农业生产模式"则要求在农业生产中积极采用生态农业技术，如有机肥料的使用、生物防治等，以更为积极主动的态度减少环境污染，保护生态环境。在"双模式"的集中驱动下，护城社区坚持从种植、生产、包装到运输的全程品质监控，确保每一粒大米都达到高标准的品质要求，让游客在护城社区能够安心品尝、放心购买大米，真正实现了食在护城、买在护城的舒心体验。

（三）致力打造特色品牌，提升产品附加值

农产品品牌化是现代农业的核心标志，也是解决我国"三农"问题的根本举措（陆静超，2017）。在乡村振兴的背景下发展现代农业，实现农产品加工业的转型升级，拉动农产品的消费需求，迫切要求实施农产品品牌战略（王岱和杨琛，2018）。

围绕"打造农业新业态，推动农文旅深度融合"的发展思路，护城社

---

① 肥东县梁园镇护城社区：发展"美丽经济"，助推乡村振兴［EB/OL］. 中安在线，2022－11－28.

区立足现有资源，加强品牌建设，因地制宜培育一批有影响力的区域公用品牌。其中，以"肥东杭椒"为代表的特色农产品成为当地品牌建设的重点。肥东杭椒可达年产量3万吨、预估产值约为3.6亿元，长期以来是全国三大杭椒生产基地之一。但随着肥东县杭椒产量的连年攀升，新的挑战亦接踵而至。杭椒保鲜期短，长途运输困难，市场波动频繁等诸多难题亟待解决。为了攻克这些难关，带领当地百姓脱贫致富，当地政府采取了一系列措施。

一是加大政府投资。肥东县政府投资2900多万元，在田间地头新建95个蔬菜瓜果田头仓储保鲜冷库，建筑面积1.16万平方米，容积约3万立方米。这些先进的冷库设施，能够迅速接收并妥善保存新鲜采摘的杭椒，极大地延长了其保鲜期。二是积极推动农产品骨干冷链物流园基地的建设。肥东县推进了20家农业产业化龙头企业的冷藏、冷冻库建设，总容积超过10万立方米，并购置了100余辆冷藏车，形成了覆盖农产品生产、加工、运输、储存、销售等的全程冷链物流体系，以改善农产品品质，更灵活地满足市场需求，促进农民收入的稳定增长。① 三是加强品牌建设。在追求经济效益的同时，肥东县也将农副产品的品牌建设摆在突出位置。通过积极推动无公害、绿色、有机和农产品地理标志产品认证，当地努力提升本地农产品的市场形象。肥东县连续举办了以"包公故里肥东杭椒"为主题的杭椒节。这些活动通过现场直播等方式，向全国观众展示了肥东杭椒的独特魅力与风味。四是提供技术指导。肥东县还积极邀请专家举办杭椒产业发展交流论坛、产销对接会等活动，为杭椒种植户提供专业指导与市场对接服务，全面提升了当地杭椒产业的竞争力与可持续发展能力。

如今，肥东县的小杭椒不仅是群众致富奔小康的"幸福之椒"，也是当地乡村振兴战略中的重要一环。

二、特色政策举措

（一）求"美"，落实基础设施建设

护城社区以大地环境和村居环境的生态化打造为己任，以实现人与自

---

① "直播＋直供"肥东杭椒成"网红"［EB/OL］. 安徽省人民政府网，2021－08－04.

然和谐共生的理想为目标。通过着眼于大地肌理生态治理和村居环境生态治理，该社区在保留乡村原有的风貌和特色的基础上，注重将自然生态景观与人文宜居生活有机融合，致力于打造一个展现人与自然和谐共生之美的村庄社区。

在大地肌理生态治理方面，护城社区积极采取措施，对当地袁河西水库和管湾水库进行清污治理，并对驳岸进行生态化处理。同时，该社区着重控制当地种植业面源污染，致力于还原当地大地环境的生态平衡，塑造出"林田湖草和谐共生"的美丽乡村景观。为了严格落实河长制，护城社区扎实推进"清四乱"专项治理工作，加强对袁河西水库和管湾水库的保护，同时关闭了原散乱污企业。此外，护城社区还积极贯彻"林长制"，通过大规模增绿、高质量造景、高标准护绿等措施，完成了梁园大河两岸景观的提升工程。

在村居环境生态治理方面，护城社区着力整治本地居民住所周围的垃圾乱堆乱放现象，并进行绿化美化工作，精心规划和布局当地的文化和自然景观，以打造宜居宜游的现代乡村居住空间。在垃圾处理方面，护城社区实行"户投放、村收集、镇转运"的垃圾处理模式，使生活垃圾处理率达到100%。同时，该社区还优化了当地的污水处理设施和管网建设，例如，护城中心村污水处理厂每日可处理50吨污水。此外，护城社区还持续完善村庄道路、绿化、亮化等基础设施，全面提升了乡村的整体环境质量。

（二）求"变"，深耕当地特色资源

在乡村旅游蓬勃发展的今天，如何避免陷入同质化的泥淖，坚持"一村一品"，创造出独具特色的旅游品牌，成为摆在各地面前的重要课题。护城社区针对这一问题，以其前瞻性的视野和开创性的精神，提供了一个极具本土特色的解决方案。

"印象梁园首届民俗文化艺术节"的举办，是护城社区深耕当地特色资源的具体体现。该艺术节以当地特色民俗文化表演为主线，不仅邀请了当地的民间艺术团体为游客献上精彩的传统表演，还融合了传统手工艺元素，让游客在欣赏表演的同时，也能亲手体验剪纸、编织、陶艺等传统手工艺制作。这种将传统与现代相结合的方式，不仅丰富了游客的旅游体

验，也进一步展现了乡村文化的独特魅力。

除此之外，护城社区还高度重视当地传统美食文化的挖掘和发展，着力打造梁园独有的美食文化名片，与时俱进地讲好舌尖上的梁园故事，积极推动当地老字号产品的精品化、品牌化、系列化发展。例如，当地的非遗美食"梁园三绝"——小鳖、狮子头和酥饺，都是经过精心制作而成，口感独特，风味醇厚。护城社区通过组织、参与各类美食节、文化展览等活动，将这些特色美食作为当地的旅游亮点进行展示和推广，让更多人感受当地美食的独特魅力。

护城社区通过求"变"之道，深耕特色资源，成功打造独具特色的乡村旅游目的地，不仅注重传统文化的传承和创新，还深入挖掘当地的美食文化和农耕文化，为游客们提供丰富多彩、富有特色的旅游体验。这种以特色取胜的发展思路不仅提升了乡村旅游的品质和吸引力，也为当地经济的发展注入了新的活力。

（三）求"实"，保障农民切身利益

在乡村振兴的伟大征程中，护城社区以其务实的态度和创新的举措，不仅成功实现了脱贫攻坚的壮举，让每一位村民共享发展成果，还以更大的恒心和毅力，巩固当地脱贫攻坚成果，努力让村民生活更加幸福美满。

袁良君是护城社区的一位脱贫户，他的老伴患有重度残疾，儿子在外务工，孙女正在上初一。为了照顾家人，老袁无法外出务工。然而，在驻村书记的帮助下，他联系上了特色种养项目，通过"合作社＋村民"的模式，他的土鸡和土鸡蛋销路畅通无阻。此外，社区还为老袁安排了"秸秆禁烧巡查员"的公益性岗位，有效提高了他的生活质量，并防止了返贫的风险。

不仅如此，对于生活困难的群众，护城社区积极联络帮扶单位和企业，开展"送温暖"等关爱活动。自2019年以来，这些单位和企业已累计慰问100余户（次），总慰问物资价值约7万元。同时，社区注重在贫困户中树立典型，激发他们的内在动力。例如，社区脱贫户吴贞芹因其卓越表现，相继被评为2018年8月合肥好人、2018年10月安徽好人，其事迹更是被新华网、国际在线等中央媒体广泛报道。2019年，她更是荣获合

肥市第六届道德模范称号。①

护城社区始终坚持以人民为中心的发展理念，注重实效、力求务实。他们不仅帮助村民实现收入的稳步增长和生活质量的显著提升，更让每位村民深切感受到自己是社区发展的参与者和受益者。

三、经验启示

（一）深化理念融合，拓宽经营渠道

在不断提高社区治理水平、巩固脱贫攻坚成果和推动农村集体经济发展的过程中，护城社区积极实施错位竞争策略，致力于发展绿色、高效的现代农业。护城社区以"稻虾共养"为特色，将生态大米作为主力产品，在隆平高科、隆平农业大学等权威机构的技术指导与支持下，经过精心培育，袁小庄生态大米获得有机认证，以其优质口感和环保理念赢得了市场的广泛认可。

此外，在苗木花卉领域，护城社区同样展现出独到的市场定位。护城社区注重发力中高端市场，以美国天鹅绒紫薇、日本晚樱等中高端景观花卉为主打产品。不仅追求经济价值，还注重花卉与社区景观的联动性，使花卉既具有观赏价值，又能与社区环境和谐融合，为居民创造更加美好的生活环境。

通过深化理念融合，积极拓宽经营渠道，护城社区在农业领域取得了显著成效，为农村集体经济的发展注入了新的活力。

（二）促进产业融合，培育创新业态

2016 年以前，护城社区农业产业结构单一，以种植一季水稻和一季小麦为主，缺乏规模经济和协同效应，总体产值偏低、经济效益低下。但在驻村扶贫工作队的积极引领下，如今的护城社区紧紧依托田园综合体"农业＋"的发展模式，积极整合文化、教育、休闲、旅游等多元业态，构建出三产深度融合的产业体系。立足于现代农业，将传统种植模式与现代科

---

① 二十年真情不变 用爱撑起一片天 [EB/OL]. 人民资讯，2021 – 06 – 15.

技紧密结合，不仅提高了农产品的产量，更在品质上实现了质的飞跃。

为了推动农业向规模化、集约化、智能化的方向迈进，护城社区积极引入先进的农业技术和管理模式。在此基础上，社区充分发挥第三产业的带动作用，将传统农耕文化与现代休闲旅游巧妙结合，打造出独具地方特色的农业旅游产品。通过精心策划的"乡村风筝节""亲子农业体验种植活动""印象梁园首届民俗文化艺术节"，以及农产品展销会等特色文旅活动，护城社区成功吸引了大量游客前来体验。在高峰期，社区日均接待游客超过 2000 人次，为游客提供了别具一格的农业旅游体验。这不仅极大地丰富了旅游产品的文化内涵，也显著提升了农产品的附加值，实现了经济效益和社会效益的双赢。同时，护城社区促进产业融合和培育创新业态，成功打破了传统农业的发展瓶颈，实现了经济发展的多元化和可持续化，充分展示了农业与第三产业融合发展的巨大潜力和广阔前景。

（三）加快市场融合，整合村企资源

护城社区坚持创新与开放的发展理念，综合实施"企业＋"的运营模式，通过"企业＋农民""企业＋家庭农场""企业＋合作社"等新兴合作模式，不仅为企业在社区的发展营造良好的经商环境，也利用市场机制带动当地居民就近就地就业，实现共建、共享、共同富裕。

护城社区坚持让市场主体说话，积极推动辖区内村企的市场融合。一方面，护城社区党委组织主动对接，积极联系"村企联建"帮扶企业，多次到相关企业走访调研。另一方面，护城社区也主动邀请企业负责人多次深入护城社区实地考察，了解当地整体发展状况和资产资源优势，为双方提供更为广阔的合作空间。同时，护城社区还将"双向需求清单"作为重要载体，结合当地产业发展实际，加快落实优质乡村企业落户，带动当地村民就业，实现村民收入的稳步增长。据统计，通过深入实施"企业＋"的运营模式和多种联结模式，护城社区成功带动了脱贫户人均收入提高 1000 元，带动了 300 人就近就地稳定就业，并使村集体经济增收 85 万元。未来，护城社区将继续深化市场融合，优化资源配置，推动农村经济实现更高水平的发展。

（执笔人：文艺瑾、王云华、刘星悦）

农文旅融合发展推动产业链
融合发展机制研究*
——湖北省咸宁市崇阳县石城镇乡村振兴示范区创建经验

农文旅融合发展是将生态农业资源、文化资源和旅游资源纳入一个系统，进行统一规划与开发，促进资源、要素、技术和市场需求的整合优化，实现产业链延伸、拓展产业边界，并开拓更多农民就业增收的途径。石城镇乡村振兴示范区位于湖北省咸宁市红色革命老区崇阳县石城镇，是湖北省国家级示范项目之一。该项目依托石壁水库周边良好的自然生态资源和特色产业优势，聚焦产业特、乡村美、农民富，将特色农业、观光农业、休闲旅游、红色文化融为一体，推动农文旅深度融合、产加销全链条发展，打造"三产一体、产村融合、红绿互促"的现代农业样板区。以白及中药材产业种植为主导支柱产业，发展相关产业链，将特色农业、观光农业、休闲旅游、红色文化融为一体，推动农文旅深度融合、产加销全链条发展。在当今中国乡村振兴的宏伟蓝图中，农文旅融合发展已经成为推动传统农业向现代农业转型、促进乡村全面振兴的重要策略之一。湖北省咸宁市崇阳县石城镇的成功经验不仅为崇阳县乃至湖北省乡村振兴提供了宝贵的参考，也为全国乡村振兴实践提供了新的思路和模式。下文旨在探索石城镇农文旅融合发展背后的有效策略与实践经验，以期为中国乡村振兴战略的实施提供启示和借鉴。

一、农文旅融合发展有效带动产业振兴

（一）深化地区主导产业优势，为产业链延长、农文旅融合奠定基础

乡村振兴的快车道是要发掘当地原有产业中潜在的发展优势，根据当

＊ 本文资料均由笔者走访当地收集整理所得。

地自然人文条件，借助来自政府和社会、民间的资金支持，扩大和深化这些经济增长优势，将它转化为地区的主导产业，形成乡村振兴中的主要经济增长点。进一步依托该主导产业，积累资金和地方影响力，为延长产业链、为相关文旅产业提供文化、商品、资金等方面支撑打好基础。姜长云（2015）的研究结果显示，农村一二三产业融合发展的主要特征是产业链延伸、产业范围拓展和产业功能转型，通过催生新技术、新业态，推动农村的资源、要素、技术和市场需求实现高效整合优化。

石城镇以白及中药材产业种植为主导支柱产业。在近年来国家大力发展中医药产业的号召下，与社会老龄化、亚健康化等需求下，中药材市场需求旺盛。石城镇方山村野生白及丰富，种植历史长达数百年，药用价值高，市场前景广阔，制成干货后售价可稳定在 130 元/公斤。白及三年一收，休耕一年，管理主要为杂草清理，人力物力成本较低，亩产最高可达 5000 公斤，一般情况可达 2000 公斤左右，收入可观；且当地市场对白及原材料的需求缺口较大，目前当地白及初级加工厂处于供不应求的状态；同时在销路方面，石城镇方山村 450 户就有 3 个医药代表负责运营，以定金的方式进行交易，每年运营数百吨白及原材料，白及运营、销路较为稳定。对此，县委、县政府出台中药材产业奖补政策，鼓励规模化经营和标准化种植，加大专业合作社建设力度，提升合作社带动群众增收能力。健全"合作社 + 农户"联农模式、"合作社 + 技术 + 销售"带动方式，为农户提供技术指导、产品代销等服务，以提高白及种植能力、种植效率，为相关产业链延长提供前提和基础。2023 年，示范区新建白及示范基地 1200 亩，总面积达到 9000 余亩，产收面积达到 800 亩，销售收入 3600 万元，人均增收 3000 元。而在 2023 年底新落成项目的展望中，有白及数字化智能温室育苗基地，与华中农业科技大学等大专院校合作，培育白及优良品种；在鼓励农户自购脱毛机进行简单加工的同时，也引进了中药材加工企业 1 家，建设白及加工厂，开发白及片、白及粉等产品；建设白及展销中心和电商楼、物流寄递网点，畅通白及产品集中销售渠道。通过做长做强白及产业链条，有望实现示范区白及产业产值 5000 万元。①

---

① 崇阳县石城镇：打造白及华中第一镇 [EB/OL]. 崇阳县人民政府网，2024 - 04 - 22.

白及种植有助于促进石城镇农业结构的多元化。传统上，石城镇可能依赖于单一农作物或者传统畜牧业作为主要经济支撑。而白及种植的引入，打破了这一格局，增加了农产品的多样性，提高了农业抗风险能力，减少了因作物单一而导致的市场波动风险。且白及种植产业的兴起带动了相关产业链的发展。从种植、加工到销售，每一个环节都需要相应的技术和服务支持。除了直接从事种植的农民外，还将涌现出一系列与之相关的就业机会，如中药材加工企业、物流公司、市场营销等。这些产业的相互促进，进一步推动了石城镇整体产业链的升级和优化。

（二）充分利用地区资源禀赋，找准文旅产业发展方向

2021年4月，习近平总书记在广西考察时指出，"全面推进乡村振兴，要立足特色资源，坚持科技兴农，因地制宜发展乡村旅游、休闲农业等新产业新业态"。[①] 农文旅的深度融合发展，能够有效带动产业振兴、文化振兴、生态振兴、人才振兴和组织振兴，最终实现民族地区乡村全面振兴（罗先菊，2022）。充分挖掘和利用地区特色资源禀赋，找准当地文旅产业发展方向，因地制宜地打造地方文旅特色。延长产业链、利用乡村人文自然资源发展文旅产业，可以反过来作用于该地区主导产业，扩大对主导产业的需求，增强影响力，进而形成对周边市场和资源的"虹吸"效应。

近年来，石城镇空巢化现象突出，青壮年劳动力大量流向城镇，该地出现大量闲置房屋。为利用闲置房屋资源发展民宿、乡村旅游，提高居民收入、发展当地经济，示范区结合和美乡村建设，适度对乡村院落、农房进行风格改造，打造环境优美、景村融合的美丽村湾。截至2023年，示范区建成绿化带3公里，拆除破旧建筑100余栋，完成庭院经济建设500户，建成小菜园、小果园100余处。[②] 此外，在自然风光方面，示范区对鸡鸣峰、九秀岭两个茶园进行改造升级，提升茶园品质和形态，根据茶园地形地貌，依山就势，依山傍水，合理布局供水供电、休闲步道、旅游驿站、

---

① 习近平在广西考察：解放思想深化改革凝心聚力担当实干 建设新时代中国特色社会主义壮美广西［EB/OL］. 中华人民共和国中央人民政府，2021-04-27.

② 湖北崇阳：用好用活彩票公益金 描绘乡村振兴新篇章［EB/OL］. 新华网，2023-12-08.

生态停车场等基础设施，配套种植桃树、李树、枫树等各色树种，美化修缮防旱池塘和沟渠，让设施与景观融为一体，达到农区变景区的效果。在人文底蕴方面，红色文化展览馆于 2023 年底验收，记录地方革命历史文化，传承革命精神，凝聚群众发展力量，同时打造地方文化特色。

在此基础上，示范区依托良好的生态环境、现有产业示范基地，通过政策引导，招商引进了省内外企业投资入驻 5 个农旅结合项目，发展乡村休闲旅游和民宿，建设太空舱民宿、茶体验中心、农家乐、文旅融合小木屋和无动力乐园等，打造农旅融合的郊野公园，形成"农业 +"的"虹吸"效应。目前，茶文化体验中心主体工程已完成，太空舱民宿、农家乐建设、无动力乐园等正在有序推进，投入运营后，年接待游客预计达到 5 万人次，带动餐饮住宿等消费 500 万元。

同时，示范区在建设过程中贯穿新发展理念，始终注重环境友好、资源节约，不新增一分建设用地，不破坏一片绿水青山，留住美丽生态，打造绿色工程、生态工程。石城镇位于崇阳县，地形以山地丘陵为主，土壤酸性、疏松、肥沃，适合白及种植。发展白及产业，利用地形和土壤条件实现自流排水，节约资源，并开发山区土地资源。示范区改造利用原有建筑，庭院经济就地取材，太空舱、步道等搭建在茶园空地，不破坏原有植被。

（三）把握人文内核，传承红色精神

在推动乡村旅游发展中，要突出传统文化、伦理道德与民风民俗三大乡土人文内核，同时注重乡土人情与民族民俗文化的地方特色（陶俊梅，2023）。应防范过度商业化对文化的侵蚀，确保本土原生态文化与景观得以完好保存。同时，为应对乡村空心化挑战，需加强文化传承队伍的建设，通过经济发展吸引农民回流，解决乡村人力资源短缺与人才流失问题，进而将乡村文化资源转化为文化产业动力。

石城镇作为欠发达红色革命老区，具有深厚的革命历史文化和不朽的革命荣誉功勋。在国家乡村振兴政策的局面下，为传承红色文化、服务老区群众，国家中彩公益金向石城镇投资 5000 万元。在白及产业方面，坚持党建引领，组建产业互助型联合党委，探索"党组织引领 + 合作社带头 +

老百姓入股"的模式，谱写新时代"党建红"引领"产业红"的绚丽华章。示范区 5 个村党支部领办合作社 8 个，农民专业合作社数量达到 37 家，参加合作社户数达到 570 户，带动农户发展白及种植近 1000 亩。在文旅产业方面，示范区将红色革命文化元素植入示范区，收集还原红色革命故事，制作红色革命文化标识牌和雕塑，组织开展送电影、送戏、送图书下乡活动，用红色革命精神影响、熏陶革命老区人民，涵育乡村文明新风尚，增强乡村发展凝聚力。同时，配套当地乡村休闲旅游和民宿设施，发展乡村旅游产业，改善示范区产业结构。

中彩项目传承革命先烈陈寿昌、鄂南秋收暴动和湘鄂边（中心）县苏区等红色精神，将红色革命文化元素植入示范区，利用旧有房屋改造，于 2023 年底落成了红色革命文化纪念馆和纪念雕像，有利于凝聚乡村振兴的不竭精神力量，赋能示范区高质量建设。此外，收集还原红色革命故事，制作红色革命文化标识牌和雕塑，组织开展送电影、送戏、送图书下乡活动，用红色革命精神影响、熏陶革命老区人民，增强老区人民对国家和民族的归属感、荣誉感，为地方发展凝魂聚力。

二、石城镇农文旅融合发展经验启示

（一）积极发挥政府引导作用，加大产业政策扶持

石城镇所在的崇阳县，经过近几年的规模化发展，现有中药材经营主体 74 家，其中，中药材专业合作社 67 家、中药材公司 6 家、中药材协会 1 家。同时，2021 年 4 月，崇阳县人民政府办公室出台了《关于加快推进中药材产业发展的实施意见》，把推进中药材产业链建设作为乡村产业振兴的底线任务和"一号工程"的主要抓手。目前，新政策规定，村集体新建 100 亩以上中药材基地奖补 50 万元。而在石城镇，白及种植历史悠久、自然环境条件适宜，且白及本身种植简单，受自然环境制约小、受自然灾害影响较小，种植的主要工作为除草。白及属于块茎作物，产量大，且价值高，原材料价格每公斤即为 130 元左右。在 2023 年底的项目支持下，示范区以白及种植和加工为主导产业，依托白及产加销，提高当地居民收入，并为相关产业的发展提供支持。在覆盖效果上，白及产业有效带动该

区域农户 2905 户 12035 人、脱贫户 449 户 1738 人、监测户 6 户 21 人增收致富，全镇摘下以 8900 元为底线的脱贫"帽子"。2023 年，示范区新建白及示范基地 1200 亩，总面积达到 9000 余亩，产收面积达到 800 亩，销售收入达到了 3600 万元，人均增收达到 3000 元。[①] 从白及种植产业的成功实践中，石城镇通过充分发挥地方特色资源优势，在地方政府的积极影响作用下，不仅增强了农业产业凝聚力，同时为地方经济的发展注入了新的活力，形成全国范围内可借鉴的发展经验。

政府引导作用的发挥与产业政策的精准扶持，对于促进特定产业的健康发展具有深远的影响。石城镇白及种植产业的成功案例，为全国其他地区提供了一条可借鉴的发展路径，展现了政府引导与产业发展相结合的巨大潜力，实现农业与农民的共赢。

（二）推动产业结构优化，促进多元化发展

白及种植有助于促进石城镇农业结构的多元化。传统上，石城镇可能依赖单一农作物或者传统畜牧业作为主要经济支撑。而白及种植的引入，打破了这一格局，增加了农产品的多样性，提高了农业抗风险能力，减少了因作物单一而导致的市场波动风险。且白及种植产业的兴起带动了相关产业链的发展。从种植、加工到销售，每一个环节都需要相应的技术和服务支持。除了直接从事种植的农民外，还将涌现出一系列与之相关的就业机会，如中药材加工企业、物流公司、市场营销等。这些产业的相互促进，进一步推动了石城镇整体产业链的升级和优化。石城镇的经验表明，产业结构的优化是乡村振兴的关键。通过调整和优化产业布局，创新组织形式，发展特色产业，健全产业链条，石城镇实现了从传统农业向现代农业、从单一产业向多元化产业的转变。石城镇不仅提升了产业的附加值，也增强了乡村的经济韧性，为乡村的持续发展提供了坚实的基础。

石城镇的成功经验为全国其他地区提供了宝贵的借鉴。因此，在面对全球化的市场和经济环境时，单一的产业结构已经难以满足发展的需要。通过不断创新，加强产业链的建设，增强乡村的综合竞争力，实现多元化

---

① 崇阳县石城镇：打造白及华中第一镇［EB/OL］．崇阳县人民政府网，2024 - 04 - 22.

发展以提升产业的竞争力，带动地方经济的全面发展，最终实现可持续发展的目标。

（三）综合利用闲置资源，激发内生动力

石城镇是一个自然资源丰富的地区，但由于近年来乡镇人口老龄化、青壮年劳动力流失、土地产权改革、经营权流转等原因，部分土地和房屋长期处于闲置状态。这不仅造成了资源的极大浪费，还可能导致这些地区成为环境治理的难题。然而，白及种植产业的兴起，为这些闲置资源注入了新的活力。白及作为一种喜阴植物，适合在林下、果园间作或者房前屋后进行种植，这使得原本无法产生经济效益的土地得到了重新利用。而改造闲置房屋，可将空闲资源转化成白及储存和加工的场所，这些房屋的转变不仅提升了资源利用率，也带动了相关产业链、文旅产业的发展。例如，房屋内部可以进行白及的初加工，提高其附加值；外部空间可以设为晾晒区，充分利用自然资源进行风干，制成干货；与文旅产业、自然风光邻近的房屋，对房屋进行简单装修翻新，也能将其开发为民宿。

通过对闲置土地和房屋资源的利用，改善了乡村基础设施，提升了居民福祉。一方面，居民脱贫后自发改善生活条件，翻修房屋、安装太阳能电池板、美化自家庭院等；另一方面，文旅产业规划注重保留乡村韵味，适度对乡村院落、农房进行风格改造，打造环境优美、景村融合的美丽村湾。目前，示范区建成绿化带 3 公里，拆除破旧建筑 100 余栋，完成庭院经济建设 500 户，建成小菜园、小果园 100 余处。提升居民生活水准，吸引旅游客源，增进民生福祉。

因此，综合利用闲置资源，通过提高土地资源的利用率，将原本无用或低效的土地、房屋等资源转变为新生产性要素，带来提升居民福祉、增加农业产出、延长产业链条等多重效益。

（四）增强生产技术创新，提升文化软实力

白及种植产业的发展促进了当地文化的传承与创新。石城镇在历史上便有着丰富的中草药文化，而白及作为其中的重要一员，其种植和加工过程中蕴含丰富的传统文化与技术知识，是当地非物质文化遗产的重要组成

部分。随着产业规模扩大和升级，传统文化也在其中得到了保护与传承，同时，为适应现代市场的需求，当地人还在传统种植技术的基础上进行了创新。这种文化形态结合了历史与现代、传统与创新，极大地提升了石城镇的文化影响力。同时，白及种植产业的成功案例也为石城镇的社会教育和科研提供了丰富的资源。学校和研究机构也依托白及产业开展相关的教学与研究活动，如中药材栽培学、中药药理学等课程和科研项目的实施，不仅丰富了当地的教育资源，也吸引了更多的人才和学者关注和研究石城镇，从而进一步提升了该地区的文化吸引力和学术地位。

石城镇的成功实践表明，科技创新和文化挖掘是提升农业产值、促进乡村振兴的重要手段。通过科技创新和文化交流，可以有效提升农产品的品质和价值，从而推动农业产业的升级和乡村经济的发展。因此，强化文化科研与传统产业的结合以有效促进产业升级，提升产品附加值；通过品牌建设和文化传播以扩大产品影响力，开拓全国性市场空间等实践路径对于其他依赖传统种植业的地区而言，是实现产业转型和乡村振兴的重要参考。

（执笔人：王煜杰、胡锦澄、汪弋翔）

文旅融合视角下民宿产业高质量发展的实现路径探究[*]

——基于浙江省湖州市德清县莫干山民宿产业的案例分析

乡村民宿作为文化旅游、乡村旅游和休闲旅游的重要载体，带动农村发展和村民增收，重塑自然和传统村落，全面助力乡村振兴。2015 年，国务院办公厅发布《关于加快发展生活性服务业促进消费结构升级的指导意见》，首次提到"积极发展客栈民宿、短租公寓、长租公寓等细分业态"，将其定性为生活性服务业，在多维度给予政策支持。由此，涌现了大批民宿开发项目。2023 年，《中共中央 国务院关于做好 2023 年全面推进乡村振兴重点工作的意见》提出实施乡村休闲旅游精品工程，推动乡村民宿提质升级。依托丰富的本土文化资源和绿色生态资源，发展乡村民宿是实现乡村振兴的好做法。乡村民宿在疫情后收获反弹性消费红利，各地乡村民宿发展如火如荼，释放出较大的经济效益、生态效益、社会效益和文化效益，成为乡村发展的新动能。但是，乡村民宿发展经历了一个时期的"井喷式"增长后，同质化、低质化、人才缺口大等问题层出不穷，制约了乡村民宿在全面推进乡村振兴进程中的作用发挥。乡村民宿如何在既有发展水平上，持续探索高质量发展的推进路径，不断推动供给侧结构性改革、优化要素配置、引进人才资源、完善产业链条，更加有效地助力乡村全面振兴，成为乡村旅游发展中亟待解决的重要命题。浙江省湖州市德清县自 2007 年创建全国首家"洋家乐"以来，民宿产业持续蓬勃发展，如今全县已有超过 1000 家民宿，从业人员上万人，年接待游客数量超过 700 万人次，年营收超过 30 亿元。如今的德清环莫干山区域，已成为乡村精品民宿发展的策源地、创新高地和产业聚集地。本文将以浙江省湖州市德清县莫

---

* 本文资料均由笔者走访当地收集整理所得。

干山民宿产业发展为案例，探究在后疫情时代乡村民宿产业高质量发展的实现路径。

一、莫干山民宿产业高质量发展的实现路径

目前，针对乡村民宿高质量发展的研究成果偏少，多散见于乡村旅游高质量发展的相关研究中。学者们分别从国内外发展规律、民宿集群、民宿经济、发展路径等角度，探究乡村民宿高质量发展。戴其文等（2022）通过对国内外民宿的概念内涵和发展历程进行梳理总结，借鉴国外民宿发展模式，提出重视法治建设、探索发展规律、强化人才支持、科学规划设计等启示。何成军等（2022）通过"四层一体"发展框架，探究乡村民宿驱动乡村振兴的逻辑体系，并阐述了乡村民宿驱动乡村振兴的践行路径。陈瑾（2020）通过梳理民宿经济创新发展基础，明晰民宿行业发展趋势特征，提出民宿经济高质量发展的五大对策建议。李俊杰等（2019）认为，民族地区的民宿高质量发展，必须从区域规划、基础服务、人才培养、政策支持、行业监管等方面加以落实。本文以德清县莫干山民宿产业为调研对象，通过梳理其民宿产业发展模式和经验，探索其产业高质量发展的实现路径。

（一）安设特色主题、融合多元文化，满足游客新需求

莫干山国家级风景名胜区内的别墅群，大多建于19世纪末至20世纪初。其中，西欧风格的田园式乡村别墅多达200余幢，每一幢都散发着独特的韵味。而中国古典建筑则以华厅、黄庙、林海别墅三幢为代表，彰显着中华文化的深厚底蕴。在现代的翻建与新建中，莫干山庄、文化会场、邮局等50余幢建筑如雨后春笋般崭露头角，为这片土地注入了新的活力。老别墅群中，美国、英国、法国、德国、俄罗斯等国的建筑风格各异，宛如一部流动的世界建筑史，使莫干山别墅群被誉为"世界建筑博览馆"与"小型别墅展览会"。

德清县莫干山的民宿故事，则起始于一个特别的名词——"洋家乐"。2007年，一位来自南非的上海工作者高天成来到莫干山，创建了德清的首

家"洋家乐"——"裸心乡"。即便房价高达上千元，房间依然供不应求。在高天成的引领下，莫干山迅速崛起为一个高端生态休闲度假的胜地，吸引了来自法国、英国、荷兰、韩国等18个国家的投资者。他们带来了不同国家和地区的文化特色、设计理念和管理经验，为莫干山民宿产业注入了新的活力。这些国际元素的融入，使莫干山民宿在保持本土特色的同时，也具备了国际化的品质和吸引力。

莫干山民宿在主题设定上也是独具匠心。从艺术气息浓厚的创意空间到充满自然韵味的生态木屋，各类主题应有尽有，主要涵盖了八大主题模块：品牌"洋家乐"、山居生活、美学生活、文化艺术、亲子度假、美食美物、户外休闲和农家风俗。针对不同游客的需求和喜好，民宿主们提供定制化的服务，如亲子活动、户外探险、文化体验等。以户外休闲为例，游客们可以在云起琚（萤火虫基地）沉浸于萤火虫的神秘世界，感受自然生态的精灵魅力；在岂遇运动民宿，尽享室内健身、攀岩、泳池、台球、乒乓、飞镖、单车、滑板、编带、单双杠等一系列免费运动设施，满足各种运动需求；而在莫干山久祺雷迪森庄园，游客们可以体验骑行营地的特色自行车运动，享受户外运动带来的乐趣。至于文化艺术板块，莫干山的民宿同样为游客提供了丰富的文化体验。在莫干山游子山居民宿，游客可以近距离感受每日的采茶、插花、种菜、钓鱼、烧饭等田园生活，体验那份宁静与惬意；在莫干山·UNDO雅室，游客可以品味煮酒焚香、对弈弹琴的雅致生活，感受中国传统文化的魅力；而在莫干山欢宿溪上度假庄园，游客可以欣赏到寺院、古迹等近代文化遗存，领略历史的厚重与文化的底蕴。

（二）打造特色品牌、多项活动助力，构建一站式娱乐范式

莫干山民宿产业有着独具特色的劳务品牌——"莫干山民宿管家"。为了促进本地民宿管家队伍的专业化、规范化发展，德清县于2020年制定了《民宿管家职业技能等级评定规范》，并成功实施了银牌、金牌、白金牌等不同级别的民宿管家认定机制。莫干山地区的民宿企业也积极响应政策号召，纷纷要求民宿管家持证上岗。这不仅是对民宿管家个人能力的认可，也是对企业服务质量的保障。2022年，民宿管家正式被纳入《中华人

民共和国职业分类大典》，标志着其在国家职业体系中的正式地位得以确立。2024 年 2 月 9 日，人社部发布了《民宿管家国家职业标准（2024 年版）》，明确了该职业的五个技能等级，为从业者提供了明确的职业发展路径。民宿管家从业者可以通过第三方机构的培训，考取相应的职业技能等级证书，享受到包括积分入学、积分落户、人才补贴等在内的多项优惠待遇。

德清木亚文旅有限公司于 2022 年参与开办了莫干山民宿管家培训中心，并在全国范围内设立了 6 所培训学校。截至 2024 年 2 月，培训中心已经成功培训了 9000 多名乡村民宿从业者，其薪资水平平均上涨了约 40%。随着越来越多的民宿管家通过培训和考核获得证书，莫干山地区的民宿劳务品牌也得到了进一步的提升和认可，成为莫干山民宿产业的一张亮丽名片，吸引了更多游客前来体验莫干山的美丽风光和优质服务。

而浙江莫干山音乐节公司，作为中国浙江省首个批准成立的音乐节公司，致力于开创"莫干山音乐节"这一独具特色的文化 IP。公司通过充分激活度假区内闲置资源，推动文化产业经济实现质的飞跃，从而助力莫干山国际旅游度假区文化艺术产业迈向更加繁荣的发展道路。莫干山音乐节作为该地区的标志性文化活动，旨在塑造"文艺莫干山"的独特文旅魅力，进一步升华莫干山民宿的文艺氛围，为莫干山民宿集群注入新的活力，实现文艺与商业的完美融合。据悉"莫干山音乐节"及"莫干山音乐节全球合作计划"均已获得中华人民共和国国家版权局登记保护。莫干山音乐节紧随"一带一路"倡议的步伐，选择与中国共建"一带一路"的国家和地区作为活动举办地，结合当地文化特色，设计丰富多彩的文化艺术交流活动，为参与者提供集音乐、美食、文化交流、互动体验及商务贸易于一体的全方位体验。通过这样的方式，莫干山音乐节将成为传播中国文化、展示中国形象的重要窗口，为中国文化艺术事业的蓬勃发展贡献自己的力量。

（三）以改促进、敢于创新，疏通发展堵点

莫干山民宿产业充分考虑自身情况稳步发展的同时，也敢于突破和创新去解决发展的困境与堵点。颁发宅基地"三权"分置证就是经典例

子，以往民宿业主与村民之间多是私下签订租房协议，这种方式使宅基地和农房的权属问题一直悬而未决，成为潜在的隐患。当矛盾纠纷发生时，业主们往往在法律层面上难以有效地维护自身权益。然而，在2018年，德清县在全国33个试点地区中率先颁发了宅基地"三权"分置证书。这一举措不仅标志着全国首个基于"三权"分置的宅基地管理办法的出台，也让众多原本通过租房方式经营民宿的业主们获得了宅基地的不动产权证书。这不仅增强了业主们对民宿产业的投资信心，也降低了因权属不清而引发的纠纷风险。同年，德清县推出了全国首个基于"三权"分置原则的宅基地管理办法。这一办法允许在特定条件下，通过转让、出租、抵押等方式，流转一定年限的宅基地和房屋使用权。同时，政府相关部门也加强了对流转市场的监管，防止了不法分子利用权属问题进行欺诈等违法行为。通过流转一定年限的宅基地和房屋使用权，民宿业主们可以更加灵活地利用这些资源，开发出更具特色的民宿产品。同时，这也吸引了更多的投资者和创业者加入莫干山民宿产业中来，推动了产业的快速发展。

此外，在盘活农村资产上，莫干山也有妙招。莫干山民宿产业兴起后，众多外来投资者开始租用莫干山区域村民的房屋，改造后作为民宿运营。受此启发，村民们也纷纷将自家的老房改造成民宿，利用农村资源创造新的经济价值。随着成功案例的示范效应，越来越多的青年选择回到家乡创业，投身民宿行业。他们利用自己的专业知识和创新思维，打造了一批具有独特风格和品质的民宿产品，为游客提供了多样化的选择。此外，莫干山地区还成立了民宿行业协会等组织，为青年创业者提供了交流和学习的平台。这些组织通过举办培训、分享经验、开展合作等方式，帮助青年创业者提升经营管理能力，拓宽市场渠道，促进民宿产业的健康发展。2018年2月，仙潭村更是设立了全国首个村级返乡创业基地，旨在鼓励和支持青年回乡创业。面对资金短缺的困境，协会积极与银行合作，以低利息贷款为创业者提供资金支持。值得一提的是，民宿产业的发展不仅造福了民宿主，也为其他村民带来了实惠。在政府的引导下，民宿主和外来投资者提升了员工的薪资待遇，改善了工作条件。一些民宿主还为员工购买了保险，定期组织团队旅行，增强了员工的归属感和幸福感。

二、莫干山民宿产业高质量发展的经验启示

近年来，乡村旅游产业发展如火如荼，释放出较大的经济效益、生态效益、社会效益和文化效益，成为乡村发展的新动能。但是，乡村民宿发展经历了一个时期的"井喷式"增长后，同质化、低质化、人才缺口大等问题层出不穷，制约了乡村民宿在全面推进乡村振兴进程中的作用发挥。乡村民宿如何在既有发展水平上，持续探索高质量发展的推进路径，不断推动供给侧结构性改革、优化要素配置、引进人才资源、完善产业链条，更加有效地助力乡村全面振兴，成为乡村旅游发展中亟待解决的重要命题。本文相信莫干山民宿产业在发展过程中的一些亮点举措可以为相关地区发展民宿产业乃至乡村旅游产业提供一些启发和参考。

（一）坚持"民宿＋"战略，打造差异化竞争优势

发展文旅业，首先深入挖掘当地的文化特色是关键中的关键，莫干山民宿产业在民宿设计中融入莫干山的自然风貌、历史传说或地方手工艺等元素，让游客在体验中感受到浓厚的地域文化气息，这对于其他地区文旅产业的发展具有积极的借鉴意义。其次，民宿产业发展可积极拓展"民宿＋"的产业链，与周边景区、餐饮、娱乐等产业形成联动效应，通过产业链的整合，为游客提供一站式服务，提升游客的满意度和忠诚度。最后，还应注重提升服务质量，关注游客的个性化需求，通过提供定制化服务、举办主题活动等方式，为游客创造独特的住宿体验。同时，应加强对民宿从业人员的培训，提升他们的专业素养和服务意识，确保游客在民宿中享受到高品质的服务。

（二）创新社媒运用，吸引转化多平台流量

首先，民宿产业可对目标受众进行深入分析，明确其年龄、兴趣、消费习惯等特征。基于这些特征，选择微博、抖音、小红书等社交媒体平台进行推广，确保信息能够精准触达潜在客户。其次，可以宣传好讲述好民宿背后的故事，如历史渊源、设计理念、与当地文化的融合等以引起用户

的共鸣和兴趣，并利用高质量的图片和视频展示民宿的美景、舒适环境和特色设施以提升用户的视觉体验，同时通过发起话题讨论、征集用户体验分享、举办线上活动等方式，鼓励用户参与并分享到更多平台。最后，可以与其他旅游、文化类社交媒体账号或平台进行合作，共同推广旅游资源和民宿产业，实现资源共享和流量互通。

（三）完善民宿产业链，增强利益联结机制

首先，发展民宿业要优化产业链结构，整合上下游资源并拓展产业链环节，开发餐饮、娱乐、文化体验等多元化业务，丰富产业链的内容，提升整体竞争力。要针对村民的技能水平和需求，开展针对性的培训，使他们更好地适应民宿产业的发展需求。其次，民宿主应与村民建立合理的利润分配机制，引导村民以土地、房屋等资源入股民宿项目，通过股份合作的方式，使村民成为产业发展的直接受益者。最后，政府可以出台相关政策，如税收优惠、资金扶持等，并制定民宿产业发展规划，明确发展目标、重点任务和保障措施，为产业发展提供有力保障。

（四）利用行业协会，寻求多方合作共赢

首先，民宿产业应与行业协会共同制定和完善民宿行业的规范和标准，明确服务质量和安全管理要求，提高行业的整体竞争力和发展水平，同时，积极倡导并落实行业标准，引导自身民宿产业朝着更加规范化、专业化的方向发展。其次，相关企业组织可以与行业协会共同建立资源共享平台，包括信息共享、人力资源共享、市场营销资源共享等。通过协会平台，及时获取最新的市场动态和政策信息，分享成功案例和经验教训，促进产业内的经验交流和合作互助。最后，地方政府可以与行业协会合作，共同开展市场宣传和品牌推广活动，通过组织大型宣传活动、联合举办民宿节等活动，提高民宿的知名度和影响力，同时，利用协会的平台和资源，与媒体、旅行社等合作，拓宽宣传渠道，吸引更多游客前来体验。

（执笔人：宋颜希、张博奕、郑奕）

数字化转型与科技驱动

2024 年《中共中央 国务院关于学习运用"千村示范、万村整治"工程经验有力有效推进乡村全面振兴的意见》指出，持续实施数字乡村发展行动，发展智慧农业，缩小城乡"数字鸿沟"。农业农村部、中央网络安全和信息化委员会办公室印发的《数字农业农村发展规划（2019－2025年）》也提出，到 2025 年，数字农业农村建设取得重要进展，有力支撑数字乡村战略实施。

近年来，随着土地、户籍等制度的改革和完善，城乡之间的技术、资本、人才等要素流通更加顺畅，推动我国乡村产业进入高质量发展阶段。然而目前我国乡村产业发展仍存在一定困难与挑战，一方面，由于存在农业科技推广体系不够健全、产业链条较短、农村劳动力流失等发展困境，乡村产业存在现代农业技术应用普及率低、附加值低、竞争力弱等特征（郭芸芸等，2019）；另一方面，由于乡村缺乏相应的原始资本积累、高科技人才、数据信息等生产要素，从长期来看乡村产业发展落后于城市（邱俊杰等，2023）。因此，实现产业数字化转型与科技驱动是新阶段下实现乡村产业振兴的必然要求，也是解决上述现实挑战的重要途径。

数字化转型与科技驱动可能通过以下三条路径促进乡村经济发展。一是利用数字技术发展智慧农业。通过将云计算、大数据、人工智能等现代信息技术应用于农业生产，实现对农业数据的实时收集、对农业生态环境的实时监测，从而测算出农业生产要素投入等方面决策的最优选择（杨俊等，2023），能够有效提升农业生产效率、降低成本投入。二是催生乡村新产业、新业态。以农产品电子商务为例，不仅实现了农户与消费者的直接沟通和信息共享，避免中间商垄断信息、达到直接获取消费者对农产品的需求与反馈意见的效果（葛梅等，2023），还增加了农产品附加值，如发展农产品深加工、打造地方特色品牌等，促进乡村经济增长（白赟腾和吴英，2024）。三是有助于培养数字化人才，强化乡村经济发展的动力支撑。数字乡村建设归根到底要靠人才（廖梓颖和黄苏仪，2024），通过开展农业技术培训、数字化知识普及，夯实乡村人才与乡村基层干部的数字技能，扩充乡村数字化人才队伍，从而共同推进乡村数字化转型升级。

本板块的案例报告为数字化转型与科技驱动助力乡村产业振兴提供了现实佐证。一是智慧农业蓬勃发展。湖南省炎陵县通过基因编辑技术和精准农业技术，为黄桃注入了更强的抗病性和适应性基因，保持黄桃稳定高产、显著提高品质和产量；湖北省当阳市草埠湖镇引入无人机等现代农业装备、精准施肥等现代农业技术、建立农业科技示范基地，大幅提升了农业生产效率和质量；湖北省宜昌市秭归县已建设 $1 \sim 2$ 个数字化应用场景，建设微型气象站和"三情"监测点，实现精准农业生产，为秭归县种植业的数字化转型注入强大动力，推动农业现代化进程。二是乡村新产业、新业态不断涌现。云南省临沧市临翔区蚂蚁堆村成立"临沧驿亭好物农业发展有限公司"，搭建"驿亭好物"微商城，以自营自销的模式将村里的特色农产品推向了更广阔的市场；云南省斗南镇致力于打造全产业链数字化平台，应用大数据分析出销量最好、产量最高的花卉品种，分析市场行情，以此指导花农下一年的种植方向；江西省于都县大力引导和支持企业适应和融入多元化发展，结合"互联网＋""渠道＋"，通过智能制造、信息化生产，整合信息资源、渠道资源，打造个性定制、柔性制造、粉丝经济等新业态。三是乡村数字化人才队伍不断完善。江苏省堰下村根据农民不同年龄、学历、行业的实际需求，制定针对不同群体的培养计划和学习课程，数字知识的普及尽量简单扼要、通俗易懂，以降低农民学习的门槛。

本板块的案例报告旨在通过生动的实践案例，揭示数字化转型对于发展智慧农业、培育新产业新业态、建设数字人才队伍的重要意义，对于推动农业现代化进程、实现乡村经济全面振兴的重要意义。我们期待读者能够了解乡村产业数字化转型的实施路径与现实意义，激发对于未来农业发展趋势的新思考。

数字化平台助力鲜切花产业发展新路径 *

——基于云南省斗南镇的案例分析

产业振兴是指通过一系列政策、计划和措施，促进特定产业的发展和壮大，以实现经济结构优化、提升国家竞争力和经济持续增长的目标。鲜切花产业是指种植、销售和配送鲜切花的产业。它通常涵盖了从花卉种植园到花市、花店和超市等销售渠道的整个供应链。在当今产业振兴的大背景下，鲜切花产业正处于迎接新挑战、探索新路径的关键时期。随着人们生活水平的提高和消费观念的转变，对鲜切花的需求不断增长，而传统的产业发展模式已经不能完全适应市场需求的多样化和个性化。因此，我们迫切需要通过创新、升级和转型，寻找鲜切花产业的新发展路径。本文以云南省斗南县的鲜切花产业为例，揭示在产业振兴背景下鲜切花产业发展的新路径，为其他地区花木产业未来发展提供启示和借鉴。

一、云南省斗南镇鲜切花产业发展新路径

（一）因地制宜，产业致富，助力乡村振兴

"因地制宜，产业致富"这一理念强调了根据当地资源、环境和市场需求，选择合适的产业进行发展，从而实现地方经济的繁荣与社会的富裕。这一理念的核心是充分利用当地的优势资源，挖掘特色产业，发挥地方经济的潜力（陈文俊，2019）。对于当地特色产业，各地需要从实际情况出发，分类指导，不盲从、不跟风。即立足于本地资源状况，综合考虑区位优势、产业基础和市场条件等因素，因地制宜（江西省外国专家局，2013）。因地制宜的产业发展不仅可以推动当地经济的发展，还可以解决

---

* 本文资料均由笔者走访当地收集整理所得。

就业问题，发展当地特色产业可以创造大量的就业机会，包括生产、销售、管理、技术研发等多个领域，满足当地居民的就业需求。

昆明四季温暖如春，全年温差较小，湿度适宜，日照长，霜期短，所以鲜花常年不谢，草木四季常青，优越的地理条件为花卉产业发展奠定了良好的基础。市场的繁荣带动了花卉相关产业及旅游业的发展，并有了"游云南风光、逛斗南花市"的说法。斗南花卉的存在和发展直接或间接为广大农户和从事相关花卉产业的商户和企业提供了良好的就业与工作环境，带动了云南省近 10 万名农户走向致富的道路，大大促进了斗南的发展与乡村振兴的进程，其中 4000 多位下岗职工及失地农民活跃于市场，成为花卉经纪人。斗南花卉对促进农业产业结构的调整、多渠道增加农民收入、有效解决下岗职工和失地农民就业问题、保障社会稳定、构建和谐社会、加快社会主义新农村的建设步伐起到了积极的作用。

同时，随着斗南市场发展，全国及周边国家对优质鲜花的需求量与日俱增，但斗南的地域面积有限，鲜花种植产业辐射到了昆明的边缘地区及周围的其他市区，大大增加了鲜花产量的同时也带动了大量农村地区的经济发展：每一个种植基地有接近上百亩的租用土地，为大量有地农户带来了租赁土地的收入，而且建设种植基地还需要配备几十名甚至几百名的工作人员，又为当地带来了很多的就业岗位，提高了当地的土地利用率，促进了剩余劳动力就业，有效推动了乡村的整体发展。

（二）全产业链数字化平台助力产业腾飞

农业全产业链数字化发展是数字乡村建设的重要内容。通过搭建农业全产业链数字化平台，可以实现种植、养殖等环节的数据采集、监测和管理，帮助农民科学种植、合理施肥、防治病虫害，提高农产品产量和质量（刘传磊等，2023）。加快农业全产业链大数据建设需要完善数据资源体系、强化大数据分析应用、实现全产业链数字化平台，可以从构建数据资源共享共赢合作生态、打造大数据建设成果集成应用示范区等方面进行四轮驱动（王小兵和钟永玲，2021）。

斗南拥有成熟的花卉交易中心，现拥有 6 万平方米的交易场馆、两个拍卖交易大厅、9 口交易大钟、900 个交易席位，每天可完成 800 万~1000

万枝的花卉交易。斗南电子花卉交易中心一直在斗南花卉发展和斗南乡村产业振兴中发挥着举足轻重的作用，斗南电子花卉交易中心的目标便是构建全产业链的数字化平台，为花农和购买者提供更加便利、系统的服务。

斗南应用大数据分析，利用大数据和算法得出图表和结论，直观看出每年销量最好、产量最高的花卉品种，分析市场行情，以此指导花农下一年的种植方向。同时，利用大数据不仅能对花农的资产水平做出评估，以此来决定对花农的资金扶持额度，并且还能对花卉未来走势做出科学判断，由此来指导花农种植和售卖花卉，保证高效率的经济产值。将现如今商业模式中最重要的数据库利用到了最好。

斗南电子花卉交易中心在不断完善交易链，力求能在多渠道覆盖花卉销售的同时，逐渐形成一套完整的体系，覆盖花卉的收购、鉴定、标价、拍卖等一系列工作。从而面向国际，打通国际销售渠道，辐射全球，彻底让云南花卉在国际大舞台上发光发热。

（三）多方合作，提升鲜花质量，打造核心竞争力

当今人们的消费观念正从传统的消费项目向新兴的追求生活质量的享乐型消费领域转变，鲜花消费也从以礼品类鲜花为主导逐渐转向日常鲜花消费（林麦琪，2019）。鲜切花质量是鲜切花产业的核心竞争力。鲜花的外观、新鲜度、色泽、花期等因素直接影响到消费者的购买体验和满意度。因此，鲜花产业要想在市场上获得竞争优势，必须注重提升鲜花的质量。由于各方参与者都具有不同的资源、技能和专业知识。通过各方的合作与协作，可以整合资源、共同推动创新、降低成本、提高市场影响力及促进行业规范化发展。因此，多方努力是提升核心竞争力的必然选择，可以实现更好的绩效和效益。

斗南花卉在出口花卉的质量、品种方面与国际竞争对手均有差距，主要以价格优势为主，但存在难以持续盈利及线上鲜切花消费发展缓慢等问题。在花卉质量方面，斗南设立了一套统一完整的严格质量标准体系，引入花卉协会，建立花农合作社以及斗南集团增加鲜花集货点，配套花卉冷链物流服务，严格落实质量控制，提高鲜切花质量，提高斗南鲜花竞争力。关于花卉育种方面，斗南集团加强与科研机构、研究高校的合作，与

云南农业大学等高校合作建立花卉实验室，用于研发新品：以研发迎合消费趋势，培育花期长、花朵大、形态美且耐运输、抗腐烂的新品种。一改曾经依赖进口种子、品种局限的局面，在品种方面也逐渐建立了优势。

同时，斗南宜花、花易宝等订单线上交易服务平台与云南省花卉技术培训推广中心进行合作，加强大数据应用，进行数据合作，分享技术，引入推荐算法，拓展用户，提高互联网的马太效应，集合电商开拓市场，提高电商交易效率。借助政府、社会组织力量增加数据源采集点与数据统计分析中心，实现花卉大数据的分析应用，深化与企业生产者间的数据合作。

二、云南省斗南镇鲜切花产业发展新路径的经验启示

（一）紧跟国家战略，激发乡村产业活力

2023 年 4 月，习近平总书记在广东考察时强调，"加快构建现代乡村产业体系，发展新型农村集体经济，深入实施乡村建设行动，促进共同富裕"。[①] 过去，在脱贫攻坚中，我们大力推进产业扶贫，增强了贫困地区经济发展动能，许多贫困群众通过发展产业走上致富路。这些产业在巩固脱贫攻坚成果、全面推进乡村振兴中发挥着重要作用。发展乡村特色产业，说到底是为了拓宽农民增收致富渠道。不断完善利益联结机制，才能确保产业发展的红利更好地惠及广大农民群众。具体举措包括：第一，制定支持政策。政府通过出台相关政策，包括税收优惠、财政补贴、产业扶持等，鼓励和支持乡村产业的发展，提供更好的政策环境。斗南如今的崛起，离不开斗南积极主动融入乡村振兴和产业扶贫国家战略，全力落实国家、市区各项政策，利用特色产业对集体经济发展的带动效应，实现示范园建设发展与联农带农双丰收。要坚持以核心区主导产业高质量发展为突破口，通过抓农业技术集成化服务创新，推进示范园及周边产业融合发

---

① 中华人民共和国中央人民政府. 习近平在广东考察时强调：坚定不移全面深化改革扩大高水平对外开放 在推进中国式现代化建设中走在前列 [EB/OL]. 中华人民共和国中央人民政府网，2023-04-13.

展。第二，发展特色产业。根据各地资源禀赋和产业特色，培育和发展乡村特色产业。斗南县位于气候温暖、土壤肥沃的地区，具有得天独厚的自然条件，适宜鲜切花的生产。因此，以鲜切花产业为特色，打造乡村特色产业，使斗南花卉市场成为中国最大的鲜切花交易中心。

（二）促进花卉产品与文化创新的深度融合

依托文化文物单位馆藏文化资源加强文化创意产品开发工作，有利于推动中华优秀传统文化创造性转化、创新性发展，有利于培育和弘扬社会主义核心价值观，有利于社会主义文化强国建设。《国务院办公厅转发文化部等部门关于推动文化文物单位文化创意产品开发若干意见的通知》印发以来，文化文物单位按照要求推动文化创意产品开发，取得了一定成绩。为促进花卉产品与文化创新的深度融合，可以采取以下措施：第一，举办文化活动与节庆。组织丰富多彩的文化活动和节庆，如花卉文化展览、花艺表演、传统花灯节等，通过活动传播花卉文化，提升人们对花卉的认知和喜爱度。例如，斗南花卉产业园较好地实现了与旅游业、商业的融合，确立了斗南花城处处皆花的花都形象，产业延伸创造的价值可观。第二，文化产品衍生。开发与花卉文化相关的衍生产品，如文化衫、文化手工艺品等，将花卉文化延伸至更多领域，增加文化产品的丰富度和吸引力。例如，斗南集团汇集云南具有特色的民族文化，开展各种花卉展会及特色鲜明的花卉旅游节，打造花卉文化，引进高质量的花卉保健品、食品及花卉文创产品。

（三）以深度融合力促进种植业发展能级提升

当前，产业发展的模式早已从产品类别的细分模式转化为以市场需求为导向的融合模式，一二三产业根据消费者的需求变化，彼此之间进行深度的产业融合，不断产生新的业态，而实现农村一二三产业深度融合发展则是乡村产业振兴的重要发展路径，单一发展种植业难以大幅度提高收益。基于此，可采取以下措施：第一，充分运用互联网、物联网、新媒体等技术、产品提升和发展农业，优化农业生产方式，提高种植业技术水平；要以种植业为基础，推动种植业产业链条的多维延伸，充分挖掘种植业的多种功能，让农民分享到更多产业链增值的收益。例如，斗南的产业布局围绕建设"全国一流特色小镇"的战略目标，以创新驱动为核心，以提质增效为抓手，全面实施"花卉"和全产业链创新战略，加快推进斗南花卉小镇产业深度融合发展，构建以花卉纵向全产业链为核心，横向积极融合旅游、文化、健康等关联产业的立体大花卉全产业。该体系强调花卉交易、物流和研发三个产业核心环节，花卉深加工和花卉服务两个产业延伸环节，花卉文创、旅游和养生三个产业融合环节。第二，加快构建现代种植业经营体系，大力培育新型种植业经营主体和新型职业农民，发展多种形式的适度规模经营，不断提升现代种植业的经营效益。例如，斗南县政府通过培训和扶持计划，吸引更多的农民加入花卉种植产业，培育新型职业农民。通过培训，他们可以掌握种植技术和管理知识，提升自身的种植技能，成为现代种植业的从业者。此外，政府还为他们提供技术指导、资金支持和市场信息等服务，帮助他们顺利开展花卉种植业务。

（执笔人：赵紫锦、袁嘉妮、张如玉）

数字经济如何赋能花木产业转型升级 *

——基于江苏省堰下村的案例分析

数字经济作为继农业经济、工业经济后出现的新经济形态，已成为推动传统产业转型升级的关键力量。花木产业作为连接农业、园林艺术与环境保护的重要领域，正面临着市场需求多样化和资源环境约束加剧的挑战，在当下数字经济的兴起与转型升级的十字路口，探究如何利用数字经济的优势，实现花木产业的创新发展和高效运营显得十分重要。本文以江苏省堰下村的花木产业为例，揭示数字经济在花木产业转型升级中的作用机制和实践效果，为其他地区花木产业在数字时代转型升级提供参考和借鉴。

为了深入探究数字经济赋能花木产业转型升级的途径，下文以案例分析的形式进一步揭示。

一、数字经济赋能江苏堰下村的花木产业转型升级

（一）数字平台链接乡村产业供需两端，优化特色产业结构

数字经济凭借新一代数字技术，在农村经济发展中发挥着关键作用，助力产业转型、资源优化配置及促进乡村就业等。数字经济充当了农村产业融合的主要推动力量，通过"互联网＋"产业模式的引入，促进了全新的农村产业模式和业态的孵化（卢晨晖和叶琪，2022）。数字经济与农业农村经济可以实现融合发展，并通过优化要素合理配置、降低交易成本、创新金融服务模式、实现规模经济效应、有效缓解信息不对称等方面促进农业升级、农村进步和农民发展（温涛和陈一明，2020）。在数字经济时

＊ 本文资料均由笔者走访当地收集整理所得。

代，一种新的经济模式应运而生——平台经济，数字平台通过整合、归纳、分析、预测用户的数据信息链接产业供需两端，数字平台所具有的云数据、数字技术优势也为产业结构升级带来新机遇。数字平台为供需双方提供了更具规模、更有秩序的交易场所，使交易活动不再囿于农户规模和空间的限制，小农户在特色产业经营过程中获得平等的交易地位和交易机会，促进市场主体间的供需流动（王胜等，2021）。

实际应用中，数字平台的规模效应可以降低交易成本，促进农民多元增收，数字平台不断催生农村电商新业态，延伸特色产业链条，促进特色产业融合，从而调整产业结构。数字平台开放、共享、协同的特征，使消费者更多的需求信息转化为数据并经由数字平台加工处理，形成数据驱动的新信息提供给农户，随着更多的供需信息嵌入数字平台中，数字平台的规模效应逐渐显现，即平台规模的扩大使乡村特色产业链逐渐完整，资源配置与生产效率提高，产生"1＋1＞2"的效益，同时规模效应带来数字平台平均交易成本降低，多元实现农民增收。消费者需求的多元化和异质性诉求往往需要多个数字平台共同完成，由于消费者存在多归属行为，使提供同一服务的数字平台间竞争激烈，在双边市场的逻辑下，平台必须坚持创新才能获取持续生存的核心竞争力（史丹和李少林，2023），以此催生出更多农村电商新业态。数字平台通过构建数字化的产业链、供应链形成特色产业新业态，有效整合物流、资金流、人才流等分散要素资源，提升特色产业的资源配置能力和协同发展能力，突破小农户仅依托自身资源而发展能力有限的束缚，促进上下游产业融合发展。

对于花木产业来说，借助数字平台能够实现当地花木销量和收益大幅度提升。在这方面，堰下村值得其他具有花木产业的村镇学习。2021年7月，堰下村启动了名为"数字堰下"的建设项目，旨在构建数字乡村融合云平台，实施"1234＋N"模式，并打造了"数字堰下"大数据平台。该平台整合了全村苗木生产和销售信息，并为居民提供线上生活服务等便利功能。在花木生产领域，所有超过50亩规模的花木基地均安装了传感监测设备，实时将生产数据汇集到数字堰下指挥中心，农民们可以通过手机随时查看大棚的温度、湿度、二氧化碳浓度、光照强度等数据。同时，在花木电商领域，数字平台展示了苗木价格和价格指数，这些大数据可以帮助花农制定价格。此外，通过与县花木产业大数据平台的互联互通，"数字堰下"实时获取全口径市场行情，村民们可以及时了解市场行情数据，调整销售策略以适应市场需求的变化。村民们足不出户即可了解最有利可图的销售途径，只需轻点手机屏幕就能"在全村买进，在全国卖出"。2021年，堰下村花木产业生产总值达到了5.15亿元，同比增长了15%。

（二）搭建数字设施"快车道"，推进乡村特色产业数字化

数字基础设施是数字经济赋能乡村特色产业发展的基础，是乡村成为数字新基建的重要阵地。数字基础设施建设关乎乡村经济发展、特色产业转型升级、满足人民日益增长的美好生活需要（冯朝睿和徐宏宇，2021）。搭建数字基础设施"快车道"，拓宽数字经济与实体经济纵深融合应用场景，促进产业附加值与生产效率提升，夯实乡村特色产业数字化转型基石。5G网络与数据综合平台的搭建可以实施规范的生产流程、风险防范、质量控制等（郑家喜等，2023），农户可以根据消费者需求制定合理的生产策略与销售策略，并通过自主创新和标准化生产提升特色产品的竞争力，进而提高农户的生产效益和对抗市场风险的能力。创办与特色产业有关的电商平台、加工中心等，开发更多与特色产业相关的周边产品与服务，提升特色产业附加值，将5G网络建设同特色产业纵深融合，积极培育拓展特色产业上下游的产业应用场景，夯实特色产业数字化转型的物质基石。

堰下村十分注重数字乡村建设基础，致力于打造基础设施完善的数字乡村。花木产业从最初的大喇叭销售到网络直播，最终发展为现今的数字乡村平台，堰下村围绕"数字堰下"平台收集的群众关注度较高的热点问题，有针对性地开展乡村建设行动，累计投入1600余万元，形成了"两河两广场、四路十二景"的村庄格局，以真金白银投入，推动村庄基础设施和公共配套服务的全面提档，让村民更加真切地感受到"数字堰下"建设带来的变化与实惠，增强了村级党组织的凝聚力和战斗力。

在硬件上实施人居环境改善工程，改造黑色路面，铺设雨污管网，增设绿化、广场，设计安装路灯，形成了"两河两广场、四路十二景"的格局。特别是根据花木销售的实际需要拓展了乡村入户道路，针对货车运输

特征建设了货运集散空间，修建了堰下村"快递一条街"。2015年10月建成幸福花海淘宝产品基地并投入运营，集产品培育、快递物流、电商集聚三大功能于一体，主要引进和培育国内外新品种多肉系列、欧洲月季和绿植盆栽。自运营以来，每年引种、培育新品花卉、绿植300余万株，年销售额近亿元。在软件上，建设了"一码两端一中心"，"一码"指为每家农户赋专属二维码，扫描二维码即可了解该农户的基本信息和经营信息；"两端"是电视端和手机端，服务终端包含了生活服务、生产服务、文化宣传服务、惠农政策服务四种功能；"一中心"是数字化指挥中心，在指挥中心实时掌握"数字治理""花木电商""智慧农业"等28个模块信息，让村情"一网览尽"，实现从"喇叭喊话"到"云上广播"治理的升级，提升了工作效率。

由此可以看到，堰下村的基础设施建设不仅覆盖了花木产业，还惠及了当地居民的生活，形成溢出效应，使该村庄不仅实现了花木产业的繁荣，而且使当地居民的幸福感提升。

（三）深培数字化人才，赋能乡村特色产业发展多元化

创新是引领发展的第一动力，而创新驱动的实质是人才驱动，在数字经济时代，"数字工匠"概念应运而生（胡景谱和陈凡，2023）。"数字工匠"是通过对数字技术的开发与使用，提供数字产品和数字服务的劳动群体，其工作模式有别于传统工匠，并分别具有体外化、体内化、共生化等特点。"数字工匠"是既掌握生产运营技术，又掌握人工智能、大数据等数字技术的复合型人才。通过培育"数字工匠"，助力数字人才嵌入特色产业发展中，可以发挥数字人才的示范引领作用，提高劳动效率，使乡村形成人人学习数字技术的浓厚氛围。

围绕产业数字化与数字产业化的根本要求打造"数字工匠"，强化产学研培养、打造高层次平台、推动产教融合，多维培育高层次数字人才，助力数字人才从产业生产、加工、流通三个环节赋能乡村特色产业发展。在培育数字人才的过程中，数据要素与人才的有机结合有助于建立学习型队伍，促进队伍间信息交流、协同创新、知识共享，激发村民对产业生产、加工、流通环节的自主创新，以引进人才带动本土人才，形成"产加

销"产业链与"引帮带"人才链协同发展的良好格局。政府通过人才发展规划和实施方案吸引数字人才，具有引领性、创新性的数字人才嵌入乡村特色产业发展中优化产业链人才结构，形成特色产业新的"增长极"。坚持以自主创新为导向的人才引进机制，为数字经济赋能乡村特色产业振兴提供人才基础，夯实产业中数字领域技术人才队伍，帮助乡村特色产业走出"不敢、不会、不愿"的数字化转型困境。

在数字化时代，堰下村特色花木产业的高质量发展和产业结构升级，依靠于乡村数字能人的引领和示范作用。20 世纪七八十年代，少数村民开始探索花木的商机，逐步取得了经济效益。随着时代发展至 20 世纪 90 年代，堰下村为了拓展花木销售渠道，村领导组织花木种植大户走出乡村，开拓市场，催生了一批花木经纪人。鲍恩江、张秀、张洪玲等乡亲们成为互联网时代的先行者，他们让堰下村的花木产业迈入信息化快车道。

20 世纪 80 年代，堰下村村支书胡方影率先尝试种植绿化苗木，成立了沭阳县首家村级集体花木合作社，并带领花木种植大户和经纪人勇闯市场。20 世纪 90 年代后，村支书李彦春推动村内规模种植发展，组建花木销售联合体，并设立了村网络创业培训班，邀请网络创业成功人士传授知识，让花农免费接受电脑和网络销售技能培训，使花木销售转向"互联网 + 花木"模式。大学毕业生赵苏杭回乡从事花木生意，在庭院打造实体展示空间，将网店拓展至多个电商平台，注册了 17 个商标，销售额超过 800 万元，荣获沭阳县委县政府颁发的"十大淘宝精英"称号。

当地政府充分认识到数字化人才对于乡村特色花木产业发展的重要性，通过"花漾沭阳　创业天堂"工程，积极实施"归雁工程"，推进"沭才回归"和"沭商回归"等举措，选树返乡创业典型，评选"吸纳返乡就业典型企业"和"返乡创业先进个人"，以此增强乡村数字能人的创业热情和自豪感，通过他们的示范带动，有效促进庭院资源的多元化配置。

二、数字赋能花木产业转型的经验启示

通过对堰下村花木产业转型分析可以发现，堰下村数字乡村建设有效

实现了花木特色产业的转型升级，带动乡村产业全面振兴，在特色产业数字化转型的过程中，逐渐引导堰下村向扩大数字平台应用场景、数字基础设施建设、数字人才培养发展，同时，数字乡村建设为当地特色花木产业发展提供了良好的环境，为特色花木产业可持续发展提供源源不断的动力。基于此案例，我们可以总结数字赋能乡村花木产业转型升级的经验启示。

（一）数字乡村融合云平台助力特色产业发展提质增效

2023年4月，中央网信办等五部门联合印发的《2023年数字乡村发展工作要点》中明确要求以数字化为切入点赋能乡村产业振兴，带动整体农业农村现代化发展，实现共同富裕。随着数字经济纵深渗透到乡村，大数据平台在乡村生产端、消费端蓬勃发展，数字乡村云平台建设可以助力村民通过大数据平台、电商直播等方式，精准抓取消费者的消费需求和偏好，增加特色农产品的附加值，实现农产品的提质增效，将传统粗放型的乡村产业转变为更加精细和高效的数字特色产业链。

一是打造适应性农业数字生产平台，延伸乡村特色产业链条。首先，由市、县政府牵头搭建全产业链数字生产平台，将产业链上下游节点全部纳入数字平台生产信息板块，打通全产业链条数据壁垒，实现全市、全县范围内的信息共享。其次，依托全国数据信息，连接县特色产业大数据平台，搭建区域性产业链供应平台，实时抓取特色产业全口径市场行情，向农民手机端推送市场行情数据，同时将全村网点、直播平台销售情况等销售数据整合至公共数据中心，使农户及时调整生产，实现生产精准化。例如，堰下村"数字堰下"中的"你买我卖"模块，集成村内花木生产经营信息，实现了一部手机就能"买全村、卖全国"，2021年，堰下村花木产业生产总值达5.15亿元，同比增长15%。其他具有花木产业的村镇可以打造属于自己的农业数字生产平台并进行数据共享，实现精准生产与销售。二是打造新型数字化示范平台，拓展生产可能性边界。在花木销售端打造产业协同平台，形成多方协同的产业集群发展新生态，加速数据要素在生产者与消费者之间的双向流动，突破传统花木产业交易双方的信息壁垒与数据孤岛，从只能线下交易到借助"互联网＋电商"平台进行扩宽销售渠道，精准抓取消费者对不同种类的花木需求与偏好，从消费者的需求与偏好刺激花木产业种植符合的产品，实现精准营销、个性定制，增加花木的附加值。在售后环节打造花木产品质量安全追溯管理信息平台，将所有花木种植用户纳入信息平台中，应用农业条码制度建立用户评论、信誉评价、售后保障、问责制度等（郭朝先和苗雨菲，2022），提高产品质量和服务水平，从而实现当地花木产业可持续、高质量发展。例如，堰下村通过在农户门口设置二维码，使外来消费者扫一扫便可随时了解每家网店的经营和诚信情况。其他花木产业可以借助此方法，不仅让消费者更好地了解所购买的花木的生长种植信息，还能有效地激励农户培养出更具有观赏性和高价值的花木。

（二）数字信息技术助力乡村特色产业迭代升级

数字经济赋能乡村产业的关键在于数字信息技术在农村的实际应用，不仅需要运用现代化信息技术对传统农业进行改造升级，还需要利用互联网、大数据、人工智能等数字智能技术对乡村特色产业进行优化重组，提升生产效率，降低交易成本。通过激活新要素、培育新动能、建设新设施助力数字技术全面嵌入乡村特色产业，使数字技术成为推动乡村产业数字化的核心动能，势必会为乡村特色产业发展带来新的生机与活力。

一是激活新要素，加速数据要素跨界融合赋能特色产业转型升级。数据的跨界融合性在产业方面表现为数据驱动产业融合和产业关联（李海舰和赵丽，2021）。首先，加速数据要素融入特色产业生产环节，将人工智能技术嵌入花木产业生产环节模拟作物生长情况，降低农业生产的自然风险，提高农业生产效率。应用传感监测设备，对生产过程进行监督和风险预警，实现生产过程可视化、精准化、精细化。其次，加速数据驱动花木产业新业态蓬勃发展，基于对用户信息、用户反馈等数据的分析，针对不同的消费群体进行差异化定价、精准推送，实现从"规模化生产"向"定制化生产"的柔性转变，助力花木产业新业态蓬勃发展。例如，堰下村利用传感监测设备和大数据平台实现了花木生产过程的智能化管理。通过监测温度、湿度、二氧化碳浓度、光照强度等数据，花农可以及时调整环境参数，提高花木生长的质量和产量。这种精准的管理方式不仅提升了生产效率，还降低了生产成本，使花木产业更加具有竞争力。二是激活新动能，推动数字技术发展和花木产业生产效率的提高。在破解花木高质量生产"卡脖子"技术难题的同时，着力开发一批符合乡村特色花木产业发展与农民实际需求的信息服务终端产品，并向农民提供特色花木产业数字化生产方面的培训，从而转变农民传统的生产观念，培养一批新型数字化农民。三是建设新设施，夯实数字技术助力特色产业迭代升级的物质基础。首先，设立专项基金，根据当地花木产业发展的需要，构建特色花木种植园区、花木种植情况监控中心等所配套的 5G 基站、物联网、云计算等数字基础设施，同时对乡村水利、电网等生产生活基础设施进行数字化升级改造。其次，鼓励当地龙头企业和社会资本加大对乡村基础设施的投资力度，降低政府单边资金的扶持难度，引导顺丰、邮政、中通等大型物流公司加强乡村智能冷链物流基础设施建设，加强智慧物流全面数字化发展。建设高效的物流基础设施，降低花木运输成本，能够有效提高当地花木产业的利润。

（三）数字乡村人才振兴助力特色产业资源有效配置

习近平总书记指出："人才振兴是乡村振兴的基础，要创新乡村人才工作体制机制，充分激发乡村现有人才活力，把更多城市人才引向乡村创新创业。"[①] 受现实和历史等多重因素的影响，"数字鸿沟"依旧制约着乡村特色产业发展，如何高效培育数智人才并使他们主动融入乡村振兴，如何激发人才引擎助力特色产业资源有效配置，如何使现代化人才扎根于乡村振兴、助力乡村振兴提质增效是构建数字人才机制的关键所在，构建乡村人才队伍，需要做好"培养"和"引进"两个方面的文章。

一是坚持成果导向，培育数字时代新农人。首先，注重科学引导，激发农民内生学习动力。确保数字化人才培养政策的科学性、可行性，根据农民不同年龄、学历、行业的实际需求，制定针对不同群体的培养计划和学习课程，数字知识的普及尽量简单扼要、通俗易懂，以降低农民学习的

---

① 《求是》杂志发表习近平总书记重要文章《把乡村振兴战略作为新时代"三农"工作总抓手》[EB/OL]．中华人民共和国中央人民政府网，2019－06－01．

门槛。例如，堰下村针对不同年龄群体，打造了内容相同、功能相近的手机和电视两个服务终端，填平"网龄"代沟，实现"一屏观所有、一网看世界"。其次，建立以农民实际需求为导向的培养机制。对于花木产业，培养数智人才需要以提升当地花木产业的竞争力为要求，培养出能吃苦、肯创新、精技术的高质量数智花农人才。最后，拓宽本土人才培育路径。充分利用互联网，开展农民线上教育，加强与职业学校、企业的联合培养机制，搭建新农人培训田间学校，开展专题小班教学，引进产业能人，推广"学徒制"培养模式。二是坚持产教融合，完善人才引进机制。首先，搭建政企校协同培育体系。通过与高校的区域合作，以当地花木产业为切入点，加大实践教学环节的比例，提高学生对产业数字化的理解与感悟，加强与花木种植企业的深度合作。其次，政府加大人才引进政策的支持力度。政府积极兑现乡村人才引进政策福利，优化当地花木产业紧缺人才福利待遇，通过项目奖补、税收减免等方式吸引各类人才嵌入特色产业发展。例如，堰下村利用"花漾沭阳　创业天堂"品牌打造工程，大力实施"归雁工程"，推进"沭才回归""沭商回归"，选树返乡创业典型，评选"吸纳返乡就业典型企业""返乡创业先进个人"等。

（执笔人：赵紫锦、袁嘉妮、葛雯雯）

纺织制造业数字化转型模式探究 *

——以江西省于都县纺织服装产业为例

制造业高质量发展是我国经济高质量发展的重中之重，促进制造业量质齐升，应以高端化、智能化、绿色化为基本方向。近年来，江西省于都县围绕工业倍增升级，加快数字化转型，将纺织服装产业列为首位产业，大力推进纺织服装产业高质量集群发展，成功打造了中国品牌服装制造名城，并形成了"于都速度""于都模式"。为深入探究纺织制造业数字化转型路径，本文对于都县纺织服装产业发展经验进行分析总结，以期为其他地区高端制造基地的建设提供一定启示与借鉴。

一、于都县纺织制造业数字化转型的主要成效

（一）加快产业承接，既快又稳扩大产业规模

"十三五"以来，于都县加快纺织服装产业承接、招大引强，实现产业规模化集聚，形成了产业发展的"于都速度"。截至 2022 年，于都县工业规模以上企业 184 家，其中纺织服装规模以上企业 121 家，全县各类纺织服装企业超 3000 家，比 2015 年增长超 3 倍，其中规模以上企业 121 家，比 2015 年增长 2.9 倍，占全县规模以上工业企业的比重从 2015 年的 38.6% 提高到 2020 年的 61.8%。于都全县从事纺织服装产业的人数超过 30 万人，相当于每 3 个于都人中就有 1 个人从事纺织服装工作。① 于都县全面提高了纺织服装产业的整体生产规模和生产工艺水准。一直以来，于都县锚定纺织服装首

---

　　* 本文资料均由笔者走访当地收集整理所得。

　　① 于都模式：弘扬长征精神，服装产业集结再出发［EB/OL］. 英杰纺织网，2023 - 12 - 31.

位产业不放松，纺织服装工业经济蓬勃发展，产业规模又快又稳扩大。

（二）培育新兴业态，提高数字产业化生产水平

一方面，于都县大力引导和支持企业适应和融入多元化发展，结合"互联网＋""渠道＋"，通过智能制造、信息化生产，整合信息资源、渠道资源，打造个性定制、柔性制造、粉丝经济等新业态。尤其是统筹做好"工业＋旅游"结合文章，在工业园区建成了品牌服装商贸街，服装企业纷纷开设品牌工厂店，执行全国最优惠折扣，越来越多的人走进于都县逛品牌工厂店、赏名模时装秀、游时尚新于都，"买衣服、到于都"正成为"现象级"时尚新潮。

另一方面，于都县抢抓数字经济发展机遇，推动互联网、大数据、云计算等新一代信息技术在制造领域的广泛应用，加快推进信息化和工业化的深度融合。在企业经营模式上，由过去的清加工（只作车缝，企业利润5%～10%）向FOB（包工包料，企业利润15%～20%）、ODM（贴牌，企业利润30%～40%）、自主品牌（企业利润50%以上）转型，目前已有110家企业转型FOB、50家企业转型ODM，企业利润提高了3～5倍。在产业发展模式上，采取"中心工厂＋卫星工厂"模式，通过每年重点孵化20家中心工厂和带动500家卫星工厂，全面提高纺织服装产业的整体生产规模和生产工艺水准。

（三）加速招大引强，龙头企业和品牌效应显现

于都县通过"规划引领、建强平台、招大引强、培育龙头、补齐链条"等举措，瞄准头部企业和细分市场招大引强，签约纺织服装首位产业企业83家，签约金额183.24亿元。娜尔思、珂莱蒂尔、哥弟、达衣岩、初语、生活在左等200余个国内知名品牌云集于都县，形成了于都纺织服装产业的集聚效应，带动当地企业整体制造水平提升。同时，拥有"茵曼""初语""生活在左"在内的十余个自主品牌的广州汇美时尚集团有限公司，以及年销售额达26亿元，拥有"达衣岩""班晓雪""河流的牙齿"三大自主品牌的广州布言布语服饰有限公司、江苏海澜之家集团和北京翡俪文德服饰有限公司等一大批自主品牌企业纷纷入驻于都县。

（四）汇聚优质资源，提升产业影响力和美誉度

于都县先后成功举办第二届中国（赣州）纺织服装产业博览会（举办10场大型活动，吸引100余家主流媒体关注，258家企业洽谈合作，达成近100亿元的订单金额）、中国服装论坛高端制造与设计协同创新峰会，组团参展中国国际服装服饰博览会春季展及秋季展、大湾区国际服装服饰博览会等国内外知名展会，先后被评为"中国服装优质制造创新示范基地""中国品牌服装制造名城""全国纺织服装产业十大特色产业集群""全国纺织服装外贸转型升级基地""中国纺织服装产业园区联盟核心园区"。纺织服装行业内的优质资源不断向于都县汇聚，产业影响力和美誉度不断得到提升。

二、于都县纺织制造业数字化转型的特色举措

（一）加大产业政策支持，推动政策向纺织服装产业倾斜

于都县一直以服装产业为首位产业，产业政策变化可能性不大。于都县作为长征出发地、长征文化发源地，是国家、江西省政府、赣州市重要政策倾斜地。国家发展改革委印发《2021年国务院关于新时代支持革命老区振兴发展的意见（政策期2021-2030年）》《赣州革命老区高质量发展示范区建设方案》。江西省也印发了《2022年江西省纺织服装产业链链长制工作要求》。于都县也大力推动金融、财税、人才、科技、创新等各方面的优惠政策向纺织服装产业倾斜，制定出台了《于都县扶持纺织服装产业集群发展若干政策（2017-2020年）》、《于都县扶持纺织服装产业集群发展若干政策（2020-2024年）》、"降成本优环境"措施116条和"服装十条"等政策，并以"县人大决议"的形式通过了《关于推进全县纺织服装首位产业高质量发展的决定》。于都县政策落地是纺织服装产业发展的重要优势。

（二）完善基础设施建设，提升产业集群整体水平和综合实力

于都县纺织服装产业发展历史悠久，在发展过程中基础设施不断完善。自将纺织服装定位为首位产业以来，于都县加快规划和建设智造基地、标准厂房、设计中心、服装学院、FDC时尚产业综合体、红星面辅料商城、北京

服装学院（于都）培训中心、武汉纺织大学于都牛仔产业研究院、江西省纺织服装产品质量监督检验中心（于都）、智慧物流公路港、纺织科技产业园。于都县重点抓好面辅料市场、线上线下成衣市场、电商（跨境）市场、智慧物流、人力资源等核心平台建设，加快建成两园区基础设施和公共服务平台建设，提升产业集群的整体水平和综合实力。于都县引进梧桐台、辛巴达等互联网平台、深圳文达跨境电商平台，构建了于都县"互联网＋"纺织服装产业发展新模式。同时，随着于都县"水洗"产业园、质检中心、综合物流园等重要配套设施的建成，于都县纺织服装产业基础更加完备。

（三）培养数字化高技能人才队伍，提供强有力的人才支撑

于都县出台了《关于进一步加快人才集聚的若干措施》，从人才公寓、个税返还、购房补贴、配套设施、社会保障等方面，抛出一揽子政策，让外来人才在于都县安居乐业。在引进外来人才的同时，于都县积极探索建立高质量人才自主培养体系。该县通过"院校定向＋企业自培"的方式，与北京服装学院、武汉纺织大学、江西服装学院开展了深度合作。此外，于都县大力支持企业与职业院校合作，开设产业工人职业技能培训基地，培养充足的后备技术力量。同时，各企业根据自身特点，通过内部培养的方式，充分发挥劳模、五一劳动奖章获得者、工匠、技术能手、业务骨干的示范带头作用，通过现场讲、项目带等形式，为企业发展提供人才支撑。

（四）推进"智能制造"，推出"中心工厂＋卫星工厂"模式

近年来，于都县全力推进企业数字化、工厂智能化建设，发展壮大基于5G互联网新技术的"数智"能力，逐步形成涵盖测体、设计、加工、检测、仓储、物流、客户服务等全流程的自动化、智能化集成管理体系，纺织服装产业智能智造水平得到显著提升。值得一提的是，于都县独创了"中心工厂＋卫星工厂"的产业互联网模式，每年重点孵化20家中心工厂和带动500家卫星工厂，通过每个中心工厂负责接单下单、远程品控、交期管理，乡镇配套30家卫星工厂负责单工序生产，实现协同生产、数字管理、科学分工和品质提升，引导和鼓励企业上马新机器、新技术，推动一批企业实施"机器换人"，以技术改造提升生产效率。截至目前，该县超

过 30% 的纺织服装企业拥有自动或半自动化设备。

三、于都县纺织制造业数字化转型的经验启示

（一）推进实施技术改造和创新，提高竞争力和品牌影响力

科技创新驱动产业变革，智能制造催生发展动能。一是加快升级"数字化平台建设"，引导和鼓励企业上马新机器、新技术，推动一批企业实施"机器换人"，积极拓展智能生产线，提高生产效率和质量。二是培育企业先锋，提升大型骨干带动能力，通过骨干企业、龙头企业带动行业整体技术水平的提升。三是积极推动企业转型升级，补齐研发端、营销端短板，引导企业向 ODM 转型，加强企业自主研发设计的能力，培育自主品牌，做大做强。

（二）重视人才问题，培育引进研发、营销、管理等相关人才

一是重视人才学历提升，增加校企合作，留住人才，引导企业生产全自动化，机器代替人工。二是积极探索建立本地纺织服装产业高质量人才自主培养体系，积极发挥好"院校定向+企业自培"方式，大力支持企业与职业院校合作，开设产业工人职业技能培训基地，培养充足的、本土的后备技术人才力量。三是加快外来人才集聚，通过落实人才公寓、个税返还、购房补贴、配套设施、社会保障等政策，让外来人才"愿意来、不愿走"。

（三）推进"互联网+纺织服装产业"，开拓"线上+线下"市场

企业可以在电商平台开设旗舰店，利用互联网庞大的用户群体，扩大产品销售范围。同时，可以利用线下实体店的优势，为消费者提供更优质的购物体验和服务。此外，纺织服装产业还可以利用互联网技术进行数字化转型，实现生产管理的智能化和信息化。比如，通过采用物联网、大数据等技术，可以对生产设备进行实时监控和调整。

（四）强化污染防治监管和绿色发展，提高可持续发展能力

一是支持和引导企业增强绿色经营能力，履行环境保护责任，生产更

多绿色纺织服装产品，激励企业在原材料选用、染整、产品销售等生产运营过程中减少碳排放、控制有害化学品使用、提高中水和再生水等非常规水资源的利用水平，鼓励龙头企业参与"中国时尚品牌气候创新碳中和加速计划"，促进产业绿色低碳循环发展。二是倡导全县绿色供应链和循环再利用体系建设，实施绿色生产推进计划，加快绿色制造体系建设，打造于都县纺织服装行业环境责任新形象。三是加强绿色制造技术应用，支持企业应用清洁生产技术和装备，持续重点贯彻执行牛仔洗水企业清洁生产指标评价体系。

（执笔人：文艺瑾、王云华、冯清林）

数字化赋能特色产业链融合发展路径研究[*]

——基于湖北省宜昌市秭归县的案例分析

在全球化与信息化的时代背景下，数字化赋能已成为推动产业链融合与乡村振兴的重要动力。通过引入先进的数字技术，如大数据、云计算、人工智能等，能够极大提升农业生产效率、优化农业管理、扩大农产品市场，并加快乡村产业结构的调整与升级，实现乡村经济的可持续发展。数字化赋能与产业链融合发展乡村振兴，不仅能够促进农业向数字化、智能化、精细化方向转型，也能够加强农村的社会治理和服务体系建设，提高农民的生活质量和幸福感。在湖北省宜昌市秭归县，脐橙产业的发展不仅是该县农业产业化的重要组成部分，也成为乡村振兴的关键驱动力之一。结合秭归县独特的自然资源优势和深厚的农业文化传统，通过数字化赋能与产业链融合的发展战略，秭归县成功将脐橙产业转型升级为乡村振兴的典范。数字化技术的应用，如物联网、大数据分析等，不仅提高了脐橙生产的精准度和效率，还促进了从生产到销售全链条的优化升级，实现了产业的高值化和品牌化。从实践中探索出来的经验和模式，为中国乡村振兴战略的深入实施提供了重要参考，指明了利用数字化手段推进乡村全面振兴的发展方向。

为了深入探究数字化赋能与产业链融合发展推动脐橙产业振兴的途径，下文以案例分析的形式进一步揭示。

一、数字化赋能与产业链融合发展推动脐橙产业振兴

（一）乡镇大数据体系加速种植数字化转型

构建乡镇大数据体系在加速种植数字化转型中起到了至关重要的作

---

* 本文资料均由笔者走访当地收集整理所得。

用，它不仅是实现农业现代化的关键一步，也是推进乡村振兴战略的有效手段。大数据体系通过收集、整合和分析大量的农业生产数据，能够为种植业的决策提供科学依据，优化资源配置，提升农业生产效率和产品质量，进而加速种植业的数字化、智能化转型（罗骄等，2023）。乡镇大数据体系的建立，为精准种植提供了数据支撑。通过对历史气候数据、土壤成分、作物生长周期等信息的收集与分析，可以指导农民选择最适宜的种植作物和种植时机。基于数据的精准匹配，既提升了农作物的生长质量，又提高了土地利用率，实现了种植结构的优化。宜昌市秭归县深入贯彻落实习近平总书记关于网络强国和乡村振兴的重要思想和重要指示，于2021年颁布了《数字秭归建设总体方案（2021－2025年）》，大力推动数字乡村建设各项工作目标落实落地，其中包括建设秭归农业大数据平台，打造数字农业的综合视图，为农业生产提供坚实的信息基础，加快数字农田建设等。通过建设三峡柑橘产业大脑等一批典型应用场景，以秭归脐橙数字化全产业链为引领，带动其他产业的数字化转型。截至2023年底，在脐橙、核桃、茶叶、烟叶等产业领域中，秭归县已完成建设1～2个数字化应用场景，发挥示范引领作用；推动农业机械设备和生产设施的智能化升级，支持打造智慧示范农场；推进种植业数字化。建设微型气象站和"三情"监测点，构建"三情"一体化监测平台，接入国家、省监控平台等措施支持规模化种植基地和大型农场建设数字农场，实现精准农业生产，为秭归县种植业的数字化转型注入强大动力，推动农业现代化进程（杨苗苗，2022）。

（二）产学研融创发展助力农业智慧化升级

产学研融创产业的发展模式为智慧化产业的升级提供了强大的动力和源泉，尤其是在新时代背景下，农业智慧化不仅是产业升级的重要推手，也是国家发展现代农业的关键战略。产学研融创产业发展模式，即产业、学术和研究的深度融合，通过促进知识流动和技术转移，加快科研成果的商业化过程，从而提高整个产业的创新能力和竞争力，对推动农业智慧化进程起到了不可或缺的作用。

产即产业界，它通过不断探索与创新实践，推动了农业技术的进步和产业的转型。例如，应用物联网、大数据分析等现代信息技术，对传统农作业进行智能化改造，不仅提高了农作物产量和品质，也极大地减小了劳动强度和生产成本（向长海等，2022）。

学即学术界，其在农业智慧化进程中提供了理论支撑和技术指导。高等院校和科研机构的专家学者，通过深入研究农业生产规律，为农业智慧化提供了科学依据。同时在新技术研发上取得了突破性成果，如智能农机装备的研发，使精准农业成为可能。

研即研究开发，是科技创新的源头活水。企业投入大量资源用于研发新产品、新技术，其创新成果能够迅速转化应用于实际生产中，有效促进了农业生产的智慧化、自动化和高效化。

融指融合，强调不同领域间的相互渗透与合作。产学研的深度融合，使创新链、产业链、价值链紧密相连，形成了强大的协同效应，带动跨界合作模式，打破传统的行业壁垒，促进了知识和技术的流动与共享。

创即创新，是推动一切发展的核心动力。在农业智慧化的进程中，无论是产品创新、技术创新还是模式创新，都为农业注入了新鲜血液。创新驱动下的农业，更具有市场竞争力和持续发展能力。

2023 年 4 月，三峡柑橘产业研究院在秭归成立，进一步推动产学研深度融合。在品种优化方面，秭归县与华中农业大学研究团队紧密合作，持续投入研发力量，推动新品种的培育和水育化栽培等先进技术的应用，"柑橘院士"邓秀新亲自来到秭归，帮助选育推广早熟、晚熟高品质品种，调整脐橙种植时间，推动错峰销售。同时，秭归县聚焦品质提升，实施了"1+N"战略。"1"指的是秭归脐橙品质提升 3 年行动计划，而"N"则涵盖了从生产到销售的多个环节，包括有机肥的推广使用、科学施肥方案、水肥一体化管理、科学采摘技术、包装升级、销售标准化和分级精选等多元化策略。

（三）电子商务全产业链多体系并举注入产业发展新动力

电子商务作为现代信息技术与商贸活动的紧密结合，其全产业链的多体系并举特性，在推动农产品销售上发挥着至关重要的作用。这种作用机制不仅涵盖了产品的线上展示和交易，更渗透到生产、包装、物流及售后服务等多个环节，形成一个高效、协同的运作系统。电商平台通过其大数据分析和信息发布功能，为农产品提供了一个新的展示窗口。消费者可以实时了解农产品的种类、价格、产地等信息，而农民也可以根据市场需求及时调整生产计划和销售策略，这极大提高了市场的信息透明度和效率。借助电子商务平台，农产品得以建立自己的品牌形象，通过故事化营销、口碑传播等方式吸引消费者的注意力。此外，一些电商平台还提供专业的营销工具和服务，帮助农产品扩大影响力、增加销量。随着现代物流体系的完善，电商平台能够提供冷链运输、即时配送等服务，确保农产品新鲜度和品质，满足了消费者对高品质农产品的需求，同时也拓宽了农产品的销售半径（白赟腾和吴英，2024）。

近年来，秭归县以"电子商务进农村综合示范县"建设为重要抓手，积极出台财政、金融、土地等全方位配套政策，大力支持电子商务的发展，完善了公共服务、物流、培训、营销、供应链、跨境、产业支撑"七大体系"，还为乡村数字经济的迅猛增长提供了坚实保障。通过与京东、抖音等知名平台签订战略合作协议，秭归县进一步拓宽了线上市场渠道，引领了乡村经济的数字化转型。

（四）农村金融行业优化为农业发展增添活力

农村金融行业的优化是农业发展的有力推动者，其为农业生产、农产品流通等环节注入了源源不断的活力，使我国农业的现代化进程得以加速推进。农产品流通是连接农民和市场的重要环节，也是决定农产品价格的关键因素之一，但由于信息不对称和交易成本高，农民往往无法将农产品以合理的价格出售，甚至出现了滞销的现象。农业生产自然风险高，市场风险大。农村金融产品，特别是农业保险，可以帮助农民减轻自然灾害和市场波动的影响，增强其抵御风险的能力。优化后的农村金融系统能够更有效地将资本引向农业领域，尤其是对那些高效、环保的农业项目进行投资，从而提高整个行业的投资效率和回报率。农村金融服务的完善有助于解决农民长期面临的融资难、融资贵问题，通过低成本的贷款、保险和其他金融产品，为农民提供必要的生产资金和风险防范工具。通过金融手段促进上下游产业链的紧密合作，为农产品加工、储存、运输、销售等提供金融服务，推动产业链的整合与升级。农村金融行业的发展对于农村经济的发展起到了积极的推动作用，其提供了更为便捷和低利的贷款服务，大大减轻了农民的经济压力，增强生产积极性。

2021 年，秭归县上线了电商大数据服务平台，联合建设银行秭归支行定制推出"柑橘经销贷"，充分发挥企业信用，创新以信用换取贷款的新模式，帮助金融机构对企业信用进行准确评估、精准画像，助力企业融资，为企业发展注入活力。例如，"柑橘经销贷"依托该平台对接电商平台端、快递物流端和企业销售端，定期搜集、梳理分析柑橘电商销售数据等核心数据，实现对电商企业的精准画像，为柑橘购销市场主体提供专属纯信用贷款服务，企业贷款无须任何抵押即可直接完成线上金融授信，获取远低于普通商业贷款利率的信贷，且更省时、更方便。截至 2022 年，秭归县已有 124 家电商企业获得纯信用贷款 7000 多万元，纯信用无抵押贷款极大缓解了中小企业的信贷压力。

（五）农文体旅融合推动产业结构优化升级

农文体旅融合，即农业与文化、体育、旅游的深度融合，是推动产业结构优化升级的有效途径。这种模式通过打破传统产业界限，促进不同产业间的相互渗透和融合，为农业和农村地区带来了新的发展机遇。传统上，农业主要承担着食品生产的功能。农文体旅融合扩展了农业的功能，使其不仅能生产农产品，还能提供文化体验、休闲娱乐等服务，有助于提升农业的附加值，推动农业由单一的生产向多功能发展转变。通过农文体旅的融合发展，可以有效地调动农村地区的人力、土地等资源，优化资源配置，推动农村地区产业结构由传统农业向现代服务业倾斜，实现农业产业多元化发展。农文体旅融合开辟了新的经济增长点，如乡村旅游、文化节庆活动、体育赛事等，不仅能吸引城市居民到农村消费，还能提升农产品的销售，为农民带来更多的就业机会和增收渠道。农文体旅融合强调文化的重要性，通过开展乡村旅游、文化节庆等活动，可以有效地保护和传承农村的传统文化、历史遗产，促进农村文化的可持续发展。

秭归县不仅在脐橙产业上取得了显著成就，而且在文化、体育和旅游等多个领域均展现出了积极的进取心和独特的魅力。为了充分展示秭归脐橙产业和文化品牌的独特魅力，以及谋划秭归文旅发展的新未来，秭归县于 2018 年将"秭归脐橙文旅小镇"列为重点招商引资项目，旨在解决秭归脐橙文化展示、特色餐饮、民宿发展在经营场地、消防安全、环境保护等方面的局限和困扰。小镇规划建设多个功能区域，包括游客接待中心、农特产展销中心、脐橙交易区、脐橙观光园等，集吃、喝、玩、乐服务于一体，让更多人了解秭归、爱上秭归，并吸引更多游客前来观光旅游消费。秭归县致力于让每位游客都能享受到"来得顺心、住得舒心、吃得放心、游得开心、购得称心"的愉悦体验。

二、数字化赋能与产业链融合发展的经验启示

（一）构建高标准市场体系，打通市场要素流通通道

构建高标准市场体系意味着要建立一套公平、开放、透明的市场规则，降低市场准入门槛，提高市场运行效率。这对于吸引更多投资进入农村，促进农村产业多元化发展具有重要意义。打通市场要素流通通道，特别是土地、资本、技术等关键生产要素的流动，对于促进农村资源的有效配置，提高农业生产效率和农产品竞争力至关重要。高标准市场体系的构建需要强大的市场基础设施支撑，包括交通物流、信息通信等。加强基础设施的建设和升级，可以有效降低农村地区的交易成本，提升市场的整体服务水平。通过建立和实施农产品质量标准，建立完善的质量监管和认证体系，促进农产品品牌化发展，可以增加农民收入，提升农产品在市场中的竞争力。政府应通过政策支持和激励机制，鼓励市场主体参与农村市场体系建设和市场要素流通通道的打通，如通过税收优惠、财政补贴等方式，支持关键领域和关键环节的发展。

秭归县利用以脐橙为代表，具有当地特色的经济作物来引领乡村产业振兴。秭归县的乡村产业振兴囊括了农产品加工业、乡村特色产业、乡村新型服务业和农村创新创业等方面。其中，秭归县持续推动区域信息枢纽港的建设，加速数字化基础设施建设，为农业经济作物的数字化营销和管理提供了坚实的基础，不仅促进了数据赋能全产业链协同转型，还提升了各环节的数字化应用水平，有效促进了产业数字化和数字产业化。为完善市场体系与高效配置资源，秭归县落实《湖北省建设高标准市场体系若干

措施》，通过夯实市场体系基础制度、推进要素资源高效配置等关键领域发力，解决了要素市场发育不充分、流动存在体制机制障碍的问题。特别是在土地管理制度改革、建设用地市场体系完善方面，为农业产业发展提供了充足的土地资源和灵活的用地政策。同时，持续推动数据要素市场化和监管体系建设，针对数据市场的发展，秭归县建立了数据要素交易规则和监管体系，打破数据要素市场壁垒，健全数据生产、确权、流通、应用、收益分配机制。这一政策举措为农产品的数据化营销和管理提供了规范化的市场环境，促进了数据要素的有效利用和价值最大化。利用资本与技术要素的有效利用与支持，秭归县深化资本要素市场化配置改革，优化多层次的资本市场制度，同时加强技术成果转化和科技人才发展机制，为农业经济作物产业链提供了资金和技术支持。通过引导和支持企业建立研发准备金制度、优先安排贷款用地等措施，激励了企业的创新投入和科技创新能力。

（二）倡导生态农业与绿色品牌发展政策

倡导生态农业与绿色品牌发展政策，在近年来成为全球范围内推动农村可持续发展的重要举措。生态农业强调与自然和谐共生，减少化学肥料和农药的使用，采取生物防治等环保措施，有效改善了农村生态环境，不仅保护了土壤和水质，还有助于生物多样性的保护和恢复。通过建立和推广绿色品牌，可以增加消费者对生态农产品的认知和信任，提升产品附加值（何妍和吴宇军，2020）。绿色品牌的建立有助于开拓市场，吸引更多愿意为健康和环保支付额外费用的消费者。政府对生态农业和绿色品牌发展的政策支持至关重要。这包括财政补贴、税收减免、技术指导、市场推广等方面的支持，作用于降低农民转向生态农业的成本和风险，鼓励更多农民参与到生态农业生产中来。生态农业与绿色品牌的发展，不仅提升了农产品质量和品牌形象，还能带动农村旅游、文化等相关产业的发展，推动农村经济结构的优化和升级。

在秭归县构建高标准市场体系和促进市场要素流通的战略下，秭归县持续推动生态农业发展和绿色品牌建设。为推广生态农业生产模式，秭归县政府鼓励农户采用无化肥、无农药的生态种植技术，对脐橙、茶叶、李子等主要农作物实施生态化管理。通过提供技术培训、生态农业补贴等措施，激励农户转向生态可持续的农业生产方式。建立绿色品牌认证体系，秭归县大力推进农产品的绿色认证，为符合生态农业标准的产品颁发绿色食品标识。同时，建立绿色品牌的宣传推广机制，通过各类媒体和营销活动提升消费者对秭归县绿色农产品的认知度和信任度。加强与电子商务平台的绿色合作，秭归县政府与屈乡润农电子商务有限公司等互联网电子商务企业合作，开辟绿色农产品专区，利用大数据分析消费者需求，优化绿色产品的线上展示和营销策略，提高线上销售效率。优化绿色农产品的物流配送体系，与宜昌华维物流有限责任公司等物流服务商合作，建立冷链物流系统，确保绿色农产品从田间到餐桌的新鲜和品质，提升消费者满意度。实施绿色消费引导政策，秭归县政府通过开展绿色消费教育活动、设置绿色消费指导价等方式，引导消费者认识到绿色农产品的健康和环保价值，促进绿色消费习惯的形成。

（三）完善现代化物流体系，打造生态农业与现代物流结合的绿色产业链

生态农业注重环境保护和生态平衡，追求经济效益、社会效益与环境效益的统一。而现代物流作为连接生产与市场的重要桥梁，其高效、快速的配送能力，为农产品提供了更大的市场空间。通过构建以生态农业为基础的绿色产业链，可以实现从田间到餐桌的全程无缝对接，减少中间环节，降低物流成本，提高产品新鲜度和消费者满意度。通过物流与生态农业的深度融合，可以实现农产品的追溯和品牌化，增加农产品的市场附加值。例如，利用现代物流体系，可以为消费者提供透明的农产品信息，如生产地、生产方式、品质等级等，增强消费者对生态农产品的信任，从而支持更高的定价。现代物流不仅是连接生产者和消费者的桥梁，还能促进农村与城市、国内与国际市场的更紧密连接，拓宽农产品的销售渠道，提升农民的市场参与度和收益水平。结合生态农业的现代物流产业体系，强调采用低碳环保的物流技术和方法，如使用电动物流车辆、优化物流网络设计以减少运输里程等，旨在减少物流环节的碳排放，推动农业生产全链条的绿色化。同时，现代物流体系的建设需要依托先进的信息技术，如物

联网、大数据等, 这些技术的应用也促进了农业科技的发展和信息化水平的提高, 提升了整个农业产业链的智能化和科技化水平。

秭归县产业链中的物流体系也有鲜明的特色政策举措。秭归县将依托其农业优势, 特别是脐橙、茶叶、李子等特色农产品, 推动农产品的生态化生产和绿色加工, 同时结合湖北省现代化物流产业体系的建设要求, 打造与生态农业相适应的冷链物流和绿色物流体系。这不仅提升了农产品品质, 还能确保产品在运输过程中的新鲜度和安全性, 提高市场竞争力。

首先是推动物流信息化与农业大数据融合发展, 秭归县大数据局将加强与互联网大数据企业的合作, 利用大数据、云计算等信息技术, 建立农产品全链条的追溯系统和智能物流分配系统。通过与屈乡润农电子商务有限公司等电商平台的深入合作, 实现农产品从生产、加工到销售各环节的信息透明化和流程优化, 提高效率和消费者满意度。

其次是优化区域物流枢纽建设, 促进产业集聚, 秭归县将依托湖北省建设中部物流中心枢纽的战略, 加快秭归县在宜昌三大都市圈中的物流枢纽地位的构建。通过建设和优化省级物流枢纽, 加强与武汉、襄阳等大城市的物流联系, 形成有效的物流配送网络, 为秭归县农产品打开更广阔的市场。

最后则是搭建统一开放的物流大市场, 秭归县积极响应湖北省建立统一开放物流大市场的号召, 通过政策引导和资金支持, 鼓励物流企业间的合作与整合, 打破地域和行业壁垒, 形成覆盖全县乃至全省的统一物流网络。这将有助于降低物流成本, 提高农产品的市场供应效率和响应速度。

(四) 数字化与产业链融合, 共筑乡村振兴新路径

在数字化时代, 技术革命和产业融合正成为推动乡村振兴的新引擎, 共同构筑了一条通往农村发展的崭新路径。数字化技术的广泛应用极大地提升了农业生产的效率和效益, 其中, 数字技术, 如智能农业设备、大数据分析和云计算等能够帮助农业生产实现精准化管理, 如精准施肥、灌溉和病虫害防治, 从而显著提高农业生产效率和作物产量。通过引入智能农业系统, 如物联网、大数据、云计算等, 传统农业正在向智慧农业转型, 不仅极大提高了农作物的产量和质量, 还优化了资源配置, 减少浪费。数

字技术的应用还推动了乡村产业的多元化发展。互联网＋、电商平台的兴起打破了地域限制，将农产品直接对接市场，拓宽了销售渠道，不仅为农产品的销售提供了更为广阔的空间，还促使农民增加产品附加值，如发展农产品深加工、打造地方特色品牌等，进一步促进了农村经济的增长（白赟腾和吴英，2024）。数字化为农村公共服务和社会治理提供了有效的手段，通过智能化的公共服务系统、在线教育和健康服务等，提高农村公共服务的效率和质量。借助信息技术，建立起覆盖教育、医疗、交通等方面的信息化服务体系，有效提升了农村地区的公共服务水平。

大数据的引入，尤其是秭归县大数据局的策略运用，为当地特色农产品的市场推广提供了新的动力。通过与电商及大数据企业的合作，例如，屈乡润农电子商务有限公司、宜昌增长密码电子商务有限责任公司和湖北橙彩文化传媒有限公司，秭归县能够利用这些平台的数据分析和市场推广能力，将本地农产品推向全国乃至国际市场。此外，这种合作模式还促进了产业链的完整性。宜昌华维物流有限责任公司等物流企业的加入，为农产品提供了从田间到餐桌的物流支持，保证了产品的新鲜度和快速配送，这对于提升消费者的购买体验至关重要。

这一模式的成功实施，不仅提升了秭归县农产品的品牌价值，还为当地农民创造了更多的就业和收入机会，从而直接促进了乡村经济的发展和农民的福祉。此外，这也是对中国乡村振兴战略中"产业兴旺"方面的具体实践，展现了科技创新和产业升级在推动乡村振兴中的重要作用。

（执笔人：王煜杰、胡锦澄、宋志瀚、李佳辉、刘子畅）

科技扶贫激活茶产业振兴 *

——基于云南省临沧市临翔区蚂蚁堆乡蚂蚁堆村的案例分析

科技扶贫是利用先进科技手段来帮助贫困地区和贫困群众脱贫致富，提高其生产生活水平的一种方式。茶叶是一种重要的农产品，在世界范围内有着广泛的市场需求和消费群体。茶产业不仅是农业领域的重要组成部分，也是具有悠久历史和文化底蕴的传统产业之一。随着社会经济的发展和人们消费观念的变化，茶产业需要不断创新和调整以适应市场需求和发展趋势。科技扶贫在茶产业中的应用对于促进当地经济发展和农民增收起着至关重要的作用。本文以云南省蚂蚁堆村的茶产业为例，揭示科技扶贫在茶产业振兴中的作用机制和实践效果，为其他地区茶产业的振兴提供启示和借鉴。

为了深入探究科技扶贫激活茶产业振兴的途径，下文以案例分析的形式进一步揭示。

一、科技扶贫激活蚂蚁堆村茶产业振兴

（一）产业链延伸，科技赋能实现"点石成金"

科技创新与科技创业是实施精准扶贫战略的重要举措。因此，必须深入开展当地科技兴农与科技扶贫的工作，充分发挥叠加效应。精准扶贫可以从理论和实践分别解释。从理论上看，精准扶贫需要与科技发挥共同作用；从实践上看，要着力发挥科技为民的作用（翁伯琦等，2015）。农业科技扶贫是扶贫工作的重要内容、是贫困农牧民增产增收的重要手段、贫困地区良性可持续发展的重要途径（李金祥，2016）。产业振兴是乡村振

---

* 本文资料均由笔者走访当地收集整理所得。

兴的物质基础。多年来，政府一直奉行着"以科技扶贫，提升贫困地区自我'造血'功能"的理念，根据扶贫地区的实际情况，遵循科学规律，利用科技优势促进产业升级，推广优质品种和先进农业技术以提高农牧业效益。除此之外，当地政府推行"合作社生产"模式，以激发地方经济的内生动力，通过成立合作社进行集体生产，实现茶产业全链条生产过程，取得了显著的经济社会效益和生态环境效益。（张亚平，2020）。

为做好扶贫帮扶，华中科技大学生命科学与技术学院"纯普"团队对症下药，依托蚂蚁堆茶厂，着手研发台地茶的标准化精深加工，并针对台地茶特性，开发更具保健功效的成品茶及新工艺生产的速溶茶，适应市场需要，打通产品增值的关键一环，实现了从"平凡原料"到"高附加值产品"的蜕变，真正做到"点石成金"。

此外，通过成立合作社进行集体生产，并引入企业化运营模式进行销售，蚂蚁堆村成功整合了"生产、加工、储运、销售"等茶产业链的全过程，构建了一个完整的茶产业链体系。这不仅最大化地提升了产品的附加值，也为农民带来了更为可观的收入，为村庄的持续发展奠定了坚实基础。

（二）新技术渗透，电商模式助力"销路畅通"

近年来，随着我国农村经济增长和互联网信息技术的广泛应用，农村电商市场规模快速扩大。信息技术与农业的融合发展，扩宽了农产品销售渠道，提高了销售效率。除此之外，通过电商模式的发展，为农村进行创新创业活动提供了更多的就业机会，为精准扶贫提供了有效手段。新技术与电商的融合，推动了农村地区的城镇化进程，为全球农村扶贫开辟了新的道路（洪勇，2016）。电商扶贫是当前借助技术对贫困地区进行扶贫的有效渠道之一，具有主体多元化、对象多样化、方式多样化的特点（颜强等，2018）。目前，电商扶贫的主要模式是通过"农户＋网络＋企业"模式，通过互联网和电子商务摆脱宣传、销售信息方面的弱势地位。通过以互联网为主要载体的电商模式，有效摆脱了茶叶销售渠道弱的劣势，从而加快茶产业变革步伐，使茶产业逐渐走出"无人问津"的困境，有助于充分释放电子商务在精准扶贫中的动能，带动贫困人口拓宽就业增收渠道，实现脱贫致富（王鹤霏，2018）。

立足破解市场对接不畅、农户小微产业销售能力弱等问题，蚂蚁堆村成立"临沧驿亭好物农业发展有限公司"，搭建"驿亭好物"微商城，以自营自销的模式，成功将村里的特色农产品推向了更广阔的市场。这一举措不仅极大地扩宽了销路，使产品能够迅速触达消费者，而且也让收入直接归入村集体经济，从而有效增强了集体经济的活力，实现了农民的增收。

此外，蚂蚁堆村在电商模式的助力下，成功地将网络云技术嫁接到茶产业的各个环节中。对于返乡创业的青年来说，这种新模式不仅提供了更多的创业机会，也让他们看到了在农村发展的广阔前景。因此，越来越多的青年选择回到家乡，投身于这片充满希望的土地上，使蚂蚁堆村的年龄结构得到了优化调整。

（三）信息扩散，品牌塑造形成"市场记忆"

在数字经济时代，研究在线社交网络中信息传播的机制具有巨大的应用潜力，能够帮助用户在信息爆炸的时代更有效地获取有价值的信息，帮助企业在数字化营销时代更精准地推广产品，也能够协助政府在社交媒体时代更灵活地调控舆情，适应信息技术快速发展的时代需求（李栋等，2014）。品牌塑造是现代社会信息扩散理论的一个重要应用。由于我国目前农产品存在商品品牌化低、渠道沟通成本高等问题，因此对农产品实施品牌化战略是促进各地经济发展模式向质量效益型、消费需求型转变的有效途径（谢小梅，2019）。推动我国农业供给侧结构性改革的一项重要手段便是以农产品品牌塑造为抓手。品牌塑造意味着能有效监督并提高乡村农产品质量，进而增加有效供给。品牌建设是为了使消费者相信自己的产品与服务而大量投资、下大力气创新产生的，经久不衰的品牌效应也是对农产品与服务质量进行长期打磨的结果（盖志毅，2017）。对于农产品的品牌建设，可以从确定农产品品牌名称、提高内在形象、合理利用农产品品牌、提高市场地位、对农产品品牌进行宣传推广、对农产品进行质量管理等方面进行有效努力，进而提高农产品的知名度，促进农村经济发展，为我国农产品产业振兴作出贡献（张明柱，2015）。

在技术革新、商业运作及电子商务模式等多元力量的共同推动下，蚂蚁堆村积极致力于品牌建设。为此，成功打造出"驿亭老树茶"和"忙杏老树茶"等一系列兼具独特魅力与市场影响力的自有品牌。同时，临沧市燕语茶叶公司也成功注册了"纯造普洱"商标，进一步丰富了品牌内涵。

通过精细化的品牌管理和持续的技术创新，蚂蚁堆村所生产的茶叶产品不仅在安全性与卫生标准上达到了极高水平，更在品质上实现了卓越表现。因此，蚂蚁堆村的茶产品更是成功突破了出口限制，与蒙古国达成了1000吨的出口贸易协议，在激烈的市场竞争中留下了深刻的"市场记忆"。

二、科技扶贫激活茶产业振兴的经验启示

（一）重视科技下乡激活产业，催化"点石成金"

扶贫先扶智、科技促增收。在农村产业振兴的大背景下，科技下乡激活产业已成为一种趋势。农业出路在现代化，农业现代化关键在科技进步。以科技下乡推动农村产业绿色化、优质化、特色化转型，将进一步激活乡村振兴的内生动力，尤其对于以单一产业作为经济支撑的农村地区来说，科技创新，将先进的农业技术和现代化的生产加工技术引入农村，推动农村产业升级和转型，更是实现"点石成金"，提升市场竞争力的重要手段。第一，加大科技投入，推动科技创新，为贫困地区提供先进的农业技术、信息技术等支持。这可以包括提供高效的农业种植技术、现代化的养殖技术，以及利用互联网技术提供信息服务、电子商务等。以蚂蚁堆村的茶产业发展为例，曾经这里也面临着"有特色产品，但未能形成市场优势"的困境。然而，随着科技下乡的深入推进，这里的茶产业逐渐焕发出新的生机和活力。第二，支持当地发展适合的产业，特别是与当地资源、优势产业相结合的产业。可以通过财政补贴、税收优惠、信贷支持等方式，鼓励企业和农民参与到产业发展中来。比如，蚂蚁堆村通过引进先进的茶叶加工技术和设备，提高茶叶的品质和附加值，同时结合市场需求进行产品创新，成功将台地茶打造成了具有市场竞争力的特色产品。这不仅带动了当地茶农的收入增长，也为整个村庄的经济发展注入了新的动力。

因此，政府和社会各界也应该加大对农村科技创新的支持和投入力度。通过制定优惠政策、提供资金支持、加强人才培养等措施，为农村科技创新创造更加良好的环境和条件。同时，还可以加强产学研合作，推动

科技成果的转化和应用，为农村茶产业振兴注入更多的科技力量。

（二）聚焦产业振兴要素需求，推动要素供给

习近平总书记在2020年12月召开的中央农村工作会议上强调："脱贫攻坚取得胜利后，要全面推进乡村振兴，这是'三农'工作重心的历史性转移。"[①] 2023年《关于做好2023年全面推进乡村振兴重点工作的意见》对全面推进乡村振兴、加快农业农村现代化作出了具体部署。乡村振兴更多的是指乡村的整体振兴，是工农城乡关系的重构，是劳动力、土地、资本和信息等生产要素在城乡之间的优化配置。农村产业振兴的核心在于土地、劳动力、资本及信息等要素的合理配置与高效利用。第一，提供资金支持，解决农业生产中的资金短缺问题。可以通过设立专项资金、加大金融支持力度等方式，为农民和农业企业提供融资支持，降低其生产成本。在蚂蚁堆村茶产业发展的案例中，华中科技大学的扶贫捐助，为当地茶厂注入了宝贵的原始资本，从而有效推动了产业振兴的初始进程。然而，必须清醒地认识到，无专项扶持资金、无金融服务覆盖等问题依然困扰着众多农村产业，严重制约了其持续健康发展。因此，为切实推动农村产业振兴，必须强化金融机构和非金融机构的投融资支持力度，创新农村金融服务体系，适度放宽农村抵押物的范围，以确保农村产业能够获得稳定、可持续的资本支持。第二，推广先进的农业生产技术，提高农业生产效率和质量。可以通过建立农业技术推广体系、培训农民技术人员等方式，将先进的农业技术推广到农民手中。在深入认识到技术、资本等要素对于农村产业振兴所构成的关键性限制之后，同样应高度重视信息要素在农村茶产业振兴过程中的桥梁作用。以技术层面为例，农村茶产业的发展需要高校科研团队提供针对性的研发支持，以增强其核心竞争力，而高校科研团队也需要以实际产业需求为导向，将科研成果转化为实际应用，把论文写在祖国大地上。

因此，加强信息流通，推动科技下乡"揭榜挂帅"等信息互联方式，实现供需的有效对接，能够有力推动农村产业振兴。

---

① "三农"工作重心的历史性转移（新论）——以更大力度推动乡村振兴［EB/OL］. 人民网，2021－01－20.

（三）锚定特色产业品牌运营，强化品牌管控

把"家乡特色"转化为"城市名片"，区域品牌已成为体现一个地区经济活力的重要象征。当前，中国经济企稳回升开局良好，市场活力增强，消费拉动作用明显，一系列区域品牌乘势脱颖而出。近年来，各地的品牌意识日渐增强，品牌建设的力度也在不断加大，地方的优势资源正越来越多地转化成品牌能量。有专家表示，区域品牌是我国品牌建设的重要内容，是各级政府投身品牌建设的重要舞台。

在乡村振兴的大潮中，各地纷纷围绕"一县一特""一乡一业""一村一品"的建设思路，以市场需求为导向，充分发挥本地资源优势，选择资源丰富、特色明显、影响较大、价值较高的农产品进行重点扶持建设。地方特色农产品品牌的打造，已然成为各地产业振兴的基本抓手。然而，品牌的建设并非一蹴而就，尤其在品牌的推广、运营和品质监控上，才是考验各地智慧和决心的主战场。第一，强化产品质量管控，确保产品符合国家和地方的相关标准和认证要求。建立完善的生产管理体系，加强对生产过程的监控和管理，确保产品质量稳定可靠。以蚂蚁堆村的茶产业为例，该村成功签订了1000吨的出口贸易订单，这并非仅仅因为一个商标或一个品牌名称的响亮，而是源于对产品安全卫生、品质优异的严格把控。第二，建立健全的销售渠道，包括线下超市、农产品专卖店、线上电商平台等。与各类销售渠道建立合作关系，拓展销售网络，提升产品市场覆盖率和渗透率。例如，蚂蚁堆村茶产业通过与各类销售渠道建立合作关系，成功拓展了其销售网络。在线下，与当地超市、农产品专卖店等建立合作，通过店内展示和促销活动，使蚂蚁堆村的茶产品得以覆盖更广泛的消费群体。同时，利用线上电商平台，如淘宝、京东等，开设官方旗舰店，通过互联网销售渠道，将蚂蚁堆村的茶产品推广至全国各地，进一步提升了产品的市场覆盖率和渗透率。这样的合作模式不仅有助于增加销售量，还能够有效提升品牌知名度，促进产业的长期发展。

因此，各地在推进茶产业振兴的过程中，应充分重视特色产业品牌运营和品牌管控的重要性，尤其是要对茶叶产品的质量和安全进行严格把关。只有保证了产品的品质和安全，才能赢得消费者的信任，进而赢得市场。

（执笔人：赵紫锦、袁嘉妮、郭奇荣）

科技焕发黄桃产业新动能[*]
——以湖南省炎陵县产业发展为例

在湘赣边界的罗霄山脉深处，一颗璀璨的明珠——炎陵黄桃，以其色泽金黄、口感甜美的特质，吸引了无数人的目光。然而，在这璀璨背后，更是科技与智慧的结晶。正是生产技术的规范和科技的不断创新，使得炎陵黄桃的品质得以稳定；新的生产技术和设备被引入到黄桃种植中，提高了生产效率，降低了生产成本；科技人员还积极研发新的品种和种植技术，以适应市场的变化和消费者的需求，市场地位得以巩固。科技赋能，让炎陵黄桃产业焕发出新的生机与活力，为其他地区提供了一个可参照的范例。通过学习和借鉴炎陵黄桃的成功经验，其他地区可以更好地推动本地特色农产品的发展，实现乡村振兴和农业现代化的目标。

一、特色品牌与科技创新共融新亮点

（一）组建科技人才队伍，赋能产业发展

近年来，炎陵组建县科技专家服务团，主动对接上海农业科学院、上海理工大学、湖南农业大学、湖南省农业科学院等 10 余家科研院所和高校，建立紧密合作关系，与此同时，炎陵县农业农村局也有 10 余位多年从事黄桃种植研究的专家，这些专家共同成为产业发展的坚强"科技后盾"。

上海市农科院的专家走遍了炎陵每个乡镇，培训了一批又一批的农技人员，为炎陵黄桃产业发展壮大提出了许多专业性建议。比如，在不同海拔地区实行差异化种植，延长黄桃采摘期；对果实进行套袋技术处理，提高黄桃的口感和品质等。

　＊ 本文资料均由笔者走访当地收集整理所得。

从 2003 年至今，他们每年都会组织各级各类专家开展至少 50 次黄桃产业科技培训，推广标准化栽培技术，抓好科学使用肥料、合理疏果套袋、强化果园规范化管理、绿色防控等技术措施的推广（黄远太等，2023）。近 5 年，他们共开展了 339 期培训，培训达 2.24 万人次。这么多年，培训的课程内容也不是一成不变，而是针对农民的问题设置课程，针对农民的需求调整内容，不断进行科技创新。比如，目前农村电商发展迅速，专家们便开展一系列农村电商技能培训，培养了一大批农村直播员、快递打单员等电商能手，既帮助农民种好黄桃，又帮助农民卖好黄桃。

（二）现代农业技术的应用：炎陵黄桃种植效率与质量的双提升

基因编辑技术为黄桃的抗病性、抗虫性和适应性带来了革命性的改变。通过编辑黄桃的基因，科研人员成功培育出了更加适应当地环境、更具抵抗力的黄桃品种，大大减少了因病虫害造成的损失。同时，精准农业技术通过实时监测和分析农田数据，为黄桃种植提供了科学、精准的决策支持。例如，根据土壤养分状况进行精准施肥，根据气象条件进行精准灌溉，都使得黄桃的生长环境得到了极大的优化，从而提高了黄桃的产量和品质。在黄桃的保鲜和加工方面，科技创新同样发挥了重要作用。新型保鲜技术的研发和应用使炎陵黄桃的保鲜期得以延长。例如，通过控制温度、湿度和氧气浓度等条件，可以延缓黄桃的呼吸作用和衰老过程，从而保持其新鲜度和口感。同时，加工技术的创新也丰富了黄桃产品的种类。科研人员通过研发新的加工工艺和配方，成功开发出了更多口味独特、营养丰富的黄桃深加工产品，如黄桃罐头、黄桃果汁、黄桃干等，满足了消费者多样化的需求。

科技创新还为炎陵黄桃产业的品牌建设和市场拓展提供了有力支持。通过科技手段，炎陵黄桃的品质和特色得以更好地展现和宣传。例如，利用大数据和人工智能技术对消费者需求进行精准分析，制定更加有针对性的市场营销策略；利用社交媒体和电商平台等渠道进行品牌推广和销售，扩大炎陵黄桃的市场份额和影响力。同时，科技创新也推动了炎陵黄桃产业的国际化进程。通过与国际接轨的标准化生产、质量控制和认证体系，炎陵黄桃得以更好地融入全球市场，实现更广泛的销售和推广。

（三）科技创新推动产业链

以炎陵黄桃产业为例，通过发展深加工和拓展销售渠道等方式，产业形成了完整的产业链，实现了多元化发展。科技创新在这一过程中发挥了重要作用。例如，通过研发新的加工技术和设备，炎陵黄桃得以加工成黄桃罐头、果汁、果干等多种产品，丰富了产品线，满足了不同消费者的需求。同时，科技创新还帮助炎陵黄桃产业拓展了销售渠道，通过电商平台、直播带货等新型销售方式，将产品销往全国各地甚至海外市场。随着互联网的普及和电子商务的兴起，越来越多的消费者开始通过网络购买农产品。科技创新为炎陵黄桃产业提供了便捷的电子商务平台，使得消费者可以随时随地购买到新鲜的黄桃产品。同时，通过大数据分析、精准营销等手段，科技创新还帮助黄桃产业更好地了解消费者需求，制定更加精准的市场营销策略，提高了销售效率和客户满意度。

此外，通过运用现代媒体技术和手段，如社交媒体、短视频等，科技创新帮助炎陵黄桃产业更好地展示其特色和优势，提高了品牌知名度和美誉度。同时，科技创新还推动了黄桃产业与文化产业的融合，通过举办黄桃文化节、黄桃主题摄影大赛等活动，进一步提升了炎陵黄桃的文化内涵和市场价值。

这些科技创新不仅延长了炎陵黄桃产业的产业链，还提高了产业链的附加值。通过深加工和多元化销售，黄桃的价值得到了充分挖掘和利用，为农民带来了更高的收益。同时，这也促进了农业与二三产业的融合发展，为乡村经济注入了新的活力。通过发展深加工、拓展销售渠道等方式，推动农业向产业化、品牌化、集群化方向发展（姚茂伦等，2022）。这不仅可以提高农业的整体效益，还可以带动相关产业的发展，形成良性互动和循环。

二、从炎陵黄桃看科技创新推动产业发展的思路

（一）科技创新是提升农业产业竞争力的关键

农业科技创新在发展现代农业、提高农民收入、增强国家农业产业核

心竞争力等方面都发挥着至关重要的作用（王兴国和曲海燕，2020）。以炎陵黄桃产业为例，通过引入现代农业技术，如基因编辑和精准农业等，产业实现了质的飞跃。基因编辑技术为黄桃注入了更强的抗病性和适应性基因，使黄桃在面临各种环境挑战时都能保持稳定地生长和高产。而精准农业技术的应用，精确指导黄桃的种植管理，包括土壤改良、病虫害防治、灌溉施肥等，确保了黄桃在最佳的生长条件下生长，从而显著提高了黄桃的品质和产量。

这些科技创新不仅降低了炎陵黄桃产业的生产成本，减少了农药和化肥的使用，还使得黄桃更加符合市场需求。通过科技手段，种植者可以更加精准地把握市场脉搏，根据消费者的口味和需求调整种植策略，从而生产出更符合市场需求的黄桃产品。这种高度的市场适应性使得炎陵黄桃在市场上更具竞争力，能够赢得更多消费者的青睐。

在推动农业高质量发展的过程中，我们必须注重科技创新的引领作用。这意味着我们需要加大科技投入，鼓励和支持农业科技创新，推动农业技术的研发和应用（路燕等，2021）。产业发展应继续加大科技创新投入，推动农业产业与科技深度融合，为农业产业的可持续发展注入强大动力。

（二）科技创新助力优化农业产业结构

炎陵黄桃产业在科技创新的助力下，实现了从传统产业向现代产业的转型升级，其成功经验对于其他地区农业产业结构的优化具有重要的启示意义。科技创新推动了农业产业链的纵向一体化和横向多元化发展。农业生产与加工、销售等环节紧密相连，形成完整的产业链。通过产业链上下游的紧密配合，农业生产与加工环节的衔接更加紧密，农产品加工技术不断提升，附加值逐渐增加。同时，横向多元化发展则体现在农业产业向其他相关领域的拓展，如休闲农业、观光农业等。这些新兴业态不仅丰富了农业产业的内涵，也为农民提供了更多的增收渠道（邢鹏，2020）。科技创新在农业产业链中的广泛应用，增强了农业产业的抗风险能力，使农业在面对市场波动、自然灾害等风险时更具韧性。

随着技术的发展，农业与工业、服务业的界限逐渐模糊，产业融合成为趋势。农业不再局限于传统的种植、养殖等领域，而是与食品加工、旅游、文化等产业相结合，形成了一系列新兴的农业产业形态（韩长赋，2018）。这种深度融合不仅拓宽了农业的发展空间，也为农民提供了更多的就业机会和收入来源。同时，二三产业的先进技术和管理经验也为农业发展提供了有力支持，推动了农业现代化的进程。

（执笔人：赵英、刘鸥逸、王雨柔）

以点带面促进农文旅融合发展[*]

——基于湖北省宜昌市夷陵区官庄村柑橘产业的案例分析

深度挖掘自身的资源优势，以此为基础拓展发展局面，从简单的售卖向良种培育、精深加工、文创旅游延伸，对做大做强做优特色产业、实现全产业链发展、带动农产品增收、助力乡村振兴提供重要支撑，实现产业融合发展，引发虹吸效应因地制宜发展柑橘种植业、柑橘加工业及旅游业，对促进一二三产业融合发展具有重要的意义。湖北省宜昌市夷陵区官庄村，村域面积42.3平方公里，耕地面积314.7公顷，柑橘面积672公顷，其他（干果）小水果面积20公顷，水域面积57.5公顷，林地3390公顷，森林覆盖率100%。村内有粘土、石灰石、硅矿石、铁矿石等资源，储量14063万立方米。古树名木有银杏、栋金树、樟树、红豆杉、马尾松树等。

2015年2月，官庄村被中央文明委授予第四届全国文明村镇称号。2015年9月，官庄村被中国生态文化协会授予2015年度"全国生态文化村"称号。2018年1月，官庄村被湖北省环境保护委员会授予2017年度湖北省省级生态村称号。2023年6月，官庄村被纳入2022年度湖北省乡村振兴示范村创建名单。

2012年，全村生产总值只有7971万元，农民人均纯收入10068元。而如今只算官庄村的主导产业——柑橘，种植面积就达1.3万亩，年产量有3.5万吨，人均收入就达2.1万元。^① 本文就官庄村如何发挥自己的优势产业、实现果旅融合发展进行案例分析。

---

* 本文资料均由笔者走访当地收集整理所得。

① 夷陵区小溪塔街道官庄村荣获醉美乡村第一名［EB/OL］. 宜昌旅游网，2013－10－25.

一、以点带面促进农文旅融合发展

（一）立足柑橘产业，发展多元经济

在稳固支柱产业和特色产业的基础上，通过拓宽配套产业发展，实现产业间的协同与融合，共同推动区域经济的持续发展。农文旅融合需确保支柱产业的稳定，以提供融合发展的坚实基础与动力，同时注重产业融合升级与集聚，通过延长产业链、提升产品附加值，实现产业价值的最大化。高鹏（2022）指出，在培育支柱产业、特色产业的基础上，大力拓宽配套产业发展，促进支柱产业、特色产业、配套产业协同，共同推动区域经济发展。促进农文旅融合发展并非一蹴而就，应确保支柱产业的稳定发展，为农文旅融合发展提供坚实基础和持续动力。孙士银等（2022）指出，对于果业文旅融合发展，不仅需要考虑产业融合升级，提升产业价值，也需要促进果业产业的进一步集聚。采取以果业为中心，通过农产品加工、文化旅游等延长果业产业链，提升产品附加值。

柑橘是官庄村的一大主导产业，连接千家万户。但过去由于管理粗放，经济效益不够理想。官庄村经济发展顾问王恩珍来到这里后，倾其全力，不仅帮助官庄村打造了柑橘产业的升级版"生态观光"的示范带、农民增收的"产业园"，而且闯出了一条"过去柑橘甩筐卖、转到销往海内外"和将"酸果果"打造成"金果果"的新路。

该村在村支部书记赵保志的带领下，按照"立足柑橘产业，发展多元经济，推动科学发展，打造和谐官庄"的指导思想，历经几年的努力，经济社会取得了长足发展。柑橘已成为本村的主导产业，全村柑橘面积1.5万亩，年产柑橘3.05万吨，柑橘打蜡保鲜企业5家，6条生产线。夷陵柑橘产业坚持绿色发展，重点培育了1家综合产值超50亿元的行业领军企业，2家产值超10亿元的骨干型龙头企业，5家产值超亿元的中小型企业。唱响"宜昌蜜橘"区域公用品牌，壮大"晓曦红""夷陵红""洋红"等企业品牌。柑橘产业综合产值突破100亿元，建成全国知名橘都，有利于促进农民增收、农业增效、农业结构调整、生态环境改善。

在国家实施乡村振兴战略的大环境下、各级政府对官庄旅游开发的全

力支持下，将生态官庄村的旅游资源转化为优势资源，让文化、生态和休闲旅游互溶、互融与互荣，做到文化娱乐化、文化体验化、文化时尚化、文化互补化、文化特色化、文化商业化。比如，"官庄印象·橘之乡创意农场"就是积极响应国家政策，注重环境保护，在保持生态平衡的基础上开发乡村休闲旅游项目，不仅能解决税收、就业、土地流转等问题，加速城镇化建设，更将成为夷陵区乡村旅游的代表。它不仅能带动官庄村的经济发展，对整个夷陵区旅游业及其辐射行业的经济发展都将起到极其重要的作用。

（二）实行果旅融合一体化运营模式

深化农文旅产业链融合是推动产业转型升级、实现高质量发展的核心举措。实行果旅融合一体化运营模式，不仅可以将柑橘产业与旅游业相结合，增加农产品的销售渠道和附加值；也可以广泛传播地区特色产品和文化，为乡村发展注入新活力，助力文化振兴。王欣（2024）指出，拓展农文旅融合产业链是产业转型升级、实现高质量发展的必由之路，应打造"支柱产业＋文旅"的一体化运营模式，让更多人了解和喜爱地区特色产品和文化，为乡村赋能、促文化振兴。夷陵区在稳定发展柑橘产业的基础上，及时整合资源，实现整体化发展，打造产业集群，推出了果旅融合发展的一体化运营模式。

产业发展上"稳"：一是稳定面积。受国家严禁耕地非粮化非农化等政策影响，夷陵柑橘的种植面积增长的可能性不大，甚至还有逐步萎缩的趋势，目前夷陵柑橘的种植面积稳定在 1.67 万公顷左右。二是稳定品种。夷陵区地处亚热带北部，冬季气温低，常有霜冻、降雪，是温州蜜柑的最适宜区，对不宜发展的中晚熟品种，夷陵区坚决拒绝，紧紧围绕"全国早熟蜜柑之乡"金字招牌，将全区柑橘品种结构比例调控为 3∶4∶2∶1，建成了全国最优的早熟温州蜜柑生产基地。三是稳定队伍。夷陵区针对目前区乡两级从事柑橘技术人员少、年龄大的现状，将柑橘专业人才全部纳入全区急需紧缺人才引进计划，"十四五"期间引进 8～10 名应届果树专业毕业生，充实到区、乡镇农技推广部门，增强科技力量支撑。

种苗培育上"专"：一是良种繁育专业。夷陵区选择了 1～2 家有技术支撑、有发展前景的育苗企业作为建设主体，按照国家柑橘良种无病毒三级繁育体系规范，建设专业化的育苗基地。二是农业执法有专人。种子是农业的芯片，夷陵区政府从产业安全的角度予以高度重视，组建专班，加大行政执法力度，加强对种苗生产经营和调运管理，规范生产经营制度。三是种苗购买有专策。为推广"大苗下田"技术，夷陵区政府引导柑农选用容器大苗，出台相关种苗补贴政策。

产品加工上"实"：温州蜜柑品种特性决定了只能以鲜销为主，首先是夷陵区结合实际改造初级加工。重点围绕洗果分选设备及厂房提档升级，改造了 8~10 家企业，将现有 1.0、2.0 版生产线升级为现代化 4.0 版生产线，还进行果实大小、糖度、无损分级，提升精品果率，实现优质优价。其次是结合实际建设冷链体系。重点改造现有冷库，建造柑橘专用保鲜库，以三峡银岭冷链、翠林农牧宜昌公司为主体打造冷链物流中心，冷链总库容可达到 30 万立方米。最后是结合实际开发休闲食品。由于夷陵区旅游资源丰富，年接待外地游客体量大，时常联合华中农业大学、三峡大学，开发系列柑橘休闲食品，满足游客所需。

品牌打造上"统"：夷陵区坚定不移唱响"宜昌蜜橘"区域公共品牌，着力构建"区域公用品牌＋企业品牌"体系，提高市场知名度和占有率。一是品牌策划高质量。夷陵区邀请国内知名专家或策划机构编制宜昌蜜橘区域公用品牌策划方案，构建宜昌蜜橘价值体系、符号体系和策略体系。二是广告宣传高强度。2023 年 9~12 月在北方主销城市电视台播放宣传广告，常年在主销省会城市公交站、火车站等人流集中地租赁大型广告牌，租用出租车、公交车做车身广告，以各种有效形式广泛宣传"宜昌蜜橘"区域公用品牌。三是推介活动高规格。区内与区外相结合，高规格召开宜昌蜜橘营销对接会，重奖营销"功臣"，组织区内企业每年到不同城市开展 5~6 场"宜昌蜜橘"专场推介会，引导消费者深入了解宜昌蜜橘的特点及悠久历史文化，培养了一批"宜昌蜜橘"忠实粉丝。

橘旅融合上"挖"：夷陵区政府聘请或引智专业策划公司，充分挖掘夷陵柑橘文化，例如，屈原文化、欧阳修文化、宜昌橙文化等，以官庄三峡柑橘小镇为重点，打造小鸦路柑橘风情带、环百里荒精品柑橘采摘观光游、橘海稻香休闲观光采摘游等一批特色旅游线路；二是以三峡大坝、三峡人家、三峡大瀑布等知名景区为依托，大力推进柑橘、茶叶、畜牧、猕猴桃、天麻等多个优势特色产业与文化创意、休闲旅游、健康养老等深度融合。

发展机制上"新"：夷陵区推行资源整合机制。首先，整合移民、农业、水利、林业等部门的资金和力量，为柑橘种植基地提档升级提供资金支持。其次，还积极完善投入补助机制。建立以专业合作社、农业企业投资为主体，各级政府资金补贴为辅的多元投入机制。再次，不断完善社会化服务机制。夷陵区鼓励发展各类专业化服务企业或组织，为社员及周边柑农开展柑橘修剪、施肥、植保、采果等管理服务。最后，夷陵区也积极探索柑橘融资机制。组建夷陵区农业担保公司（农业发展集团公司），解决柑橘企业发展的融资难题。

二、官庄村果旅融合发展的经验启示

（一）持续发展支柱产业，为产业融合奠定基础

官庄村以柑橘为支柱产业，走出一条生态引领、农旅结合的发展之路，发展出了一条结合种植、打蜡、文旅的特色产业链。依托景区游、乡村游，大力推进橘文旅融合，因地制宜培育乡村产业，拓宽增收渠道。以官庄村空间环境为依托，以官庄村独特传统文化为对象，利用城乡差异规划设计与组合产品，完善官庄村的基础设施，集观光、游览、娱乐、休闲、度假和购物于一体，发展乡村休闲旅游。持续推出"橘海稻香""缤纷四季"等户外旅游精品线路，走上了橘旅融合之路。以柑橘为中心，创新文化旅游，聚力打造以三峡柑橘博物馆为核心的官庄4A级景区。

柑橘博物馆以柑、橘、橙、柚为板块讲述了发现、传播、创新的过程，从国际传播讲到地方柑橘的发展，从民间柑橘文化讲到深加工技术。柑橘博物馆的旁边是树林环绕的金钟阁，红色的阁楼，层层叠叠的屋檐，翘起的斗拱，游客们能在山水之间找到一处天人合一的绝美景色，柑橘科普长廊穿梭在金钟阁之中，到达了寓教于乐的效果。此外，柑橘主题贯穿了官庄村的街道，柑橘样式的路灯在官庄村街头别具一格，具有特色的墙

画在官庄村街头徐徐铺开。

官庄村以柑橘产业为核心走出生态农旅结合之路，对其他地区有重要参考价值。挖掘地方特色资源，大力发展特色产业、支柱产业，在此基础上进一步推动产业融合，注重生态保护和文化传承，同时加强政策支持和社会参与，是实现乡村振兴和可持续发展的关键。

（二）产学研、选加销、农工贸一体化运营，推动产业全链条发展

规划总面积1400亩的翠林农牧（宜昌）国家现代柑橘产业园就在官庄村附近，该园区立足柑橘产业产学研、选加销、农工贸一体化的运营理念，正在建设三峡柑橘交易中心和柑橘全果综合加工利用中心，内设柑橘精深加工区、物流批发交易区、展示及研发中心、仓储冷藏等配套设施，其产品涵盖柑橘精油、非浓缩柑橘汁、橘肉、橙皮苷、膳食纤维、陈皮、柑橘类饮料等，可对柑橘实现"吃干榨尽"。该园区带动了附近交通物流、综合服务等关联产业竞相发展，促进了官庄村柑橘的销售、品牌建设和大量就业。

除了具有特色的柑橘文旅，官庄村还通过产业联动，带动整个地区的开发建设。以第一产业种植为基础，衍生出了游客采摘，从而带动大量游客，于是又衍生出游客商贸服务业、餐饮服务、交通运输业等一大批相关产业的发展，带动当地人民就业创业。官庄村从品种繁育到改良种植，从柑橘售卖到深度加工，从原产地初级农产品到工业成品，从育苗、种植、生产、加工到销售、旅游等，农工贸旅一体化实现闭环的全产业链在这里脱颖而出。

总的来说，官庄村的种植园基地里搭建了种植大棚，进行专业化的种植；有天然的湖泊和人工水池进行水产养殖；有俏牛儿鲜奶的牧场；有达到规模工业的企业——龙湾采石场，带动了近64人就业；有地平线生态农业有限公司——利用官庄水库的优质水源，大力发展娃娃鱼养殖；有龙头企业——柑橘打蜡包装厂，占地面积约为26500平方米，带动了370人就业；有研学基地、采摘基地、柑橘博物馆、国家现代农业产业园、万亩精品柑橘走廊等，可以说小小的官庄村涵盖了一二三产业，并将一二三产业关联融合。

官庄村实现柑橘产业全链条发展的成功经验表明，应立足本地特色资源，推动产业融合发展，加强配套设施建设。同时，注重生态保护和文化传承，推动一二三产业融合发展，形成多元化、闭环式的全产业链，为乡村经济发展注入新动力。

（执笔人：王煜杰、胡锦澄、张琼月）

新质生产力赋能农村产业振兴的路径探究[*]

——以草埠湖镇现代农业发展为例

新质生产力是创新起主导作用，摆脱传统经济增长方式、生产力发展路径，具有高科技、高效能、高质量的特征，符合新发展理念的先进生产力质态。湖北省当阳市草埠湖镇大力培育和发展农业新质生产力，通过农业科技创新发展优势产业，例如，引进先进的农业技术和信息化管理系统精确控制灌溉和施肥，使农田管理更加精准和高效；借助病虫害监测系统保证农作物的健康生长；积极引导农民学习新的农业技术和管理知识，使农民能够灵活应用现代农业技术等。此外，新质生产力还通过延伸和优化农业产业链和加速产业融合推动了当地现代农业和特色产业的高质量发展。总之，草埠湖镇走出了一条新质生产力赋能的现代农业发展道路，为其他地区现代农业发展提供了积极的借鉴与参考。

一、新质生产力赋能草埠湖镇现代农业发展的路径探索

新质生产力是我国立足经济发展时代特征提出的新的经济概念，发展新质生产力是经济安全和高质量发展的必然要求（高帆，2023）。此前学界围绕新质生产力的研究处于探索阶段，或将新质生产力的发展与社会生产力与制度变革相联系，或从理论逻辑、战略意义与实现路径三个维度入手探究新质生产力的驱动力、要素与载体，认为新质生产力是实现物质和精神共同富裕、推动农业现代化与高质量发展的重要支撑和保障，研究成果尚属丰硕，新论迭见。具体来看，李政和廖晓东（2023）认为，新质生产力的形成和发展是一个长期过程，并与社会生产力发展紧密相关。程恩

---

* 本文资料均由笔者走访当地收集整理所得。

富和陈健（2023）认为，新质生产力可以统筹安全与发展的关系，还是实现物质和精神共同富裕的重要举措。石建勋和徐玲（2023）从理论逻辑、战略意义与实现路径三个维度入手指出，新质生产力是以新技术为主要驱动力、以数据和算力为关键要素、以战略性新兴产业和未来产业为主要载体。王琴梅（2023）认为，随着数字农业新质生产力的不断演进，将推动农业高质量发展。魏崇辉（2023）认为，新质生产力是结合东北地区发展的现实情况而提出的，需要找准战略定位，做好政策协同，助推新质生产力的快速形成。随着科技的进步和社会的发展，新质生产力已成为农业现代化的重要支撑和保障。在本案例中，草埠湖镇通过培育发展新质生产力赋能乡村产业振兴的实现路径主要有四种。

（一）科技发力，培育"智慧支撑"

智慧农业是未来农业的发展方向。草埠湖镇积极推动绿色、生态、高效的现代化农业生产模式，致力于实现农业生产的机械化、规模化、集约化和智能化。为此，该镇引进了现代农业装备和技术，如无人机、智能化农机设备及精准施肥技术，以提升农业生产的效率和质量。同时，草埠湖镇建立了农业科技示范基地，其中青台寺智慧农业示范园是一个耗资2000多万元打造的农业景点，借助省市"旱改水"项目资金而建。该示范基地包括农机博物馆、水稻油菜科普馆、粮油加工厂、大棚育苗工厂等设施，集研学基地、休闲康养、游玩购等多功能于一体。这不仅向农民展示了最新的农业技术成果，帮助他们掌握先进的种植技术和管理方法，还作为农业景点促进了当地旅游业的发展。此外，草埠湖镇还设立了专业的农业技术指导团队，为农民提供技术指导和咨询服务，解决他们在生产过程中遇到的问题，从而提升农业生产水平和效益。

（二）依托新质生产力，推动产业深度融合

草埠湖镇拥有耕地9.79万亩，人均耕地面积达5.5亩，居宜昌首位。近年来，草埠湖镇结合本地优势，打造农旅融合之路，使广袤农田变身为风景区。青台寺智慧农业示范园是草埠湖镇利用省市"旱改水"项目资金，投资2000多万元打造的一个农业景点。该示范园包括2300亩高标准

稻鱼共作区域，以及配套的农机博物馆、水稻油菜科普馆、粮油加工厂、大棚育秧工厂等设施，集研学基地、休闲康养及娱乐购物等多功能于一体。目前，园区的基础设施建设已经基本完成，已经全面对外开放。在农业示范园的发展过程中，草埠湖镇积极探索智慧农业与乡村旅游的结合，注重创新发展模式。例如，果蔬采摘节、麦田音乐节、油菜花节等节庆活动的成功举办，使草埠湖的知名度迅速提升，网红麦草垛成为许多游客向往的打卡地。2023 年"五一"期间，草埠湖举办的龙虾节吸引了超过 2 万人次前来参观。2023 年上半年，全镇共接待乡村游客 5 万人次，综合收入达 500 多万元。

此外，草埠湖农场在过去几年中，依托新质生产力积极推动农业产业的转型升级，打造农业全产业链发展新格局，以适应现代社会对农产品的需求。在上游鱼腥草产业方面，农场选定两河镇为基地，组织合作社和农户种植鱼腥草，并积极推进鱼腥草资源保护、智慧种植和产品开发。通过产业导入、科技导入、人才导入等方式，加强农业产业链上下游的协同配合，推动鱼腥草全产业链发展，培育鱼腥草深加工龙头企业，进一步提高产业附加值和竞争力。在中游柑橘深加工领域，草埠湖农场通过合作投资等方式，培育现有柑橘深加工企业，加快柑橘产业基地标准化建设，吸引国内知名企业投资。同时，建成农旅融合示范带，打造全国柑橘三产融合乡村振兴示范区，进一步促进柑橘产业向规模化、集约化、品牌化、现代化方向发展。在下游特色农业品牌建设中，积极推进打造"草埠湖"品牌，通过加强产品质量监管、提高供应链效率、拓展市场渠道等手段，将品牌推向更广泛的消费者群体，促进农业产业的可持续发展。综合来看，草埠湖农场不仅在传统农业生产领域积极推进转型升级，而且在全产业链发展方面也取得了显著成效，为当地农业经济注入了新的活力。

（三）探索创新生产模式，以高技术合作社为载体提高农业生产力

草埠湖镇的基地运行模式主要以合作社、家庭农场和农牧公司为依托，通过整合资源、优势互补，形成了多元化的农业生产体系。这些基地各具特色，涵盖了小麦、玉米、稻田种养、蔬菜种植、粮经饲养、畜牧养殖、水产养殖等多个领域，实现了农业产业的多元化发展。目前全镇现建

有以下六大基地。分别是：（1）以褚家湖合作社为依托的8万亩小麦和7万亩玉米全程全面机械化优质粮基地。（2）以春庭亲子家庭农场为依托，辐射郑湖、新河、邵冲、南湖、张闸等村的万亩绿色生态稻田综合种养（稻虾共作）基地。（3）以高台绿满园合作社为依托，辐射楚城、张闸、南湖符台等村的5000亩绿色无公害蔬菜基地。（4）以高台农牧公司为依托，辐射金龙、镇南、开源等村的沮东5000亩粮经饲基地。（5）以镇南适养区为中心，辐射高台、金龙、台渡等村的5万头畜牧（生猪、肉羊）养殖基地。（6）以金龙（付家桥）为中心，辐射楚湖、新河、楚城等村的万亩无公害水产养殖基地。

在基地运行模式中，合作社扮演着组织者和服务提供者的角色，为农民提供技术指导、资金支持及市场对接等服务，帮助农民规模化、机械化生产，提高生产效率。家庭农场则注重绿色生态种养模式，实现稻虾共作，保护生态环境的同时增加产出。农牧公司则整合粮食生产和畜牧养殖，形成良性循环，提高资源利用效率。

以楚湖村的褚家湖粮食专业合作社为例，其拥有全省最大的粮食烘干基地，各种型号拖拉机、收割机、播种机、秸秆打包机等10余种农业配套设备150多台（套），规模实力排名全省粮食专业合作社第一。褚家湖粮食专业合作社作为典型案例，聚焦农业生产社会化服务，大力发展农业生产托管，解决"谁来种地、怎么种好地"的问题，推动农业适度规模经营，提升农业生产水平。通过与当地农户签订土地托管服务协议，实现了1.5万亩土地的托管，农户亩均纯收入在800元以上。同时，合作社还投资购置了多台先进设备，如粮食烘干、秸秆打捆和生物质燃料生产成型设备，提高了粮食加工的效率和质量。在此基础上，合作社依托在建的标准化生产示范基地，打造了综合服务型现代农业产业园，年服务面积达45万亩次以上，年经营收入达5000余万元，取得了显著的经济效益和社会效益。①

（四）以农业人才培养为根本，推动现代农业发展由大转强

草埠湖镇还注重农业技术创新和人才培养，积极引导农民学习新的农

---

① 夯实为农使命 树立行业标杆——记当阳市褚家湖粮食专业合作社的农业生产托管之路［EB/OL］. 中国农民合作社网，2023 – 03 – 17.

业技术和管理知识，提供培训和指导，使农民能够灵活应用现代农业技术。在人才培养方面，通过建立乡村人才支撑"1＋4"工作体系、农业领军人才库、村级后备力量培养计划，以及多方位培训项目如"蹲苗人才工程"，草埠湖镇成功培养了一支由100余名优秀农业人才组成的队伍，为产业振兴注入了持久的发展动力。草埠湖镇政府在吸引年轻人返乡创业方面亦采取了一系列具有针对性的政策和措施，旨在营造良好的创新创业环境，帮助年轻人实现自身发展，并且提供了相应的扶持政策。首先，他们积极营造良好的创新创业环境，为年轻人提供更多的发展机会和资源支持，以激发他们的创业热情。其次，针对符合条件的文旅经营主体，提供开业3个月内凭装修发票能够获得资金支持的政策，有助于缓解创业初期的资金压力，让年轻创业者更加有信心地投入创业。此外，针对新开店铺或转型商铺，提供装修补贴政策，根据实际装修面积给予一定的补贴金额，最高不超过2万元，从而鼓励更多的年轻人积极投身到文旅、文创、轻食、小吃、手工艺品等休闲文化业态的发展中。最后，政府规定了申请补贴的具体流程，并且承诺在收到申请后1周内组织实地踏勘，一次性完成拨款到户，简化了申请流程，为年轻人的创业提供了便利。

二、新质生产力赋能草埠湖镇现代农业发展的经验启示

草埠湖镇的现代农业发展成果展现了在现代化农业发展方面的卓越成就，通过培育和发展新质生产力，现代农业生产效率得到了显著提高，产业链得到延伸拓展，为当地农民带来了更好的生活，并为其他地区提供了有益的经验和启示，促进了全面农业现代化的进程。草埠湖镇现代农业发展的经验启示可分为以下几点。

（一）智慧农业的推广应用

从农田经营与管理的角度来看，相关组织可借鉴草埠湖镇的做法，通过引进先进的农业技术和信息化管理系统，如无人机遥感、物联网传感器等，显著提高农田管理的精准度和效率。这些技术能使农民根据作物需求精确控制灌溉和施肥，实现有效利用水资源和化肥，不仅降低了生产成

本，同时减少了环境污染。此外，还可充分利用病虫害监测系统，及时发现病害并采取防治措施，确保农作物的健康生长。推广和应用好智慧农业技术，不仅能有效整合当地的农业资源，还能提高农业生产的效益和竞争力。

（二）农业产业链的延伸拓展

草埠湖镇高度注重农业产业链的延伸和优化，不仅保持传统农作物种植，还积极发展好农副产品加工和农旅结合产业，这对于相关企业组织有积极的借鉴意义。相关企业组织和政府单位可依托自身优势，积极拓宽产品销售渠道并提高销售产品的附加值。有条件的农村还可充分利用当地丰富的自然资源和农村景观，发展果蔬采摘节、油菜花节、麦田音乐节等多元化的农旅结合项目，吸引游客，进一步提升农民收入并促进了当地经济的发展。

（三）科技创新与人才培养的体系构建

有关部门可参考草埠湖镇的做法，积极引导农民学习和应用新的农业技术和管理知识，提供相关培训和技术指导，使农民能够灵活运用现代农业技术，提高农业生产的效率和品质。此外，还可以通过建立乡村人才支撑体系、农业领军人才库等多方位培训项目，培养一支优秀的农业人才队伍，为产业振兴注入持久的发展动力。

（四）"合作社＋基地＋农户"模式的成功打造

草埠湖镇通过"合作社＋基地＋农户"的模式，不仅激励了农民参与合作社的积极性，还促进了农业生产的规模化和机械化，显著提高了生产效率。相关单位可积极学习。褚家湖粮食专业合作社作为成功案例，展示了如何通过社会化服务和集约化经营，推动农业现代化，为农民创造更多收益，为农业产业振兴提供了坚实的组织保障，因此，不同的县域与农村需因地制宜，结合自身发展情况，探索适合自己的、有效率的农业经营模式。

（执笔人：宋颜希、张博奕、袁嘉妮、邢伊昕）

特色产业培育与优势发展

特色产业的培育与优势发展是推动地方经济转型升级、增强竞争力的关键举措。在当前经济环境下，特色产业的培育不仅是实现乡村振兴、促进农民增收的有效途径，更是推动全面建设社会主义现代化国家的必然选择。

发展优势特色产业集群对乡村振兴至关重要。刘新艳等（2023）分析了 2020～2022 年全国 140 个产业集群，发现产业集群正向综合的"集群经济"转变，形成从"点到链"的发展模式向"链聚群"的全产业链发展模式转化。构建优势特色产业集群应重点发展"四链"协同、品牌增强、产业与区域协调、数字化转型等方面，以推动高质量发展。与此同时，李华呼（2006）强调，发展特色产业必须立足于地方实际情况，充分挖掘与利用资源和区位潜力，明确区域经济发展的主导产业。政府应采取开放政策促进发展，并采取借势和借力的措施，推动优势特色产业的发展，实现突破。此外，许庆明和王立霞（2011）认为，在培育和发展特色优势产业时，政府应在尊重市场规律的前提下采取有效措施。针对龙头企业和中小企业的不同特点和地位，政府应采取差异化措施，促进特色优势企业发展，增强产业竞争力，推动整个区域经济的发展。最后，毛新雅等（2008）指出，地方特色优势产业是推动区域经济发展的关键。以云南的普洱茶产业为例，普洱市通过城市更名、支柱产业政策、挖掘产业文化内涵及建设交易中心等措施，有效推动了普洱茶产业的健康快速发展。因此，笔者认为应该从历史和现实相结合的角度来定位地方特色优势产业，并且政府的政策措施是促进地方特色优势产业发展的重要保障。

在本专题的案例中，特色产业的培育与优势发展涉及多个方面，其中发挥当地资源禀赋是至关重要的一环。充分挖掘和利用当地资源的优势，为特色产业的发展提供坚实基础。例如，《聚焦资源禀赋：打造强县富民的特色产业——以麻城市菊花产业为例》分析了麻城市依托当地资源禀赋菊花产业，发展农文旅融合、打造全产业链等，从而带动当地经济效益提升。随后，科技助力成为不可或缺的因素。技术创新和科技手段提升了特色产业的生产效率和产品质量，进而提高了市场竞争力。在《竹鼠产业实现绿色化、智能化农业发展——基于广西桂林市瑶族自治县的案例分析》中，强调了运用科学技术对瑶族自治县竹鼠养殖的重要性，借助科技力量，能够实现当地竹鼠养殖的高存活率和绿色化养殖，这也是科技助力于农村现代产业发展的重要途径。

在特色产业的培育中，当地龙头企业的发展起到了关键的引领作用。这些企业的优势在技术、资金、市场等方面能够为特色产业提供良好的带动效应，推动整个产业链的发展和壮大。在《地方特色农业发展路径探索——以遂川县狗牯脑茶产业为例》案例分析中说明了龙头企业对遂川县狗牯脑茶产业的重要性，同时也阐述了当地政府对茶企招商的重视程度。在《农产品加工业优化升级路径机制研究——基于襄州双沟工业园的案例分析》也强调了双沟镇工业园通过招商引资激励政策，坚持多维度招商策略，为招商引资提供良好的软硬件环境。与此同时，乡村特色产业的发展也是重要途径之一。各地区通过挖掘和传承当地的特色产业与文化内涵，打造出独具竞争力的产品，从而获得更多消费者的关注和认可。例如，《乡村优势特色产业发展机制研究——基于山东省盐窝镇黄河口滩羊产业的案例分析》中以黄河口滩羊产业为例，从规模化、标准化和融合化的角度揭示当地特色滩羊产业的发展机制。《乡村特色水果产业发展研究——以重庆市茶坪村脆李产业为例》也分析了茶坪村如何通过党建引领、壮大新型农村集体经济、农文旅融合发展等措施促进当地特色水果产业——脆李产业的发展。

现代化农业的推进为特色产业的发展提供了极大动力。现代化的农业生产方式和管理模式为特色产业培育提供了广阔的发展空间和有利条件。例如，《现代生态农业发展路径探究——以湖北省黄冈市叶路洲生态园为例》分析了如何结合当地地理环境和生态特点，构造符合黄冈市现代生态农业发展的模式。随后是品牌建设，通过建设和打造具有影响力和知名度的品牌，提升产品的附加值和市场地位，加速产业的发展步伐。在《品牌建设如何驱动产业链提档升级——基于湖北省恩施州硒源山茶业的案例分析》中强调了构造乡村特色品牌的重要性，同时通过科技创新与品质提升，提升产品质量的附加值，实现当地特色产业的可持续发展。

政府的政策倾斜和支持是特色产业培育与优势发展的重要保障。政府在产业规划、税收政策、财政扶持等方面给予特色产业更多的支持和倾斜，为其提供良好的发展环境和政策支持，促进特色产业健康发展。在《因地制宜发展乡村优势特色产业研究——基于陕西省眉县猕猴桃产业的案例分析》中，眉县将猕猴桃产业作为首位产业，发布多项标准政策性文件作为指导，紧盯"百年产业、百亿产值"的发展目标，实施猕猴桃"四改五提升"果业革命，有力推动了猕猴桃产业质效提升。在《集体经济引领乡村产业发展研究——以河北省白沙村为例》中，白沙村党建引领了当地特色农业、工业发展。通过集体经济组织的引领和制度创新，白沙村在种植、加工等方面取得了显著成绩，充分发挥村集体经济组织的作用，推动了当地产业的蓬勃发展，为农民增收致富提供了坚实支撑。

本专题将深入探讨特色产业培育与优势发展的重要性，剖析其对于地方经济发展的积极意义，并借助案例研究，探索其在实践中的运用与效果。通过深入研究，我们将更加深刻地认识到特色产业在推动经济增长、促进农村发展、改善民生等方面的重要作用，为加快特色产业发展、打造地方经济新优势提供理论支撑和实践指导。

集体经济引领乡村产业发展研究[*]

——以河北省白沙村为例

白沙村以"发展壮大集体经济，实现村民共同富裕"为目标，坚持党建引领和创新驱动，三产融合项目兴村，形成了工农牧贸旅多业并举、多元发展的乡村发展格局。近年来先后被授予"全国先进基层党组织""全国民主法治示范村""全国休闲农业与乡村旅游示范点""全国文明村""全国乡村治理示范村""中国美丽休闲乡村"等多项国家级荣誉，是"产业多元化、人才专业化、住房城市化、就业全民化、生活福利化、环境生态化、养老集体化"的社会主义美丽乡村。

一、白沙村发展集体经济的主要亮点

（一）创新集体经营模式，优化团队管理机制

集体经营、团队管理的模式本质上是农村集体产权制度改革的体现，也是白沙村探索新型农村集体经济制度建设的重要成果之一。

白沙村借鉴现代企业管理制度和分配制度，采用企业收入归集体、企业内部定额指标加奖惩的方法，实行集体经营、团队管理的模式，既体现出集体的优越性，确保了农村集体经济组织代表集体行使所有权以及收益用于集体，调动了村民的主动性、积极性，又激发了企业活力，引进先进科学技术和现代企业管理制度，有利于共同富裕目标的实现。村内现有规模型企业 30 余家，均采用这种模式管理，组织生产服务和集体资源合理开发，深化产业利益联结机制，确保集体资产保值增值、农民受益。2023 年全村固定资产达到 18 亿元，社会总收入 25 亿元，全年实现利润 5 亿元，

＊ 本文资料均由笔者走访当地收集整理所得。

人均可支配收入达 9 万余元。①

（二）引导整合企业资源，推动产业协调发展

以矿业、冶金产业为支柱的白沙村积极探索产业转型之路，推动三大产业高质量融合发展。

在工业方面，白沙村通过整合工业企业资源，关停或改造了一批污染严重、效率低下的工业企业，成功地实现了产能优化和结构调整。村集体还积极引导和扶持新高端工业企业发展。2022 年，白沙村集体投资 5.1 亿元建设了火焰山工业公司的纳米氧化钙新项目，进一步延伸了产业链，实现了产品提档升级。②

在农业方面，白沙村利用村集体财政，对农业基础设施进行大力改造和提升。一是兴建智慧灌溉设施，硬化田间道路，把 2000 余亩的大田农业基地建设成为标准化农业生产基地；村内新建了 10 万立方米的储水设施，满足了全村农作物的灌溉需求，大力发展资源节约型农业。二是积极与北京市农林科学院沟通，对村内现代农业园区的整体景观和数字化、智能化温室改造项目进行高规格规划设计和建造。三是村内建设了物联网平台，并加入北京市农林科学院大数据传输系统，目前基本夯实了现代化农业基础设施。四是延长农产品产业链，推动农产品深加工。白沙村引进国内外先进的小麦面粉加工设备，投产玉米面粉、小米、食用油、红薯淀粉及粉条、粉丝、皮渣和饲料加工等生产线，无公害农产品将陆续走向市场，形成白沙村的农业品牌。

在旅游业方面，白沙村将乡村精神文明建设、村民文化教育建设同红色旅游业发展相结合。白沙村发展乡村旅游突出以红色文化景观为核心，依托廉政主题广场、法治一条街、爱国强军主题公园等，结合乡村节庆、乡风民俗、重大会议等提高白沙村知名度，促进旅游业发展。

（三）健全农村金融服务，银农合作注活水

白沙村积极探索金融赋能新模式，保障农村金融资源服务本村建设，

---

① 【网络媒体革命老区行】邯郸武安白沙村：太行山村的"振兴蝶变"［EB/OL］. 央视网，2021 – 06 – 17.

② 武安市白沙村：领跑共同富裕的"河北第一村"［EB/OL］. 红色文化网，2024 – 01 – 08.

主动吸引外部投资，维护村民权益，推动共同富裕。该村积极探索作为村集体资本金入股等形式投入，放大财政资金"四两拨千斤"的杠杆效应。白沙村通过"资源变资产、资金变股金、农民变股东"的"三变"改革，从创新农村集体经济发展体制机制、盘活农村集体存量资金资产、深化农村集体产权制度改革，激活和释放资源性资产的要素价值，让农村金融机构参与到农村集体经济改革中，壮大村集体经济，促进农民增收，最终实现共同富裕。

二、白沙村发展集体经济的特色举措

（一）党建引领组织振兴，构筑共治共享文明乡村

白沙村坚持党组织领导核心地位，围绕组织振兴，锻造了一支过硬的党员队伍。白沙村全村共 103 名党员，设置了一个基层党委，下设农村工作、工业发展、园区牧业和商贸旅游四个工作党支部，形成了严密合理的责任体系和组织架构。定期召开党员会、村民代表会、双委联席会、村民大会，加强党员集群中的思想政治教育。开创性地建立起党支部领导下的村民运行机制，实行支部工作规范化、村民自治法治化、民主监督程序化的"一制三化"，加强了公开、公平、公正的基层民主建设。全面扎实的党建工作，让白沙村有了一支干正事、干实事、让老百姓信得过的"村官"队伍。干部以身作则，群众拥护支持，干部与群众形成"组织化合力"，共同建设现代化文明乡村。

（二）充分发挥本地资源优势，实现全民就业

白沙村集体实行"广就业、工资制、福利化"模式，村民就业不离乡，挣钱不出村。该村充分发挥本地资源优势，积极吸纳外来投资，创造更多就业岗位。目前已拥有集体企业 30 余家，直接为村民提供了超过 6000 个就业岗位。村党委强调全民就业理念，将社会福利和村内就业相挂钩，在确保每一个村民都能找到合适的工作的同时，也实现了人才不外流，全员共建美丽白沙。目前全村有九成以上村民在村办企业工作，全村适龄劳动力就业率达 100%。

（三）坚持共建共享理念，提高幸福感、满足感

白沙村坚持乡村发展为村民的理念，保障村民权益，推动共同富裕。

第一，2003 年，白沙村决定由村集体主导实施旧村改造工程，村内相继建成康乐小区、同心小区等住宅小区 10 个，小区标准配置暖气空调、有线电视、网络。村民享受福利分房制度，2020 年村内 720 户村民搬入村内楼房和别墅，人均住房面积达 52 平方米。

第二，秉承"幼有所育"和"学有所教"，白沙村建成高标准的现代化幼儿园、市教育局直属小学和现代化初级中学。村民子女入托和九年义务教育免收一切费用。白沙村全面提升公共卫生服务环境服务水平、服务能力。

第三，建立健全农村合作医疗、大病救助、意外伤残保险等健康保障机制，村内建有设备先进的医疗卫生所，为村民提供一年两次的免费体检，切实做到预防为主、防治结合。

第四，依靠村集体企业的发展红利，白沙村着力为村民打造丰富的文娱生活，河北省首家农村数字化电影院、首家设施完备的村级广播电视中心、首家藏书超过 3 万多册的农村图书阅览室相继在白沙村落成。2019 年白沙村又投资 8000 余万元，建成了现代化的白沙人民体育馆。

三、白沙村发展集体经济的经验启示

（一）以产业结构转型促进高质量发展

资源依赖型发展模式与供给侧结构性改革的新发展模式明显不相适应，与"绿水青山就是金山银山"的发展理念相违背。以石料产业为经济支柱产业的白沙村主动进行产业结构转型：以老村改造为突破口，注重转变经济发展方式，大力创建生态文明村。以美丽产业为支柱，美丽环境为载体，美丽文化为抓手，发展休闲农业和乡村旅游业。其他产业转型的方式有：拓宽资源开发领域，拉长资源产业链条；根据自身特色和市场选择发展替代产业；引进资金技术，促进产业多元融合。

（二）以人才队伍建设激发乡村振兴活力

人才是乡村振兴中最关键、最活跃的因素，人才兴则乡村兴，人才强则乡村强。乡村的发展既需要带头者，也需要追随者与拥护者。白沙村书记以智慧引领方向，以品性感染群众。他带领一批站得直行得正的领导班子，为人民谋利益。同时，积极吸引新兴力量的加入，主动扩充人才队伍：从产业发展、人才政策、事业凝聚、乡情感召、服务保障等方面入手，营造引得来、干得好、留得住的乡村发展环境。

（三）以制度创新筑牢发展基础

白沙村根据本村实际情况，积极探索集体经济新模式，建立了一整套集体统一经营和承包户分散经营相结合的管理体制，激发村民活力，保障共同富裕。村集体企业以按劳分配为原则，激发了村民工作的积极性和创造力；坚持不分红，以分配公平化、公共服务均等化为原则，将企业利润以福利的形式向村民发放，提升村民幸福感、获得感。

（执笔人：文艺瑾、王云华、籍董洁）

品牌建设如何驱动产业链提档升级 *

——基于湖北省恩施州硒源山茶业的案例分析

2024 年《中共中央 国务院关于学习运用"千村示范、万村整治"工程经验有力有效推进乡村全面振兴的意见》提出，鼓励各地因地制宜大力发展特色产业，支持打造乡土特色品牌，从一方水土中挖掘乡土资源。湖北省恩施土家族苗族自治州咸丰县地处武陵山区腹地，是农业农村部、湖北省政府认定的优势茶叶产区，茶产业是咸丰县的优势特色农业产业。硒源山茶业（湖北）有限公司厂址坐落在"全国环境优美乡镇"小村乡，独立的硒矿床区，平均海拔为 1100 米，年平均气温 14.4℃，生态环境良好，茶叶原材料丰富，以"公司＋农户＋基地"模式自建有机茶基地 3500 余亩。公司成立于 2004 年，现在是一家集种植、生产、加工、销售为一体的恩施州重点农业产业化龙头企业和民族贸易企业。咸丰县也因茶产业荣获了"中国茶业百强县""全国重点产茶县""中国白茶产业发展示范县"等称号。

基于此，本文以湖北省恩施州硒源山茶业为例，揭示乡村特色品牌在产业链提档升级中的作用机制和实践效果，为其他地区打造乡村特色品牌、构建特色产业提供借鉴。

一、"恩施硒茶"品牌驱动产业链提档升级

（一）构建乡村特色品牌，提升产业知名度

特色产业是以具有当地特色的资源禀赋为依托，并能够将这种特色资源优势转化为经济优势和竞争优势，使该区域产业结构具有明显特色、形

---

* 本文资料均由笔者走访当地收集整理所得。

成核心竞争力的产业或产业体系（杜文忠和唐贵伍，2010）。打造乡村特色品牌、构建乡村特色产业，是落实乡村振兴战略的重要举措（肖静和张卓娅，2024）。以特色品牌为核心，寻找最适合当地发展的特色产业，通过扩大品牌知名度，助推乡村经济发展。

恩施地区硒土丰富，是全球唯一探明独立硒矿床所在地，被誉为"世界第一天然富硒生物圈"，获"世界硒都"称号。硒是重要微量元素，具有防癌抗癌与延缓衰老的功效。硒源山茶业利用富硒优势发展恩施硒茶，建立起独立品牌，成长为地区特色农产品。恩施硒茶以恩施玉露为主，影响力与知名度不断提升，硒源山茶业发展蒸蒸日上。

2023 年恩施州推出建设"中国茶谷"的战略，希望将恩施硒茶打造成为全国优质茶叶生产地。硒源山茶业紧跟政府战略发展，着力优化品种、提高品质、做强品牌、促进融合，推进茶产业链建设，实施质量立茶、科技兴茶、品牌强茶战略，全面推进全域绿色化生产、全程标准化提升、全产业链融合互动，聚力建设全国名优茶生产基地、全国优质原料供应基地、全国出口茶基地。硒源山茶业开展了从茶叶种植到茶叶加工销售的全面提档升级，不断优化原有产业链条；打造独立品牌"咸丰白茶"融入恩施硒茶行列，力图为市场提供品质最优、价格最惠、口感最好的茶叶，在紧跟"中国茶谷"战略中也发展成为当地的小茶谷。

恩施州政府全力打造享誉全国、闻名世界的茶业品牌"恩施硒茶"，并开放恩施硒茶大品牌，以"恩施硒茶"为母品牌允许各地茶企加入恩施硒茶品牌建立自身子品牌，从而实现名声共持、市场共销、富裕共享。恩施州积极宣传恩施硒茶品牌，申请恩施玉露的传统蒸青技艺入列国家级非物质文化遗产代表性项目名录；推动伍家台贡茶、利川红传统制作技艺入列湖北省非物质文化遗产保护名录。同时恩施硒茶广告陆续登录 CCTV-1/13《新闻 30 分》、CCTV-4《今日关注》、CCTV-9《特别呈现》等央视四大频道，全面绽放"恩施硒茶，和而不同"的品牌魅力，使恩施硒茶的品牌真正实现走向全国、走向世界，为恩施茶企的发展赢得了得天独厚的优势和广阔的市场。

（二）打通产业链、供应链堵点，促进产业提质增效

通过打通产业链、供应链堵点，促使各环节主体紧密联结、耦合配套，促进产业提质增效。农产品供应链整合是指供应链核心企业与其上下游合作伙伴进行战略协作，对供应链的各种要素和资源配置实现优化，进而实现商流、物流、信息流的高效流通和供应链的一体化运营，通过这种方式也能为客户提供最大化价值（赵晓飞和鲁楠，2021）。李明和赵晓飞（2022）从多维角度比较了传统渠道模式与全渠道模式下农产品供应链整合的内在差异，研究结果显示，传统渠道模式下对于需求市场的响应较弱，并提出了全渠道模式下农产品供应链整合的实现路径。

硒源山茶业着力规模化发展、区域化布局、产业化生产，重点加强绿色生态茶叶基地、标准化加工厂和清洁化生产线建设。硒源山茶业有限公司如今已在湖北省恩施州各大县市建立九大分公司，拓宽产业领域范围，打造网状产业体系，形成遍地生花的产业布局。在企业内部，形成了从种植端到生产端再到销售端的三层系统，每部分进行专业化管理，实行对点问责机制，保障企业体系的正常运转。硒源山茶业也在不断拓宽视野与产业深度，加快融入恩施硒茶的整体发展队伍体系，积极与恩施、利川等多地开展交流学习，优化自身生产技术，先后推出众多企业联合发展项目，在茶树种植与茶叶加工制作、企业内部管理方面实现巨大突破，在"恩施硒茶"体系中越发重要。

贯穿产业上下游，多产品组合经营。硒源山茶业主要以茶业为发展战略的主心骨，建立起茶叶生产从种植、采摘到加工、包装、销售的全链经营生产线。这一举措大大提高了产业的核心竞争力，在市场经营中占据更大的市场份额，促进企业的发展致富。

在上游打造独立生态茶园，种植多种茶种，采用有机生产模式提升品质；在中游采用人工筛选和自动化封装技术保证品质与效率；在下游保留传统门店销售并拓展线上销售。同时，推出"茶业＋"模式，组合销售多种农产品，提高市场适应度与增收渠道，降低经营风险。独特的产业形式让硒源山茶业能够在市场中逐渐崭露头角、做优做大。

（三）深化科技创新能力，提升特色产业发展动力

加强农业科技创新能力，一是有助于培育出更加优质、高产的品种，提高农业生产效率；二是推动农业机械化、智能化和自动化发展，通过引

进先进农机装备和技术，有助于实现农业生产自动化和智能化，提高生产效率。党的二十大指出，科技创新是我国农业现代化的必由之路，大力提升我国农业科技水平，实现高水平农业科技自立自强。以科技赋能种业粮食增产，利用物联网和大数据技术，为农业生产提供精准决策分析，实现科学高效生产。因地制宜推进农业机械化、智能化和自动化，提升粮食生产效率与质量，有力促进粮食产量增长（郑晓琪，2024）。

恩施州大力支持茶产业领域科技创新，持续增强茶业科技支撑力，为民族地区茶农增收、茶企增效作出积极贡献。一是加强良种繁育体系建设。恩施州农科院联合科研院校，从种质资源保护、品种选育、繁育推广、种植、管护等方面进行全产业链研发，成功选育出"鄂茶10号""鄂茶14号""玉露1号"3个省级评审品种，茶树良种化率超90%；创新"水培诱导、土培壮苗"的"二段"育苗技术，在全国率先实现了茶树无性系良种工厂化快繁育苗，确保茶苗合格率在95%以上，缩短了育苗投产"窗口期"6个月。二是大力强化"茶＋科技"构建产业新生态。不断加大科技投入，制定了全州茶叶产品质量标准、生产技术规程，推广良种良法和绿色防控技术，建成国家级绿色食品、有机食品（茶叶）原料标准化生产基地72.27万亩，"三品一标"认定总面积88万亩；规上茶企全部完成了电气化改造，清洁化生产线总计达到389条，连续化、自动化生产线总计达到118条。三是健全科技创新平台。组建茶叶研究所、富硒产品质量监督检验中心、中国茶叶学会恩施州服务站和中国农科院茶叶研究所尹军峰专家工作站，进一步强化恩施茶产业科技支撑，提高创新能力。

二、打造"恩施硒茶"品牌的经验启示

硒源山茶业充分依托地区资源禀赋，打造特色产品咸丰白茶，融入恩施硒茶大品牌。借鉴优秀产业模式，制定企业发展规划，并紧跟国家、政府发展方向，利用政策优势为企业发展注入动力。统筹规划，建设全局体系，强化产业链协同，实现高效生产。同时，创新发展，打造文旅融合新模式，提升品牌影响力和文化内涵。科技赋能，优化生产技术，引进先进

设备，提高产品质量和生产效率。紧跟潮流，打通电商市场，利用互联网和自媒体平台扩大销售渠道。此外，坚持质量先行，建立生态有机产品体系，确保产品安全、健康、可靠，赢得消费者信赖。

（一）利用独特区位与资源优势，打响"恩施硒茶"品牌

恩施州是我国茶树原产地和"万里茶道"的源头之一，茶叶种植面积180万亩，位居全省第一、全国第四，年综合产值超过200亿元，带动83万名茶农增收。6个县市跻身全国茶业百强县，恩施玉露、利川红等品牌叫响全国。茶产业已成为当地第一大特色产业、富民产业。恩施州以科技创新引领发展突围，统筹做好茶文化、茶产业、茶科技三篇大文章，大力推进科技创新、产品创新、营销创新，全力打造硒茶产业创新高地、质量高地、开放高地，加快建设"两山"实践创新示范区。恩施州政府对广大茶叶产业开放全面的政策绿色通道，简政放权优化对茶企权利的规范，释放茶企活力，实现企业发展。

按照恩施州出台的"母子商标、双牌经营"的模式，以"恩施硒茶"州域公用品牌为"母品牌"，以"恩施玉露""利川红"特色产品品牌为核心，以咸丰白茶为重点，建立起依托式发展方略，并形成自身特色。利用恩施州对恩施硒茶的大力推广与宣传，将自身特色产品咸丰白茶等推向前端，扩大特色产品知名度，从而在市场中占据更大优势。同时加入武陵山茶叶交易中心、恩施硒茶大市场、唐崖茶市、硒都茶城等为代表的产地交易市场，以规模化、集群式销售吸引更多客户，利用更大平台收获利润与名气。

恩施州茶产业的成功经验可能为其他地区提供参考。一是依托丰富的自然资源和传统产业优势，打造特色鲜明、规模化的茶叶种植基地，形成产业集聚效应，提升综合产值和品牌影响力。二是注重科技创新与品质提升，通过科技创新引领产业发展，提升产品质量和附加值，增强市场竞争力。同时，积极开拓市场营销渠道，利用线上线下平台扩大市场份额，提高品牌知名度和美誉度。三是通过区域合作与品牌建设，加强与其他地区的交流合作，共同打造茶叶产业的区域品牌，实现互利共赢和可持续发展。

（二）产业链各主体联合发展，整合多方资源、提升发展效率

硒源山茶业在考察市场状况和全国各地优秀茶企发展模式后，结合当地发展实际推出"'骨肉'成网"的企业发展总思路。"'骨肉'成网"发展思路以乡村振兴示范发展模式"五连模式"为蓝本，结合恩施州咸丰县当地的自然、社会环境进行差异化改进发展而来。"骨肉"指以企业发展为中坚骨干，支撑产业整体、控制企业发展方向，是整个模式的中枢与核心；以农民为机体细胞，构成企业的每一丝血肉，农民的劳动生产成为企业发展的动力源；以政府与市场为血液，政府和市场共同合作帮助产业内部不断实现自身循环，并为企业发展提供政策、福利等发展营养。整个模式整合了多方市场主体，把多种资源进行整合从而明晰了企业发展的方向，也为企业如何决策发展提供了指示。

在硒源山茶业"'骨肉'成网"发展模式中实行"五连"：一是民企联合，农民和企业实现双向奔赴，企业为农民提供工作岗位，引导农民在乡就业，减少人员外出奔波务工，而当地农民凭借对当地茶叶的熟悉、广泛的人际网络为企业带来更大的利润，双方构成利益与发展共同体，实现互惠互利、共同富裕；二是产业连片，在恩施州各地开设分公司与茶叶生产基地，完成产业组网布局，同时产业内部实行多种经营，打造不同产品全产业链条的连片组网；三是基地联户，公司通过与小农户合作集中大片土地建立专业茶树种植基地，开展国家优质茶种的集中种植，保障茶源有效供给，同时盘活了农村土地，在茶叶加工厂附近就近种植，极大减少了企业的运输、管理成本；四是利润连心，硒源山茶业雇佣农民管理茶树、采摘茶叶，实行"管理按日分，茶叶高价收，红包年终给"的模式，拓展了农民的增收渠道，同时自身收获优质茶叶原料，实现利润互惠；五是责任连体，公司通过利益链条与农民、政府、消费者共同承担市场风险，实现有福同享、有难互帮，调动利益各方的积极性与主动性，使企业发展空间稳定有序。硒源山茶业"五连模式"通过连合、连片、联户、连心、连体等方式，形成了良好的产业生态链，带动农民脱贫致富，也使自身从众多市场企业中脱颖而出，做大做强。

此外，恩施州利用特色品牌实现文旅融合。恩施州不断推出"茶业旅

游观光园""茶业生产体验""土家茶乡民宿"等一系列新发展路径，依托良好生态发展茶产业，以茶叶种植催生茶园旅游新业态，全面推进茶、文、旅融合发展，走出了一条以茶兴旅、以旅促茶的"茶旅融合"新路子。硒源山茶业与贫困村、贫困户建立利益联结机制，实现企业、贫困村、贫困户的互利共赢。近年来，企业与小村乡11个村建立起利益联结机制，打造茶叶专业村和示范基地，自建起茶叶基地3500亩，其中唐崖白茶基地1000余亩，与农户联办茶叶基地12000亩。公司2018年累计收购鲜叶750余吨，支付收购资金1800余万元，交售茶叶的农户达4650户，户均获得纯收入6000余元，公司2018年度被认定为"咸丰县扶贫龙头企业"。公司在小村乡流转3000亩土地，建立科技示范区，并与农户签订面积达1.2万亩的采购协议，进行技术指导，收购鲜叶，累计带动2000多贫困户脱贫增收。随着咸丰县出台"以奖代补"政策，引进、培育企业近200家，发展合作社1000余家，通过土地流转、联合共建等方式，硒源山等90多家茶企和相关合作社带动全县种茶28.3万亩，咸丰14.2万人吃上"茶叶饭"，超过全县人口1/3。①

硒源山茶业"'骨肉'成网"模式有三个方面值得借鉴。一是通过民企连合和产业连片实现规模化经营。二是通过基地联户和利润连心模式，确保茶叶原料的稳定供应。三是责任连体机制有效降低市场风险，确保了企业发展的稳定性。因此，其他地区在实际应用中，应积极探索符合自身实际的发展模式，注重资源整合和产业链协同，加强政府、企业、农民之间的合作，实现共赢发展。

（三）传统手艺与现代技术融合，推进产业现代化发展

恩施硒茶传承唐朝蒸青工艺，历经千年仍焕新颜。硒源山茶业精选高山茶叶，采用传统工艺制作，茶形细长，香气四溢。同时引进现代设备，提升效率与竞争力。现有加工设备500余台套，拥有目前国内最先进的热风杀青自动化生产线两条，年产500吨精制富硒绿茶生产线两条，富硒红茶精制生产线两条，年产能力达4000吨，保证质量的同时增加产量，增强

---

① 硒源山·唐崖白茶［EB/OL］. 湖北省人民政府网，2022−07−27.

企业盈利能力。[①]

硒源山茶业建立良种化、生态化、标准化、清洁化管控体系，筑牢质量根基。引入特色新品种，推广良种良法及绿色防控技术，加快茶树良种化；加强质量安全追溯体系，推进茶园生态化；落实质量标准，构建链式推广服务模式，推进生产标准化；建立连续化、自动化生产链条，推进加工清洁化。

恩施硒茶的成功经验表明，在传承传统工艺的同时，也应积极引进现代设备和技术，提升生产效率和产品质量，实现传统与现代的完美结合。建立良种化、生态化、标准化、清洁化的管控体系，确保产品质量安全可靠，提升产品市场竞争力，实现健康、高效、可持续发展。

（执笔人：王煜杰、胡锦澄、孙棵）

---

① 硒源山·唐崖白茶［EB/OL］．湖北省人民政府网，2022－07－27.

乡村优势特色产业发展机制研究[*]

——基于山东省盐窝镇黄河口滩羊产业的案例分析

发展乡村优势特色产业是实现产业兴旺的重要抓手和有效实践。规模化经营是实现农业现代化的必由之路，它与工业化和城镇化进程息息相关；标准化在推进应用新技术发展壮大新兴产业和未来产业发展中发挥着基础性、引领性作用；融合化发展是拓宽农民增收渠道、构建现代农业产业体系的重要举措。本文以黄河口滩羊产业为例，从规模化、标准化和融合化的角度揭示乡村优势特色产业发展机制，为其他地区乡村优势特色产业发展提供启示和借鉴。

为了深入探究如何加快发展乡村优势特色产业，下文以案例分析的形式进一步揭示。

一、山东省盐窝镇黄河口滩羊产业概况

黄河口滩羊产业标准化、规模化、融合化经营发展，充分带动农民就业增收。作为中国优质的羊肉品种之一，以其独特的品质和口感赢得了广泛的赞誉。而有"中国肉羊小镇"之称的东营市利津县盐窝镇作为黄河口滩羊的主产区，地处黄河冲积平原，紧邻黄河入海口，水资源丰富，土壤广阔，天然草料供应充足。该镇位于暖温带半湿润地区，一年四季分明，光照充足，雨热同期，适宜滩羊的繁育和生长。为破解分散经营带来的问题，利津县高标准规划建设 1 万亩黄河口滩羊产业园，核心区占地 4200 亩，建设高标准羊舍 305 栋，已有肉羊屠宰深加工、有机肥加工、饲料生产等产业链上下游项目 12 个，使肉羊养殖产业由传统散养的 1.0 模式跨入

　＊　本文资料均由笔者走访当地收集整理所得。

标准化、规模化养殖的 2.0 模式。产业升级也将越来越多的村民吸引到黄河口滩羊产业链上来，截至 2023 年底，黄河口滩羊产业已经辐射带动从业人员 3 万人以上，人均年增收 7.1 万元以上，产值达 60 余亿元，让广大群众不养羊也能发"羊"财。[①]

黄河口滩羊产业坚持以产业集成、技术创新、标准精确、产业融合为发展方向，形成"滩羊效应"，农民人均可支配收入连续两年增幅超过 8%。黄河口注重全产业链发展，通过产业集成推动全产业链提质增效；进行技术创新，利用先进技术，引进高科技人才，科学养羊；运用精确标准，高标准严要求，对发展布局及建管方式提出标准化要求；以文旅融合为导向，盛大举办滩羊美食节，带动三产融合发展，这些特色亮点开辟了黄河口滩羊产业发展的新路径，示范带动周边群众增收致富，走出一条以黄河口滩羊产业集成改革促进共同富裕的路子。截至 2024 年 6 月，黄河口滩羊产业园已成为全国单体规模最大、科技水平最高的肉羊标准化养殖园区。[②]

二、规模化、标准化、融合化经营促进乡村产业振兴举措

（一）标准化规划，完善模式以夯实产业基础

标准是经济活动和社会发展的技术支撑。以战略标准作为总体规划和思想指引，以技术标准引进人才作为发展基础，以创新标准打造园区作为引领旗帜，以分工标准构建精细全产业链作为核心目标，全方位系统化地促进产业振兴发展。

黄河口利用标准集成思想指引，创新"政府 + 养殖户 + 公司"的建管模式。按照"一带两心五区"的发展布局，规划建设"一带"：功能型防疫绿化隔离带；"两心"：5G 智慧综合管理服务中心、饲料配送中心；"五区"：即基础母羊繁育区、标准化滩羊育肥区、无害化处理区、入园暂养区、多功能型绿地区，实行集约化、标准化、品牌化、智慧化、组织化"五化"养殖，制定羊舍建设标准，严控工程建设质量；探索专业化托管

---

① 盐窝镇：荒滩上崛起"滩羊"产业［EB/OL］. 腾讯网，2022 – 08 – 24.
② 山东黄河口滩羊：羊产业的致富密码［EB/OL］. 中国日报网，2024 – 06 – 24.

服务，采取"技术入股、风险共担、收益共享"的合作方式，聘请专业托管公司，承担卫生防疫、设施维护等服务项目，实现"合同式托管、保姆式服务、管家式经营"的农业托管模式。黄河口利用技术标准引进人才，进行产学研融合。成立黄河口滩羊产业技术研究院，搭建起科研资源有效整合、高效利用平台。围绕肉羊全产业链关键环节，推动园区内10余家链主企业与中国肉类协会、中国科学院等开展产学研合作，共建高校专家工作站、分布式服务站、标准化实验室等，研究黄河口滩羊养殖地方标准、微生物有机肥生产技术、肉羊品种选育技术等专业课题，打造肉羊产业链上的"智慧链"。产学研协同创新，体现了科技经济一体化和知识经济的本质，是提高我国产业核心技术创新能力的新思考，也是新时期提高中国大学和科研机构服务产业和社会发展能力的关键（何郁冰，2012）。通过创新标准打造高科技园区，构建"动态采集—融合分析—平台整合"的数据服务一体化流程。农业科技园对农业新品种、新技术、新设施进行试验、示范和生产对农业生产具有示范带动作用，现代农业科技园区的建设对于推动现代农业发展有极其重要的作用（何志文和唐文金，2007）。黄河口依托全国首家黄河口滩羊产业5G智慧综合管理服务中心，建设大数据驾驶舱、标准化养殖、全生命周期追溯三大系统，推动标准化养殖过程全监控、防疫屠宰加工流程全记录、产品产供销环节全追溯，肉类产品质量合格率达100%。运用分工标准进行全产业链流通构建，完善流通电子化。全产业链流通模式下的利润高于传统流通模式下的利润，全产业链农产品流通模式不仅可以提高农产品流通效率，而且也可以提高农产品流通参与主体的利益和消费者福利（韩喜艳等，2019）。黄河口通过外引内育、合作共建等方式，实施总投资28.6亿元的12个上下游产业链项目，建立起了从基础母羊繁育、饲料加工、肉羊育肥、废弃物处理到屠宰深加工的完整产业链条。目前，以黄河口滩羊产业园区为核心，带动发展兽药、饲料加工等经营场所200余处，带动从事肉羊养殖、购销、运输、屠宰加工群众1.8万人，年产值超过60亿元。[①] 农产品电子商务作为现代农产品流

---

① 走在前 开新局｜"盐窝窝"里长起"鲁北最大肉羊产业基地"——利津县盐窝镇肉羊产业发展探析［EB/OL］．东营网，2022-08-16.

通中新兴的流通业态，它的发展进程和成熟程度，特别是其业务模式的选择，对于提高中国农产品流通效率和提升农产品国际竞争力具有重要的理论探索和实际应用价值（胡天石，2005）。黄河口在线上打造全国肉羊云商电子交易中心，与京东等合作搭建直播平台，推动"靶向"养殖、订单销售、线上交易。线下改造提升山东黄河三角洲畜产品大市场，配套小型污水处理、冷链物流仓储中心等设施，提升市场交易承载效能。

（二）规模化经营，降本增效提供强劲支撑

发展农业适度规模经营是增加农民收入的现实保障。一方面，农业适度规模经营有利于有效盘活闲置土地。土地规模效益主要是指由于土地经营规模的扩大导致单位农产品成本的降低和单位面积农产品产量的提高，从而提高了农业经济效益（郑少锋，1998）。另一方面，发展农业适度规模经营，能够让更多技术和资金投入农业生产。那么有力的金融支撑就显得十分必要，企业受到的融资约束越严重，营运资本对创新的平滑作用越突出（鞠晓生等，2013）。

黄河口滩羊产业园集成土地要素支持园区建设项目。提出制定支持现代农业发展用地需求的意见，优先保障现代农业发展用地，优先支持产业园重点项目建设。大力实施棚改征迁、违规用地清理和设施农用地复耕，累计腾空土地 2250 亩，750 余亩土地整合园区集中利用。建立"黄河口滩羊养殖产业集群贷款"新模式，提供强有力的金融支撑。农行山东省分行利津县支行主动对接省农担公司，在地方政府支持下为盐窝镇建立了"黄河口滩羊养殖产业集群贷款"新模式，单户贷款最高额度 300 万元，切实解决了养殖户扩大规模的难题。自 2020 年以来，围绕盐窝镇主要养殖村和黄河口滩羊产业园，农行利津县支行先后为 190 余户养殖户投放金穗农担贷，形成了"你养殖我支持"的强农效应。

（三）农文旅融合，宣传东营特色产业文化

乡村的文旅融合是振兴乡村文化、提高村民文化获得感、实现乡村旅游优质发展的必由之路。通过文旅融合，可以大力发展乡村文化旅游业，能够推动乡村振兴、精准扶贫、美丽乡村建设，唤醒乡村发展的振兴原

力，促进城市文化和乡村文化的协调发展（范周，2019）。

黄河口滩羊产业园通过开展滩羊美食节，宣传东营市美食文化并促进餐饮养殖深入合作。为挖掘黄河口滩羊这一地标食材，促进东营餐饮企业与滩羊养殖企业深度合作，推动东营餐饮业与城市旅游发展，2023年9~10月，在利津县政府的指导下，东营市绿色餐饮商会主办了第一届"与东营共美好·第一届黄河口滩羊美食节"。美食节以美食为契机，餐饮企业获得了近距离了解黄河口滩羊的机会。活动中还举办了黄河口滩羊菜品交流活动、黄河口滩羊品鉴会等，由东营的27家餐饮企业，用黄河口滩羊肉烹饪出近60道菜品供参加者品尝，让餐饮企业更深入地了解这种地域特色食材的烹饪方法和应用。餐饮人与黄河口滩羊养殖企业开展更加深入的合作，共同努力将黄河口滩羊打造为东营地标美食。美食文化的发展，带来的是旅游业的兴盛。黄河口滩羊的"出圈"，可以促进东营接待能力及第三产业从业者素质水平的提高。

三、乡村优势特色产业发展的经验启示

（一）促进乡村优势特色产业发展，要进行标准化精确分工

标准是经济活动和社会发展的技术支撑。以标准集成思想作为指引搭建发展布局，明晰建管方式；进行人才技术基础夯实，通过产学研融合的方式，助力打造高新技术园区；把全产业链构建作为核心，实现生产系列化、流通电子化，助力产业全面发展。黄河口滩羊产业搭建"一带两心五区"发展布局，创新"政府＋养殖户＋公司"的监管模式；成立黄河口滩羊产业技术研究院，搭建起科研资源有效整合、高效利用的平台。依托全国首家黄河口滩羊产业5G智慧综合管理服务中心，建设大数据驾驶舱、标准化养殖、全生命周期追溯三大系统；通过外引内育、合作共建等方式，实施总投资26.8亿元的12个上下游产业链项目。

（二）促进乡村优势特色产业发展，要实现规模化发展经营

一方面，发展农业适度规模经营有利于有效盘活闲置土地。另一方面，发展农业适度规模经营有利于提高农业生产的规模化和组织化程度。

通过金融支撑政策和土地要素集成均能起到很好的促进作用。案例中盐窝镇集成土地要素支持产业园建设项目。建立"黄河口滩羊养殖产业集群贷款"新模式，提供强有力的金融支撑，形成了"你养殖我支持"的强农效应。

（三）促进乡村优势特色产业发展，要促进产业融合发展

产业融合重拾农业多功能性，是乡村产业振兴的关键。通过文旅融合，大力发展乡村文化旅游业，能够推动乡村振兴、精准扶贫、美丽乡村建设，唤醒乡村发展的振兴原力，促进城市文化和乡村文化的协调发展。开展滩羊美食节，宣传东营市美食文化，餐饮人与黄河口滩羊养殖企业开展更加深入的合作，共同努力将黄河口滩羊打造为东营地标美食，是黄河口滩羊产业的精彩一步，具有很强的借鉴意义。

（执笔人：晏琦、史宏博、毛润琪）

乡村特色水果产业发展研究[*]

——以重庆市茶坪村脆李产业为例

发展乡村优势特色产业是实现产业兴旺的重要抓手和有效实践。在我国，水果产业已成为我国农业的重要组成部分，在种植业中种植面积、产量和产值仅次于粮食和蔬菜，排在第3位。果业在保障食物安全、生态安全、人民健康、农民增收和农业可持续发展中的作用日益凸显，是促进乡村振兴的重要支柱产业之一。水果产业是乡村优势特色产业的重要组成部分。本文以重庆市茶坪村脆李产业发展为例，揭示如何通过党建引领、壮大新型农村集体经济、农文旅融合发展等措施促进乡村特色水果产业发展，为其他地区乡村特色果业发展提供启示和借鉴。

为了深入探究如何促进乡村特色水果产业发展，下文以案例分析形式进一步揭示。

一、重庆市茶坪村脆李产业概况

茶坪村地理位置优越，广阔林地提供发展空间。茶坪村是重庆市万州区长滩镇下辖的行政村，由原来的长冲、枞树两村合并而成，位于长滩镇西北方，距镇政府10公里，距万州城区25公里，全村面积9.17平方公里，耕地面积3614亩，林地面积6115亩。下辖8个村民小组，562户2042人，党员48人。东接太白溪村，南邻土门村，西接老土村，东西宽3.6公里，南北长1.5公里。①

茶坪村走出了一条农旅融合的绿色发展之路。因地制宜发展山地特色

　＊　本文资料均由笔者走访当地收集整理所得。

　①　环境美了　产业旺了　百姓笑了　长滩镇茶坪村以脱贫攻坚推进乡村振兴扫描［EB／OL］. 重庆市万州区人民政府网，2019－09－30.

高效农业、生态旅游业等产业。先后被评为"重庆市美丽宜居乡村""重庆市休闲农业和乡村旅游示范村""重庆市乡村治理示范村""重庆市'一村一品'示范村"。村党支部多次被评为长滩镇先进基层党组织，连续多年在长滩镇年度工作综合考核评比中获得一等奖。

二、茶坪村脆李产业发展举措

（一）党建引领产业发展，联合群众实现规模化经营

党建引领产业发展，促进农业提质增效。实现乡村振兴，关键在党，必须毫不动摇地坚持党管农村的工作原则，加强和改善党对"三农"工作的全面领导，提高新时代党领导乡村振兴发展的能力和水平。通过建设产业链党支部，在产业链上搞拉练，把党员培养成致富能手，把党员致富能手培养成村干部。健全基层服务"全科网格"，大力推动基层服务型党组织建设，以优质高效的服务密切党群关系，有效破解服务群众"最后一公里"问题（王礼鹏，2018）。让党员能随时随地接受党的基本理论、惠民政策和农村实用技术等的教育，并在农村农业工作中发挥带头作用。

茶坪村实行"三问三亮"，搭建三级治理平台，密切联系服务群众。在党支部书记、村委会主任余小平的带领下，茶坪村党员干部通过"三问三亮"更好为群众服务，并带头贯彻落实包片联户机制。同时，茶坪村还推行了乡村"微治理"，搭建"村委会—村民理事会—农户"三级治理平台，探索"党建＋治理"，上门服务、民事代办为村民带来了极大便利。茶坪村已经形成了"有地管事、有处议事"的良好自治氛围。发挥党员干部的带头引领作用，实现特色产业规模化发展。一方面，农业适度规模经营有利于有效盘活闲置土地。土地规模效益主要是指由于土地经营规模的扩大导致单位农产品成本的降低和单位面积农产品产量的提高从而提高了农业经济效益（郑少锋，1998）。另一方面，发展农业适度规模经营，能够让更多技术和资金投入农业生产。为了推广发展李子产业，2018年茶坪村村委会牵头组建李子专业合作社，在此基础上专门成立一支由村干部、驻村工作队、种植大户组成的"专业服务队"，负责李子产业的管护、推

广及销售。因为品质佳、货源足，当地青脆李备受水果销售商和广大旅客欢迎。如今，茶坪村一改过去单一的产业结构，特色李子产业渐成规模。2023 年全村实现销售收入 500 万元，村级集体经济年收益增加 30 余万元，户均实现销售收入 9000 元以上。全村人均可支配收入从 2015 年的 7248 元增长到 2023 年的 19637 元。①

（二）壮大新型农村集体经济，助力打造品牌效应

新型农村集体经济发挥规模化优势，配合专业化学习合力打造品牌效应。农村集体经济是中国农村经济的重要组成部分，是实施乡村振兴战略、探索中国特色农业农村现代化道路的重要依托。农村集体经济在完善农村基本经营制度、推动乡村产业振兴中发挥着重要作用（高鸣和芦千文，2019）。自 2016 年推进集体产权制度改革以来，农村集体经济发展与脱贫攻坚相互促进，不仅巩固了脱贫攻坚成果，而且实现了与乡村振兴的有效衔接，为扎实推进共同富裕打下了良好基础。茶坪村推出"合作社 + 农户"产业管护机制，规模化种植壮大新型农村集体经济。通过向产业大村和大户学习，邀请农业部门、林果站和农业科学院的专家实地考察，茶坪村探索了"合作社 + 农户"的后续产业管护机制，以合作社为根本出发点，可以扎实推动农业的公共产品与农业服务体系建设，促进农业提效、农民增收。茶坪村在合作社的作用下种植青脆李 1200 余亩，新建标准果园 1 个，建成食用菌大棚 6 个，发展淡水鱼养殖 100 余亩，梨种植基地 1 处，蓝莓种植基地 1 处，火龙果种植基地 1 处，小龙虾养殖基地 1 处，蚯蚓养殖基地 1 处及生猪养殖基地 1 处。茶坪村大力培育致富带头人，注册特色农产品商标，形成自有品牌。紧抓电商发展机遇，党员干部带动辖区村民网上销售李子、梨子、蓝莓、火龙果等农产品。2018 年茶坪村的青脆李获得了中国商标局的商标认证——茶浓果艳。品牌在产品宣传中是有效的推销手段，能够使企业有重点地进行宣传，让消费者在短时间内熟悉产品，产生深刻印象，从而激发其购买欲望。2021 年，茶坪村又凭借着青脆李入

---

① 万州区长滩镇茶坪村党支部书记余小平：探索"党建 +"抓好基层治理［EB/OL］．新华网，2024 − 01 − 30.

选重庆市第三批"一村一品"示范村。2022年，茶坪村向市农委申请了青脆李的无公害农产品认证。

（三）区位优势带动农文旅融合，规划"一心、一带、三区"结构

通过文旅融合，大力发展乡村文化旅游业，能够推动乡村振兴、精准扶贫、美丽乡村建设，唤醒乡村发展的振兴原力，促进城市文化和乡村文化的协调发展（范周，2019）。茶坪村进行"一心、一带、三区"总体结构规划，加快农旅产业融合。因地制宜发展山地特色高效农业，充分利用好茶坪村的地形地貌优势、乡村产业优势和乡村人文资源，"一心、一带、三区"即以茶坪村委和现有居民集中点为村级多功能服务中心，以现有村级主干道为交通枢纽，以及5个种养示范基地和3个乡村旅游休闲区。三产融合将给农业、农村与农民带来资源的有效利用、交易成本的降低及经济能量倍增的效应。这些效应通过使农业参与到全社会的分工中从而分享全社会分工成果的方式，使农业、农村与农民获得了相较于传统的农业产业化更大的收益（苏毅清等，2016）。茶坪村形成了以种植、养殖为一体，发展乡村旅游休闲产业，实现三产融合发展，着力打造出集"现代种养殖业、休闲度假观光、采摘、垂钓、餐饮"等于一体的特色城郊型综合性旅游乡村。

三、乡村特色水果产业发展的经验启示

（一）强化组织引领，发挥党员带头作用

实现乡村振兴，关键在党，必须毫不动摇地坚持党管农村工作原则，加强和改善党对"三农"工作的全面领导，提高新时代党领导乡村振兴发展的能力和水平。茶坪村的镇村干部在产业发展中发挥了至关重要的作用。他们不仅带头投入产业发展和经营管理，还积极协调各方资源，有效解决了农村土地撂荒的问题。强化组织引领和发挥干部的带头作用，可以更好地激发村民的积极性和参与度，从而形成推动产业发展的强大合力。

（二）发展集体经济，打造品牌效应

集体集中经营管理更容易形成规模效应，打造属于自己的特色品牌。品牌溢价效应的形成有利于提高农产品的附加值，推动农业产业升级，促进农民收入的增加。茶坪村探索了"合作社＋农户"的后续产业管护机制，新建1个标准果园、100多亩淡水养殖基地及6座蘑菇大棚，因地制宜种植了1700多亩山地特色"晚霜"脆李，2023年全村实现销售收入500万元，村级集体经济年收益增加30余万元，户均实现销售收入9000元以上。

（三）产业融合发展，促进农民增收

大力发展农村三产融合，可以真正做到农业与其他产业一起"利益共享、风险共担"，是提高农民收入的重要手段。茶坪村通过深入剖析当地资源优势和市场需求，培育和发展特色农业，依托当地的自然环境种植特色水果，创新农业经营模式，打造农产品品牌，积极开发5个种养示范基地和3个乡村旅游休闲区，利用乡村的自然风光和人文资源，吸引游客前来观光旅游，提升农产品的附加值和市场竞争力，带动当地经济发展。

（执笔人：晏琦、史宏博、刘鸥逸、王云华）

因地制宜发展乡村优势特色产业研究[*]

——基于陕西省眉县猕猴桃产业的案例分析

发展乡村优势特色产业是实现产业兴旺的重要抓手和有效实践。立足县域资源禀赋和区域优势，深层次挖掘特色产业，全力打造农业产业化龙头产业，建立起现代化农业产业集群，是引领带动乡村全面振兴和农业农村现代化的生力军，是打造农业全产业链、构建现代乡村产业体系的中坚力量，是带动农民就业增收的重要主体，在加快推进乡村全面振兴中具有不可替代的重要作用。本文以陕西省眉县猕猴桃产业为例，揭示陕西省眉县如何聚焦于当地比较优势和产业基础，因地制宜地打造乡村优势特色产业，为其他地区乡村如何找准长板、锻造长板，发展优势特色产业提供启示和借鉴。

为了深入探究如何推动乡村优势特色产业发展，以产业振兴助推乡村经济振兴，下文以案例分析的形式进一步揭示。

一、陕西省眉县猕猴桃产业概况

眉县气候适宜，水质优良，为猕猴桃生长提供了绝佳条件。眉县位于陕西省关中平原西部，南依秦岭，北跨渭河，大陆性季风半湿润气候，四季冷暖干湿分明，全年平均日照 2087.9 小时，年平均气温 12.9℃，平均年降水量 589 毫米，土壤 pH 值 6.5~7.5，通气透水性良好，县域内大小河流 19 支，地下水和地表水矿化度一般在 240 毫克/升左右，水质良好，是猕猴桃的最佳适生区之一。

眉县猕猴桃品牌效应突出，不仅在国内畅销，而且远销海外。眉县猕

---

* 本文资料均由笔者走访当地收集整理所得。

猴桃种植面积占陕西省 1/3、全国 1/7，相当于全国每 7 个猕猴桃就有一个产自眉县。[①] 2012~2017 年，眉县猕猴桃连续六年荣获"消费者最喜爱的 100 个中国农产品区域公用品牌"和"最具影响力中国农产品区域公用品牌"。如今，眉县猕猴桃品牌价值 161.37 亿元，2022 年总产量 53.5 万吨，眉县年猕猴桃进场交易量达 30 万吨，畅销国内 40 多个大中城市，出口到加拿大、俄罗斯、马来西亚等 20 多个国家和地区，综合产值突破 60 亿元。2022 年，猕猴桃种植户占全县总农户的 91%，全县农村居民人均可支配收入为 1.7 万元，其中 80% 以上收入来源于猕猴桃产业，猕猴桃已然成为眉县农民增收的主导产业和对外宣传的亮丽名片。[②]

二、陕西省眉县猕猴桃产业的发展举措

（一）产业定位，夯实社会化服务基础

乡村要振兴，产业必振兴，而产业振兴必须发展乡村特色产业，要把"特"贯穿到发展乡村特色产业的全过程。突出地域特点，因地制宜，乡村特色产业的发展离不开特色品牌的打造，要把重点产业做强做大，形成品牌效应，使乡村特色产品具备强有力的核心竞争力，以强劲的势头促进乡村全面振兴（张立畅，2023）。

眉县将猕猴桃产业作为首位产业，发布多项标准政策性文件作为指导。紧盯"百年产业、百亿产值"发展目标，实施猕猴桃"四改五提升"果业革命，全面推进"五化"进程，加速"四链"同构，有力推动了猕猴桃产业质效提升。2022 年，眉县印发《关于推进猕猴桃产业安全健康可持续发展的意见》《眉县猕猴桃"百年产业百亿产值"发展目标五年规划》等文件，邀请西北农林科技大学猕猴桃首席专家刘占德教授专家团队为眉县猕猴桃"问诊把脉、对症开方"，提出实施猕猴桃"四改五提升"果业革命，与浙江农本咨询首席专家贾枭共商眉县猕猴桃品牌升级发展战略，

---

① 全国每七个猕猴桃就有一个来自眉县，这里的"小果子"成就"大产业"［EB/OL］. 中青在线，2023－09－10.
② 眉县猕猴桃产业发展成效、问题与对策［EB/OL］. 陕西省农业农村厅，2023－05－23.

多措并举、同向发力，推动首位产业健康可持续发展。

（二）园区引领，创建产业发展抓手

园区聚集着众多先进资源和要素，是一个地区产业发展的"主阵地"、项目建设的"主战场"。农业示范园区集精品生产、加工功能、示范功能、龙头带动功能、教育培训功能、休闲观光功能于一体，是我国农业生产力发展新的制高点、是我国农业现代化建设新的生长点、是农业科技与农村经济结合的紧密型结合点（杨其长，2001）。

眉县以猕猴桃"四改五提升"示范园创建为抓手，加快推进首位产业提质增效。锚定"前生产"增产量、提品质、保安全这一核心任务，县财政每年列支1000万元资金专项，争取700多万元脱贫攻坚与乡村振兴有效衔接资金，支持猕猴桃"四改五提升"示范园创建工作，共建成示范园38个共6133亩，改良土壤近1.5万亩，改造猕猴桃树形30万株，发展翠香、瑞玉、红阳等新品种3.45万亩，引进品种资源及新品种10个，培育各类猕猴桃社会化服务组织73家，示范园优果率90%以上，收入比一般果园效益提升15%以上。[①]

（三）农民合力，社会化服务夯实基础

农业社会化服务极大地调动了农民种粮的积极性，有效稳定了粮食等大宗农作物生产。农业社会化服务体系是指与农业相关的社会经济组织，为满足农业生产的需要，为农业生产的经营主体提供的各种服务而形成的网络体系，农业社会化服务作为一种新型生产要素，改变了传统农业的生产方式，发展农业社会化服务可以成为新时代农业经济增长的重要潜力点，不仅有助于促进农民增收、推动农业结构调整，还有助于保持和提高农业综合生产能力，并为实现农业生产绿色化转型提供更大可能（钟真等，2021）。

眉县以社会化服务为抓手，解决农户燃眉之急，给社会化服务组织带来收益，有效促进了猕猴桃产业高质量发展和果农持续增收。锚定"规模

---

① 陕西眉县：发展特色产业 乡村振兴有支撑 ［EB/OL］. 央广网，2023 – 11 – 21.

化"目标实施集约化、标准化、品牌化发展，眉县积极培育各类社会化服务组织 73 家，累计投入资金 680 万元，实施技术培训、果树修剪、配方施肥等社会化服务项目，共实施面积 72335 亩，受惠果农 5 万多户。有序推动果园托管服务面积 20 万亩，果品成品率、一等品率分别达到 95% 和 65% 以上，累计签订订单生产 40 万亩。

（四）三产融合，延产业链条，拓销售渠道

三产融合将给农业、农村与农民带来资源的有效利用、交易成本的降低及经济能量倍增的效应。这些效应通过使农业参与到全社会的分工中从而分享全社会分工成果的方式，使农业、农村与农民获得了相较于传统农业产业化更大的收益（苏毅清等，2016）。而在电商飞速发展的时期，独特的互联网经济使农村电商产业链中产品供应、快递物流、店铺运营等环节的资本下乡呈现出另一种姿态，电商资本给乡村带来了增权赋能式的社会影响，促进了个体、家庭及村镇的向好发展（周浪，2020）。

眉县以猕猴桃产业集群、冷链物流、数字乡村等项目为抓手，加快推进三产融合。锚定"延链条"提效益、育集群、建体系这一发展根本，2020 年以来，该县每年安排支持猕猴桃冷链物流项目资金 2000 万元、产业集群项目资金 1000 万元，新建猕猴桃果汁、果酱、脆片及速冻生产线各 2 条，建成即食库 9 座、果品分选线及包装线 12 条，建设智慧果园 10 个，建设数字果园 300 亩，培育发展齐峰、金桥等专业合作社 189 户，千裕、百贤等猕猴桃深加工企业 55 家，果业发展中介服务机构 300 多个、各类冷库 4700 座，储藏能力达到 30 万吨。形成以国家级批发市场为引领、专业合作社为纽带、标准化生产基地为支撑，集生产、贮藏、加工、销售于一体的完整产业链。①

眉县设立县级电子商务公共服务中心，县镇村三级电商服务体系更加完善，销售渠道全面拓宽。以"拓渠道"促增收、稳发展、增后劲这一发展要素，多措并举，全面促进群众增收。全县注册成立以金桥果业、秦旺果业为龙头的各类电商企业 485 家，电商经营户 6600 多户，15 万余人被

---

① 陕西眉县：发展特色产业 乡村振兴有支撑［EB/OL］. 央广网，2023-11-21.

牢牢镶嵌在电商产业链中，县域内电子商务交易额超百亿元，网络销售额16.8亿元。眉县与顺丰速运、京东物流、中国邮政等40多家快递物流企业合作，设立眉县猕猴桃产地直发仓，猕猴桃快递直接从眉县发货，直达全国10余个省会城市。[①]

（五）品牌宣传，助力产业走向全球

品牌宣传可以帮助企业提升在目标市场中的知名度，使更多的潜在客户了解和认知品牌。通过广泛的品牌宣传，可以在竞争激烈的市场中脱颖而出，增加品牌曝光度；有助于树立企业的品牌形象，塑造企业在消费者心目中的形象和认知；品牌宣传的有效实施可以帮助企业增加市场份额。通过品牌宣传，企业可以与竞争对手进行差异化竞争，让消费者更愿意选择自己的产品或服务，从而增加销售量和市场份额。

"眉县猕猴桃，酸甜刚刚好。"眉县把猕猴桃宣传推介作为提升品牌形象的有力举措。连续12年成功举办中国（国际）猕猴桃产业发展大会暨首届中国猕猴桃博览会，邀请国内外学者、客商做客眉县，共商猕猴桃产业发展大计，为眉县猕猴桃产业发展建言献策。县委书记、县长和党政班子分管领导及各镇街主要负责人通过抖音、短视频等形式为眉县猕猴桃代言，每年赴北京、上海、广州等目标城市开展大型线上线下品牌推介活动10余场次，持续强化"眉县猕猴桃"区域公用品牌宣传推广和监管，扶持企业品牌做强做优，不断提升品牌影响力，让眉县猕猴桃走出国门、走向世界。

三、乡村优势特色产业发展启示

眉县集中优势资源定位特色产业发展，通过设立典型试点稳步推进政策实施，以人为本推广农业社会化服务，延伸产业链条，促进全产业融合发展，等多项政策措施，规划明确，逐步实施，打造强力品牌走遍全国、走向世界。

---

① 陕西眉县：发展特色产业 乡村振兴有支撑［EB/OL］．央广网，2023 – 11 – 21.

　　基于以上案例分析，本文得到以下启示。明确发展目标产业，保证政策依托支持。乡村要振兴，产业必振兴，而产业振兴必须发展乡村特色产业，要把重点产业做大做强，形成品牌效应，使乡村特色产品具备强有力的核心竞争力。树立典型示范园旗帜，创建产业发展抓手。让示范园成为农业生产力发展新的制高点、农业现代化建设新的生长点、农业科技与农村经济结合的紧密型结合点，园区活则经济活，经济活则城市繁荣。推动形成农民合力，实现企业和农户双赢相互促进。加强农业社会化服务的推广，农业社会化服务已成为促进农业节本增效、农民增产增收最有力的措施，是农业现代化的重要标志。加速一二三产融合，降本增效拓宽销售渠道。三产融合将给农业、农村与农民带来资源的有效利用、交易成本的降低及经济能量倍增的效应，充分有效利用电商能更好地促进销售，为生产提供强劲动力。打造乡土特色品牌，挖掘市场潜在客户。品牌宣传可以有效地提升知名度、树立品牌形象、吸引目标客户并增加市场份额，让产品火遍全国、走向世界。

（执笔人：晏琦、史宏博、张博奕）

地方特色农业发展路径探索^{*}

——以遂川县狗牯脑茶产业为例

遂川县坚持把茶产业作为"乡村振兴第一富民产业"来抓，按照"市场导向、政策引领、龙头带动、体系支撑"的发展思路，以生态、绿色、有机为方向，牢固树立"质量兴茶、绿色兴茶、品牌兴茶"发展理念，强化措施，全县茶产业蓬勃发展，取得显著成效。遂川狗牯脑茶进入农业农村部 2022 年第二批全国名特优新农产品名录，狗牯脑品牌价值达 33.34 亿元，被评为全国"最具品牌经营力"的三大品牌之一。2022 年，全县茶园面积 29 万余亩，全县近 10 万人从事茶产业相关行业，6000 多户脱贫户发展茶产业，户均增收达 4000 元。^① 在巩固拓展脱贫攻坚成果同乡村振兴有效衔接工作的过程中，遂川县茶产业持续发力，成为全县茶农和脱贫户增收致富的"金叶子"。

一、遂川县狗牯脑茶产业的发展亮点

（一）深耕文化，推动茶旅融合

遂川是生态县，生态旅游资源极其丰富，将内涵多样的茶文化资源与生态旅游资源深度结合，兴起了一种以茶文化为内容载体，结合乡村的自然风光、历史文化、人文风俗等元素，集休闲、文娱、体验于一体的茶旅融合发展模式。

一是以国家重点开发红色旅游资源为契机、依托红色旅游圈枢纽的地缘优势，充分发挥该县"绿＋红"的资源优势，丰富茶旅文化的内涵建

---

* 本文资料均由笔者走访当地收集整理所得。

① 遂川推进茶产业高质量发展［EB/OL］. 吉安市人民政府网，2022 – 11 – 29.

设，使茶旅文化焕发新生，成为具有代表性的地区文化名片。

二是在县城最有文化底蕴、最有城市记忆、最有商业气息的"老遂川"建设了茶文化街。在城南片区建设了狗牯脑茶香园，在公园核心区域打造了全省首个、面积3200平方米、集产学研、游购娱为一体的狗牯脑茶文化展示馆。

三是依托狗牯脑茶香园、茶文化街、草林红圩、左安桃源梯田、汤湖温泉、汤湖神茶谷、汤湖现代农业产业园等景点，打造"游红圩、赏梯田、泡温泉、品狗牯脑茶"精品旅游线路，不断唱响"茶乡遂川茶香世界"旅游品牌。

四是加快推进茶产业与茶文化的融合，深入挖掘狗牯脑茶古老动人的历史传说和趣闻轶事，通过"讲茶史""话茶事"等形式，以茶诗会、茶笔会、茶艺茶道表演为载体，利用"茶博园"为传播基地，定期举办以茶文化为主题的竞赛、评比、展览、茶文化艺术节等活动，让游客实现视、听、味、嗅全方位的感官体验，充分发掘当地的民俗民风、吸引更多的游客进行体验式茶文化旅游。

（二）科技驱动，引领茶产业发展

遂川县高度重视科技发展，与中国农业科学院茶叶研究所、江西省经济作物研究所、湖南农业大学、江西农业大学沟通合作，通过深入企业调研、举办培训班、召开座谈会、签订合作协议等方式，为遂川县茶叶产业发展提供技术支持。

一是加强与中茶所、省经济作物所等科研团队合作，进一步加快本地良种选育繁育工作，不断强化本地良种保护，确保狗牯脑茶"根正苗红"，支持茶树良种繁育基地建设，形成与狗牯脑茶产业发展相适应的优质良种供应能力。加速茶园新旧品种更换，鼓励支持老旧低产茶园逐步改植无性系良种。

二是针对茶企生产狗牯脑茶叶存在"茶汤浑浊、红蒂、碎茶多"等问题进行改进，邀请茶体系专家深入遂川县茶企、种植大户等基地和加工厂进行现场技术指导，提出通过规范采摘技术和鲜叶交易方式、适当延长摊青时间、严格控制杀青叶含水量、掌握杀青投叶温度和投叶量等技术措施，有效解决加工工序杀青过程杀青不匀、表面失水过多、芽叶内部杀青不足等问题，提升了茶叶品质。

三是与现代茶叶产业技术体系签订了科技合作协议，借助现代茶叶产业技术体系的科研平台优势，合作开展茶叶生产技术提升、产品结构调整研究，促进狗牯脑茶产业转型升级；进一步推进遂川县狗牯脑茶叶生产和加工标准体系，加快狗牯脑茶标准化生产进程；进一步根据狗牯脑茶品牌优势，充分利用"互联网＋"平台，深挖狗牯脑茶的文化内涵。

（三）人才培育，推动茶产业升级

为增强贫困群众种茶、制茶、售茶的势头，全力实施精准帮扶，做到政府来扶、干部来帮、社会力量来带。

一是健全配齐以服务茶叶种植、加工为主要内容的乡镇农技推广站的基础设施，补充一批茶叶种植技术专业人员。每年举办茶叶种植技术培训班，通过课堂教学与现场指导的方式培训茶农茶叶种植管理与加工技术，培训人次6000多人。

二是加大技术指导，成立遂川县茶叶技术服务中心，组建茶叶技术服务队，推广茶园机械化管理、有机肥替代化肥等先进技术和理念，为茶农免费提供技术咨询、茶园耕作修剪等技术服务，并积极保障茶叶采摘用工需求，及时引导茶农做好应对春季晚霜冻、秋季干旱等灾害天气茶园防护及补救工作。

三是根据"长江公益善茶项目"协议，长江商学院、长江商学院教育发展基金会、漳州科技职业学院、江西昌泰天福茶业有限公司等社会力量在遂川县开展精准帮扶。

（四）创新模式，助力乡村振兴

发挥党员干部的资源、知识、管理等优势，以低收入群体为载体，依托茶叶企业或者茶叶专业合作社，带领低收入群众增收致富。如全省劳模、高坪镇车下村党支部书记张冬梅创办的四季春茶叶专业合作社，允许低收入群体以土地入股分红；与低收入群体自行组织的小合作社签订协议，提供培训。五斗江乡党委政府多次组织村党支部书记、村主任、部分茶叶产业大户到赣州、万安、泰和，以及本县汤湖镇、草林镇学习茶产业发展经验，并回乡指导。

不断深化农村经营体制改革，大力发展农民专业合作社、家庭农场、专业大户和农业产业化龙头企业，充分发挥新型经营主体一头连市场、一头连农户的组织作用。一方面，对自身有条件发展茶叶产业的低收入群体"借梯上楼"，在茶叶基地建设、茶苗提供、技术指导等方面予以帮扶奖励，帮助其发展成为种植大户，带动更多茶农种茶增收，县财政对低收入群体贷款按同期贷款基准利率的100%给予贴息。另一方面，对那些自身条件不足，难以独自发展茶叶产业的低收入群体"借船出海"，促进其与茶业企业、合作社、家庭农场等新型经营主体建立利益联结机制，既解决了脱贫户出售茶青难、能人大户投资大的难题，又使村集体经济每年稳定增加收益，使茶业企业盈利。2021年以来共实施的31个资产收益扶持项目顺利建成并投入运营，有力促进了茶叶产业快速发展。

二、遂川县推动狗牯脑茶产业发展的特色举措

（一）打造区域公用品牌，茶企共享促振兴

遂川县政府集中力量打造狗牯脑区域公用品牌，2010年以1342万元将狗牯脑商标品牌收回国有。2012年，全县茶叶企业开始共享狗牯脑品牌，实行企业产品标注狗牯脑地理标志证明商标＋企业注册商标的母子商标制度，狗牯脑品牌共享企业由最初的5家，发展到目前的34家，其中有国家农业产业化重点龙头企业1家、国有企业1家、国家龙头企业1家、省级龙头企业2家、市级龙头企业18家、规上企业3家。同时，政府组建了正科级事业单位县茶产业发展中心（加挂县茶叶科学研究院的牌子），其职责是拟定茶产业各项发展规划、优惠政策、实施意见，负责狗牯脑证明商标的使用管理，负责抓好全县茶叶产业具体组织和服务协调工作。

（二）加大资金扶持，助力茶业蓬勃发展

遂川县政府先后出台《关于进一步加快狗牯脑茶产业发展的实施意

见》《遂川县狗牯脑茶产业发展奖补办法》《遂川县狗牯脑茶市场开拓奖补工作方案》等覆盖全产业链多批次的政策文件。县财政每年投入资金用于茶叶基地建设、市场营销、品牌宣传、加工企业设备升级、投资创新等奖补。2012 年以来，茶产业累计投入资金 2.4782 亿元，其中争取省市上级项目资金 4025 万元，县本级资金 2.0757 亿元。[1]

（三）多渠道推广品牌，茶形象蔚然成风

自 2013 年至今，遂川县政府出资聘请著名表演艺术家唐国强出任狗牯脑品牌形象代言人，在各类媒介上投放广告，在央视 1 套黄金时段播出狗牯脑茶宣传片，2019 年在民政部的支持下，央视 2 套从当年 7 月开始，每天（除周六）晚上 9:45 分福利彩票开奖前播出 30 秒的狗牯脑茶宣传片，持续广泛开展狗牯脑品牌宣传。在政府的领导下，遂川县每两年举办一次大型茶事活动，2010 年以来先后举办了三届狗牯脑茶文化节、三届茶王赛、三次全省或全国手工绿茶制作技能大赛。在省内外各大中城市开设狗牯脑茶专卖店 200 余家，近两年来，先后在北京（中茶公司）、吉安宾馆、井冈山风景区天街高标准打造遂川狗牯脑茶旗舰店，狗牯脑茶品牌形象得到显著提升。

（四）大力招商引资，广迎茶产业龙头企业

遂川县坚持把茶企招商作为发展茶产业的重头戏，组织专业招商队伍开展考察和招商，先后引进了江西御华轩实业有限公司、江西吉贡茶业有限公司、江西极上品实业有限公司（台资）、江西深海农林科技开发有限公司、江旅集团投资的江西省本润茶业有限公司。在民政部大力协调下，中粮集团旗下的中国茶叶股份有限公司与遂川县人民政府签订了产业扶贫战略合作协议，民政部捐建、中茶公司技术指导的南屏茶厂顺利投产并成功运营。

（五）加强科研攻关，助推茶业快速腾飞

2020 年，遂川县与中国农业科学院茶叶研究所签订《关于全面推进茶

---

① 遂川：来梦里茶乡 寻诗和远方［EB/OL］．大江网，2023－06－14．

产业振兴战略合作协议》，聘请了中国工程院陈宗懋、刘仲华两位院士为狗牯脑茶首席科学家。依托县茶叶科学研究院，遂川县创建了省级博士后创新实践基地，柔性引进两名茶学博士开展茶叶科研攻关，高标准建设了赣中南地区首个县级茶树种质资源圃，开展狗牯脑茶良种选育繁育。同时，遂川县还建立"茶博士"党建先锋团队，充分发挥县内"茶王"、茶叶技能大师等乡土人才作用，"茶艺技师"入围全省 20 个劳务品牌之一。2022 年还通过"三支一扶"为茶叶主产乡镇补充了 5 名茶叶技术人员，在茶叶主产乡镇选派产业指导员，在汤湖镇、高坪镇等 5 个主产乡镇开设了茶叶技术咨询服务中心和一批茶园绿色农资店，组建了一批茶叶专业技术服务队。当地还建设茶园绿色防控技术示范基地 2 万余亩，安装风吸式太阳能杀虫灯 1000 余盏，年推广使用粘虫色板 10 万余张。

（六）建立品控体系，促进茶叶品质提升

遂川县政府建立健全了狗牯脑茶标准体系，制定了《地理标志产品狗牯脑茶》国家标准和《狗牯脑茶树良种繁育技术规程》《狗牯脑茶种植技术规程》《狗牯脑绿茶加工技术规程》《狗牯脑红茶加工技术规程》4 个省级地方标准，以及《狗牯脑红茶》团体标准（产品标准），加强标准体系的宣传贯彻执行。遂川县政府建立了一套质量追溯管理体系，推广使用狗牯脑茶二维码防伪溯源标贴，制定出台了《"狗牯脑"地理标志证明商标使用管理实施细则》《遂川狗牯脑茶包装管理办法》《遂川狗牯脑茶农产品地理标志使用管理办法》，逐步推进狗牯脑茶包装标志标识使用规范化。特别是 2022 年开始实施的统一规范狗牯脑茶包装，对狗牯脑茶产品进行"实名认证"，推行"一品一标"，狗牯脑茶品牌形象得到显著提升。县茶产业发展中心、县市监局、县农业农村局联合开展市场巡查与执法，遂川县人民法院还成立"狗牯脑茶品牌司法保护联系点"和"知识产权巡回审判点"，通过整合部门职能，形成监管合力。同时，遂川县建设了一个茶叶质量监测实验室。县财政投入 1000 多万元建立了县级茶叶质量监测实验室，购置了气质联用仪、液相色谱仪等一批检测更快捷、更准确、更实用的仪器设备，可检测农药残留指标及重金属元素含量，有力地保障了遂川县茶叶的质量安全。

三、遂川县狗牯脑茶产业发展的经验启示

（一）以党建政策引领激发产业发展及乡村振兴活力

随着产业规模逐渐扩大，产业结构逐渐完善，需要通过制度创新，党建政策引领，全力强化顶层设计。近年来，在县委、县政府的正确领导下，遂川县坚持把茶产业作为"乡村振兴第一富民产业"来抓，按照"市场导向、政策引领、龙头带动、体系支撑"的发展思路，以生态、绿色、有机为方向，牢固树立"质量兴茶、绿色兴茶、品牌兴茶"的发展理念，强化措施，全县茶产业蓬勃发展，取得显著成效。同时，遂川县组建了正科级事业单位县茶产业发展中心（加挂县茶叶科学研究院牌子），职责是拟定茶产业各项发展规划、优惠政策、实施意见，负责狗牯脑证明商标的使用管理，负责抓好全县茶叶产业具体组织和服务协调工作。

（二）依托资源优势和产业基础转化为发展动能

坐拥一方山水资源，深知要发展，更要保护，唯有保护才能更好促发展。坚决贯彻习近平生态文明思想，把生态作为最大的财富，把保护作为最大的责任，统筹协调绿色发展，不断推动人与自然和谐共生。遂川县依托资源优势和产业基础，以政策为抓手，通过"做大基地规模、做强龙头企业、做足品牌宣传、做实市场营销"等措施，扩大了狗牯脑品牌的影响力。加强与中茶所、省经济作物所等科研团队合作，进一步加快本地良种选育繁育工作，不断强化本地良种保护，确保狗牯脑茶"根正苗红"，支持茶树良种繁育基地建设，形成与狗牯脑茶产业发展相适应的优质良种供应能力。

（三）以全方位多层次协调融合促进产业发展能级提升

产业发展需要全方位、多层次的协调合作，可以分别从产业规模与效益协调、产业两端疏堵结合、龙头企业外引与内育并重、省内与省外市场同步发力、高层次人才与乡土人才并用、一产与二三产业接力等方面入手，促进产业发展优化升级。

对内，适度的规模发展有利于开展提质增效行动，可以通过政策引导和项目实施带动，加强茶园基础设施建设，对改造提升老旧茶园、推广使用茶园绿色防控技术、山地茶园的耕作、病虫防治、修剪和采摘等关键环节的先进实用机具和配套技术给予。注重绿色防控技术的宣传与培训，规范农业投入品的管理，鼓励企业开展"二品一标"认证（有机产品、绿色食品、农产品地理标志产品），改变茶农在病虫草害防治上的认识误区，推广陈宗懋院士团队的先进绿色防控技术，同时做好国有企业重组，积极引进一批国内知名茶企投资兴业，引进一批有实业、带动力强的企业投资茶产业基地、加工等领域，推动茶产业发展升级。

对外，要重点巩固省内市场，加大省外市场开拓力度，同时要加大实体店布局，加大在省、市政府主要接待及会议场所的宣传推介，瞄准华北、西北等非产茶区大中城市的市场开拓。依托"互联网＋"农产品出村进城工程和"互联网＋第四方物流"供销集配体系，大力发展直播带货等新型营销模式，培育一批茶企电商平台和线上运营商。与此同时，还要深度挖掘文化历史，讲好品牌故事，延长产业链，打造精品旅游业。建设运营好文化展示馆，进一步繁荣狗牯脑茶文化街，在重要宾馆招待、餐饮场所加大狗牯脑产品的推广使用。充分发挥资源优势，结合草林红圩、桃源梯田景区，建设研学游基地、茶乡民宿等，打造"游红圩、观梯田、泡温泉、品狗牯脑茶"精品旅游线路，拓展茶功能，延伸产业链，提高茶产业综合效益，实现茶文旅深度融合发展。

产业发展，人才和科技也是关键。产业升级需要加强与高等院校及研究院的沟通合作，加强人才培养是促进转型升级的重要举措。加强与研究院和各高校的沟通合作，加大对食品质量检验检测、植物保护、育种、市场营销方面的紧缺人才引进。大力推广机械化采摘，引导企业进一步挖掘夏秋茶资源利用潜力，提升夏秋茶品质。

（执笔人：文艺瑾、王云华、黄婷）

竹鼠产业实现绿色化、智能化农业发展[*]

——基于广西桂林市瑶族自治县的案例分析

绿色化、智能化农业发展是当前农业的主要方向。绿色化农业注重环保和生态健康，采用有机种植和生态修复等手段，提高产品质量和安全性。智能化农业则利用物联网、大数据和人工智能等技术，实现生产全流程的数字化管理，提高生产效率和精准度。这两种发展相辅相成，共同推动农业现代化。竹鼠产业正逐步实现绿色化和智能化农业发展，通过生态养殖和智能技术的应用，促进产业可持续发展。本文以广西壮族自治区恭城瑶族自治县的竹鼠产业为例，揭示"中国竹鼠之乡"是如何实现绿色化、智能化的双重发展，为其他地区竹鼠产业的绿色化、智能化双重发展提供启示和借鉴。

为了深入探究竹鼠产业实现绿色化、智能化发展的途径，下文以案例分析的形式进一步揭示。

一、竹鼠产业实现绿色化、智能化农业发展的机制

（一）以科技驱动带动产业转型升级

在经济发展进入新常态下，我国农业发展面临着诸多挑战和机遇。农业生产成本持续攀升，农业增效难度加大，农民增收空间受限，农村空心化、老龄化问题日益突出。为确保农业、农村持续向好发展，必须主动适应新常态，不断优化农业结构，全面转变农业发展方式，加快推进农业转型升级。推动农业转型升级，需要加强农业科技创新，提高农业生产效率和质量，推动绿色生态农业发展，实现农业可持续发展（马莹，2016）。科技驱

---

[*] 本文资料均由笔者走访当地收集整理所得。

动农业产业转型升级，是当前农业发展的重要趋势。随着科技的不断进步，智能化、信息化等新技术逐渐应用于农业生产中，为提升农业生产效率、优化资源配置、改善农产品质量和安全提供了有力支撑（赵家凤，2012）。

恭城自治县竹鼠养殖业的转型升级，得益于对科技创新的重视和投入。当地政府与农业科研机构联合，引进和开发了一系列适合竹鼠养殖的高科技设备和技术，如自动化饲喂系统、环境控制装置及健康监测工具。这些技术不仅提升了养殖效率，降低了人力成本，还确保了养殖环境的稳定和竹鼠福利的提升。此外，通过对疾病防控技术的研发，有效减少了疫病的发生，提高了养殖的生物安全水平。科技的应用还体现在产品追溯系统的建立上，每一只竹鼠都能追溯到其养殖历程，保障了食品安全，增强了消费者的信心。

（二）以生态养殖推动绿色发展

随着社会经济的发展和人们环保意识的提高，生态养殖已成为现代养殖业的新趋势和新模式。相比传统养殖方式，生态养殖更加注重生态环境的保护和可持续发展，更符合现代社会对健康、安全、绿色食品的需求。生态养殖依托现代科学技术，通过多种方式实现了动植物在同一环境中共生共存的模式，例如，利用微生物的协同作用、农牧结合和种养结合等方式。这些创新的技术手段可以有效提高养殖效率，降低养殖成本，减少环境污染，提高产品质量，推动养殖业向更加绿色、可持续的方向发展（黄文宇，2017）。目前生态畜牧业分为四个方面：农牧结合、生态养殖、综合利用、循环发展。实现生态养殖，最终是要实现三个目标：产品的生态安全、生产过程中的生态安全和环境的生态安全（谢彩文，2015）。在农村，发展生态养殖具有天然的资源优势明显、劳动力资源丰富两大优势，因此为了更好地实现农村产业振兴，必须因地制宜发展种植、养殖业，结合本地区的特色产业带动农民脱贫致富（李海芳，2022）。

恭城县充分利用当地丰富的自然资源，以竹林为基础建立了生态养殖模式。竹鼠养殖场通常位于山清水秀的自然环境中，养殖户遵循生态原则，采用有机养殖的方法，尽量减少化学药品的使用，保持竹鼠的健康成长。恭城自治县竹鼠养殖业的绿色发展战略，着重于生态环境的保护和可持续发展。养殖户采用与自然环境和谐共生的养殖模式，如采用竹林散养，既满足了竹鼠的天然食物需求，又维护了生态平衡。养殖场的设计和运营都充分考虑了生态保护，比如，采用太阳能和生物质能源，减少化石燃料的使用，减少温室气体排放。养殖废物如竹鼠粪便被收集并转化为有机肥料，用于农田施肥，实现了废物的循环利用，降低了养殖对环境的影响。

（三）以产业链整合增强经济效益

在国内研究中，农业产业链最早是由傅国华（2016）提出的，他认为农业产业链是依托市场，集中资金、土地、劳动力等生产要素对资源和农产品的合理配置。现在，农业产业链是指产业链在农业领域的具体应用，它涉及农产品生产、加工、运输、销售等诸多环节，包括农业产前、产中、产后的各部门、组织机构及关联公司以价值链、信息链、物流链、组织链缔结的有机整体（崔春晓等，2013）。改革开放以来，中国特色现代农业发展的核心之一是持续整合产业链。中国现代农业的发展方向应该重视推动产业融合，加强不同环节之间的协同合作和资源整合；优化产业体系，完善农产品生产、加工、流通、销售等环节，提高农业产业链的效益和竞争力（魏丽莉和侯宇琦，2018）。

恭城自治县的竹鼠产业链整合，实现了从上游的养殖到下游的加工、销售及服务的全链条发展。养殖户、加工企业和销售平台紧密合作，形成了一体化的产业联动机制。加工企业不仅提供鲜肉，还开发了多样化的竹鼠产品，如竹鼠肉罐头、冷冻食品和即食餐包等，满足市场多元化需求。销售渠道的创新，如建立线上商城、参与电商平台、开展农产品直销等，极大提高了产品的市场可及性和消费者的购买便利性。同时，产业链的整合也带动了相关服务业的发展，如物流配送、市场推广和品牌建设等，为当地经济的发展注入了新动力。

二、竹鼠产业实现绿色化、智能化农业发展的启示

（一）促进智慧农业科技创新发展，实施智能化养殖技术改造升级

中央网信办、农业农村部、国家发展改革委、工业和信息化部、国家

乡村振兴局联合印发《2022 年数字乡村发展工作要点》，明确提出数字乡村发展的重点任务之一是大力推进智慧农业建设，包括夯实智慧农业发展基础、加快推动农业数字化转型、强化农业科技创新供给、提升农产品质量安全追溯数字化水平。面对仍然存在人才短缺、资金不足、数据匮乏等挑战，智能养殖业的高质量发展离不开政策的引导推动。《2022 年数字乡村发展工作要点》立足于中国数字乡村的发展现状，充分衔接了《中共中央　国务院关于做好 2022 年全面推进乡村振兴重点工作的意见》《数字乡村发展战略纲要》《"十四五"国家信息化规划》《数字乡村发展行动计划（2022 - 2025 年）》的总体目标要求，对持续推动农村数字普惠金融发展、推进新型数字化技术应用及供给等领域提出了明确的任务要求。对于竹鼠养殖行业，可以采取以下的方式来实现智慧农业发展。第一，采用智能监控系统。实时监测养殖环境的温度、湿度、气体浓度等参数，保持最适宜的生长环境；监测竹鼠的健康状况和行为活动，及时发现异常并采取措施预防疾病。除此之外，可以远程监控养殖场的情况，随时随地进行生产管理和设备调节。例如，恭城瑶族自治县竹鼠养殖场安装了温湿度传感器、气体检测仪等设备，实时监测养殖舍内的温度、湿度和气体浓度。当环境参数超出预设范围时，系统自动启动空调、通风设备等，调节环境，确保竹鼠处于舒适的生长环境。第二，生物技术改良。利用生物技术研究竹鼠常见疾病的发病机制和防治方法，开发疫苗、药物等防控措施，提高竹鼠养殖的健康水平和疾病抵抗能力。通过生物技术改良竹鼠的饲料配方，提高饲料的营养价值和消化吸收率，减少饲料成本，同时改善竹鼠的生长性能和产品品质。用生物技术研究竹鼠的生殖生理特点，优化繁殖管理方法，提高繁殖率和繁殖效率，缩短繁殖周期，增加竹鼠养殖的产出量。例如，恭城瑶族自治县竹鼠养殖场实施了竹鼠遗传改良计划和现代种业提升工程，健全产学研联合育种机制，推进竹鼠本土化选育，实现了逐步提高核心种源自给率的目的。

（二）推动生态循环农业发展，实施绿色养殖标准化生产

生态养殖是实现绿色发展的关键路径之一，通过可持续的养殖方法和环保措施，促进生态平衡，实现资源的可持续利用，推动农业可持续发

展，为环境保护和经济增长找到了良好的平衡点。2021 年 5 月，农业农村部办公厅、财政部办公厅联合发布《关于开展绿色种养循环农业试点工作的通知》，17 个省份将在 2021 年开展绿色种养循环农业试点，这标志着中国政府对于推动绿色种养循环农业发展的重视和支持。这一通知的发布将为生态养殖的发展提供更多政策支持和资源保障，进一步促进绿色发展的实现。据此，可以提出以下绿色生产方式。第一，健全饲草料供应体系。因地制宜推行粮改饲，增加竹子种植，提高竹子自给率。推进竹鼠饲草料专业化生产，加强饲草料加工、流通、配送体系建设。促进秸秆等非粮饲料资源高效利用。建立健全饲料原料营养价值数据库，全面推广饲料精准配方和精细加工技术。加快生物饲料开发应用，研发推广新型安全高效的饲料添加剂。调整优化饲料配方结构，促进玉米、豆粕减量替代。例如，在恭城瑶族自治县，政府积极推行粮改饲政策，鼓励养殖户增加竹子种植，以提高竹子自给率，同时加强竹鼠饲草料专业化生产，优化饲料配方结构，促进非粮饲料资源的高效利用。通过建立饲料原料营养价值数据库、推广精准配方和精细加工技术，以及研发新型安全高效饲料添加剂，促进竹鼠养殖产业的健康发展。第二，建立生态养殖示范基地。该基地可选址在适宜的地区，引进先进的竹鼠养殖技术和管理模式，如循环水养殖、天然饲料配制等，以确保养殖过程中减少对环境的影响。同时，基地可组织培训和交流活动，向养殖户普及生态养殖理念和技术，鼓励他们加入绿色竹鼠养殖行业，推动当地竹鼠产业的可持续发展。通过建立竹鼠生态养殖示范基地，可为当地竹鼠养殖行业树立良好的形象，助力生态环境保护和经济发展。

（三）推进产业链深度融合，构建产业链协同发展体系

农业全产业链是农业研发、生产、加工、储运、销售、品牌、体验、消费、服务等环节和主体紧密关联、有效衔接、耦合配套、协同发展的有机整体。农业农村部召开全国农业全产业链建设现场推进会，会议强调，要深入学习贯彻习近平总书记关于发展乡村产业特别是延长粮食产业链、提升价值链、打造供应链的重要指示精神，加快农业全产业链培育发展，为全面推进乡村振兴、加快农业农村现代化提供有力支撑。第一，创设竹

鼠产业合作联盟。组建由竹鼠养殖户、加工企业、销售商、科研院所等相关方共同组成的竹鼠产业合作联盟。该联盟旨在整合产业链资源，促进各环节之间的合作与交流，推动产业链上下游协同发展。联盟可以定期召开会议，讨论产业发展战略、技术创新、市场拓展等议题，共同制定发展规划和标准，提高整个产业的竞争力和影响力。第二，建立竹鼠产业公共服务平台。建立面向竹鼠养殖户和相关企业的公共服务平台，提供养殖技术指导、市场信息发布、产品认证等服务。该平台可以整合各类资源，包括政府扶持政策、科研成果、行业标准等，为产业链各方提供全方位的支持和帮助。通过建立公共服务平台，可以提升产业链各环节的效率和水平，促进竹鼠产业健康、可持续发展。例如，瑶县已经建立了竹鼠产业公共服务平台，旨在促进竹鼠产业的健康发展和提升竹鼠养殖业的水平。该平台为竹鼠养殖户、企业和相关从业人员提供全方位的服务和支持，包括信息发布与交流、技术培训与指导、品种改良与推广、市场开拓与对接等方面。

（执笔人：赵紫锦、袁嘉妮、唐媛、邱晓）

现代生态农业发展路径探究[*]

——以湖北省黄冈市叶路洲生态园为例

生态农业是以保护生态环境、促进生物多样性和提高农产品品质为目标的农业发展模式。叶路洲结合地理特点及文化特色打造出"叶路十景"，全力建设"一环一带串十景"的园区景观，园区配套设施不断完善，景观风貌不断提升。同时，依托传统蔬菜产业优势，在农业现代化、基础设施建设、生态环境保护和居民收入增加等方面取得了显著的成就，为当地经济社会的持续健康发展奠定了坚实的基础。2023 年，通过与武汉四季美、上海叮咚买菜、秋生等企业合作，叶路洲的蔬菜年交易量达 3 万多吨，产值过亿元。[①] 在近年来的发展中，叶路洲开始转型为集农产品加工、生态农业观光、文旅休闲于一体的农文旅融合示范区，走出了一条特色的生态农业发展道路。

本文以叶路洲生态园发展创建经验为例，深入探究现代生态农业发展路径，以期为其他地区的生态农业发展提供一定启示和借鉴。

一、叶路洲生态园生态农业发展实现路径

（一）充分发挥政策效能，抢抓生态农业发展机遇

新型生态农业发展是建设农业强国、实现中国式农业现代化的有效选择（于法稳和林珊，2022）。要想实现生态农业发展，加快乡村振兴，重大决策的出台与实施尤为关键（仪洪言，2023）。地方政府在促进生态农业发展中发挥着重要的规划作用、服务供给作用及协调作用（刘子琦，

---

[*] 本文资料均由笔者走访当地收集整理所得。

[①] 好"丰"景带来好"钱"景 [EB/OL]. 黄冈市人民政府，2024 – 02 – 18.

2022）。为此，各级政府应积极加大对生态农业发展的帮扶力度，要有完善的农业政策支撑和配套措施，采取生态补助、财税政策等多种经济支撑，注重农业本土资源优势，可以成立"生态专班"，发挥其积极的影响力（李娟，2022）。

为深入贯彻落实习近平总书记对乡村发展的重要指示，黄州区委、区政府积极抢抓政策机遇，于2017年决定发挥叶路洲蔬菜产业的现有优势，将叶路洲建设成为国家生态农业园区。洲内以蔬菜、瓜果种植和立体养殖为主，大力发展城郊农业、生态农业、休闲农业、观光农业，致力打造黄冈市重点旅游观光园区和武汉城市圈休闲旅游后花园。围绕创建叶路洲国家生态农业示范园的建设目标，按照黄州区委、区政府的统一部署，自2017年起，就不断投入大量人力、物力根治水患。投资400余万元，高标准编制叶路洲全域规划和全域国土综合整治实施方案；投资1.75亿元完成了叶路洲圩堤整治加固，拆除房屋645户、12.2万方，退地1951亩，吹填土方260万方。加固后的圩堤顺利经受了2020年度长达40余天的高水位的考验，彻底解决叶路洲水患威胁；多方筹措资金6500余万元，完成了环洲16.5公里的堤顶路和内外平台绿化工程；争取项目资金1600余万元建成王岭提排两用泵站、军岭提水泵站，有力提升叶路洲排涝抗旱能力；投入资金2400余万元实施高标准农田建设，整治护砌文昌河、改造洲内灌溉水系和生产道路，夯实了洲内产业发展基础。[①] 正是有了政府全力优化营商环境，才引得"凤凰来"。先后有山东寿光农发、新盛达、新禾等农业企业在洲内落户，农业市场主体超过20家，有力地带动了洲内产业结构的调整。

（二）依循"因地制宜"原则，巧妙借用地理优势

为全面落实乡村振兴战略，加大力度推广生态农业，充分发挥生态农业的优势，各地区需要深入挖掘区域特色，积极推行"一村一品""一县一业"的生态农业发展模式，充分发挥不同区域的资源优势，增强生态农

---

① 黄冈市局：全要素整合资源禀赋，助推乡村振兴［EB/OL］. 湖北省自然资源厅，2022－03－24.

业的发展动力（刘丽华，2023）。要想有效加快生态农业的发展，应注重在开展农业生产的过程中始终遵循"因地制宜"的原则（仪洪言，2023）。

叶路洲位于长江中下游平原，四面环水，是一座冲击洲，属于亚热带季风性湿润气候，四季分明、热量丰富、无霜期长、雨热同季，适宜多种作物生长。洲内地势平坦，土壤肥沃，水源丰富，交通便利。叶路洲是全区优质粮棉油生产基地，洲上共有 9 个行政村，60 个村民小组，总人口1.65 万人，总面积 33.5 平方公里，其中耕地面积 2.65 万亩，江滩面积2.35 万亩。[①] 黄冈是武汉城市圈的重要成员之一，而黄州区是黄冈市唯一的市区，是城市圈中距离武汉市区最近的城区之一，是同城化发展的重要节点城市。叶路洲打造"黄州一篮子菜"品牌，以传统蔬菜产业为依托，以建设特色、生态蔬菜品牌农业为重点，大力促进蔬菜产业升级，建设标准化蔬菜基地，成为武汉优质蔬菜保供的菜篮子，找准了发展定位。叶路洲距离黄冈大道、黄冈西站都比较近，走长江水运都非常便利，能够有效保障蔬菜及时运输。面对叶路洲土地肥沃、生态良好、交通便利等突出优势，发展现代生态农业具有得天独厚的优势。

（三）培育生态发展意识，调动群众参与积极性

农民是发展乡村生态农业的主角，更是第一践行者（刘然等，2023）。必须不断建立健全农民奖励机制，对于那些积极参与生态农业发展项目活动的农民，要及时给予一定的物质奖励，激发他们的参与主动性（杜婉音和宁国辉，2023）。在生态农业发展中，劳动力的农业生产意识至关重要，只有农民认识到生态农业发展的重要意义，才能在农业生产中减少农药和化肥的施用量，最大程度降低农产品污染，推动生态农业可持续发展（刘丽华，2023）。

叶路洲大力培育农民生态发展意识，并得到农民的充分理解与支持。自 1998 年特大洪水暴发后，洲内居民已经经历过多次搬迁，常住人口不足3000 人，且大多数为故土难离的老人，青壮年外出务工居多，几乎每年6 月、7 月都会防汛抗旱，洲上农耕土地荒废严重，叶路洲人民迫切希望

---

① 黄州堵城镇万亩蔬菜源源不断端上大城市"餐桌"［EB/OL］. 荆楚网，2022 – 10 – 26.

改变贫穷的现状。2014 年叶路洲余岭村作为叶路洲 4 个省级贫困村之一，率先在镇党委的支持下，引进了湖北福耕农业发展有限公司，通过"公司＋农户"的产业扶贫机制，让余岭村在 2016 年就实现全面脱贫，这也极大地鼓舞了其他贫困户，让叶路洲村民对于招商引资发展现代生态农业的信心倍增。

二、乡村振兴战略下生态农业发展的经验启示

现代农业发展是乡村振兴的重要支撑，生态农业作为现代农业的可持续发展模式，对生态文明建设和乡村振兴战略的实施都具有叠加效应（施莉萍和姚奕欢，2023）。全面推进生态农业发展模式，对乡村振兴战略目标的实现会起到积极促进作用，形成生态上可持续发展、经济效益上持续创收、农村环境持续改善的良好发展新局面（庾雪和赵晖，2022）。

（一）产业振兴：挖掘资源优势，塑造农业品牌

品牌化是现代农业发展的重要标志，是推动农业高质量发展的重要驱动力。加强农产品品牌建设，有利于促进传统农业向现代农业转变，有利于提高农产品的市场竞争力，有利于实现农民增收致富。首先，鼓励本地企业积极打造"叶路洲"地理标志性品牌，推广本土特色无公害、有机、绿色农产品，利用电商、展销会等平台，汲取其他县、市在农业管理方面的宝贵经验，开拓农业生产新方式，优化产业结构，加大对农产品的产销和品牌的推广力度，扩大品牌的市场影响力。其次，加大单品品牌和企业商标品牌打造力度，如"月果老"大蒜等，并提升其市场影响力，组织开展各类名优特品牌的创建活动，形成集群效应，为品牌农业发展打好基础（张鼎，2024）。最后，完善物流体系，"支持产地批发市场、城乡冷链物流设施、交易市场建设，推进电子商务进农村和农产品出村进城"（任凤鸣，2023）。

（二）人才振兴：坚持人才强局，培养高素质专业化人才

人才是乡村的第一要素，是乡村振兴的"原动力"。叶路洲培养了不

少大学生，但是能留得住的却不多，大批青壮年外出务工，也是叶路洲在乡村振兴路上的一大痛点。想要建设优质的人才队伍只能通过内培和外引两种方式。首先，创建多样化的培训机构和农业职业学校，实施高素质农民培育计划。整合多种职业教育资源，包含农业农村、经济贸易、科学技术等，既有传统的教育模式，又有互联网的教育模式。（郭菀璐等，2022）开展农村创业带头人培育行动，培育一大批懂技术、爱农业、善经营的新型职业农民，不仅要让农民学习种植技术，也让农民学习经营、供销等业务，在现代生态农业发展中实现增收，例如，通过独立承包种植经营设施大棚、深入参与园区项目经营、创办农业产业合作社和公司等多种形式获利。其次，加大能人返乡的吸引力度，发挥企业家的引领作用，让能人积极回乡创办企业，做反哺家乡、建设家乡、致富家乡的带头人。与此同时，也要引进和聘请一些国内的相关农业技术专家，为叶路洲现代生态农业发展建设出谋划策，提供智力支持。只有不断加大科技创新和人才培育投入，才能以科技创新引领农业发展，以人才队伍建设为叶路洲乡村振兴提高质量和增长效率。

（三）文化振兴：共建精神家园，实现农文旅融合发展

振兴乡村文化是乡村振兴中的一项"铸魂工程"，乡村文化认同是维持乡村社会秩序有效运行的内在基础。习近平总书记强调："让居民望得见山、看得见水、记得住乡愁。"[①] 如果农民没有共同的价值追求和高度的文化认同，就不可能记住"乡愁"，不可能有"精神家园"，更谈不上文化振兴、乡村振兴。叶路洲在不断发展农业的同时，也要不断挖掘历史文化资源。自清朝起叶路洲就被府志、县志等记载在册，革命时期也出现过一大批青年知识分子。将过去的历史文化与现在的科技农业相结合，发挥其资源优势，不断开发其丰富的旅游功能，大力推动农旅融合，建设叶路洲生态旅游圈。通过举办蔬菜采摘、油菜花田等富有特色的农旅活动，走出一条有叶路洲特色的农业文化旅游发展之路，培育经济发展新的增长极，让叶路洲文化在叶路洲人民心中获得认同感，也将这种文化认同转化为经

---

① 2013 年中央城镇化工作会议公报［EB/OL］. 新华社，2014－01－24.

济优势，以文化振兴助力乡村振兴。

（四）生态振兴：保护耕地和水源，加强非耕地区生态保护

绿水青山就是金山银山。叶路洲作为长江中下游平原的江心洲，被长江支干流包围住，洲内湖塘遍布，水资源丰富，有利于农业经营主体进行农业灌溉。但是叶路洲作为长江生态的一部分，生态保护工作也任重而道远。农业种植是叶路洲的主要经济来源，在将来很长的一段时间里，也是其主要的发展方向。叶路洲在利用耕地和水资源的同时，也要做好耕地保护和水资源保护工作。首先，针对需要肥力强的经济作物，一定要做好农田的轮作轮休，保护土壤肥力，让耕地能够可持续发展。其次，在肥料的选择上也要有所慎重，积极推行生物肥料，减少化学肥料的使用，这样不仅保护土壤，也保证人民的身体健康。再次，政府要及时监督农业灌溉用水，一旦重金属等超标要及时向经营者予以警告。最后，针对大部分的非耕地区域的生态，要加强农民生态保护意识，湖塘管理要分配责任人，不能任其荒废而置之不理；叶路洲移民后，残留的大量荒废的宅基地要及时与房主沟通清理拆除或者做好维护，让未搬迁居民或游客能够有一个比较良好的生态环境。发展农业并不意味着生态保护就不重要，生态环境作为乡村振兴的一项重要指标，做好了就是功在当代，而利在千秋的事，要让良好的生态成为乡村振兴的支撑点。

（五）组织振兴：加强基层组织建设，发挥战斗堡垒作用

推进乡村振兴，就要把握好、落实好组织振兴这一保障性工程，就要切实发挥好基层党组织在乡村振兴中"最后一公里"的战斗堡垒作用，建好农村工作的"火车头"。在叶路洲现代生态农业建设中，基层党组织要保持高度敏锐的经济发展意识，决不能懒政、怠政，而要敢为人先，积极探索农业发展、农民增收新模式。首先，加大选派干部力度，让文化素质高、有专业特长的年轻干部参与到基层中去，对于基层组织工作人员，完善用人激励机制，可以允许发挥首创精神，采取大胆假设、小心求证的方式增强乡村振兴的发展活力。其次，针对村干部老龄化问题，要加大培养后备干部力度，鼓励有能力的大学生加入基层组织，支持能人返乡担任村

干部,为乡村振兴蓄积强大组织力量。最后,要鼓励公众参与,集中大多数人的智慧,让百姓能够及时了解家乡变化,为家乡发展建言献策,贡献自己的一份力量。

(执笔人:文艺瑾、王云华、李翠)

聚焦资源禀赋：打造强县富民的特色产业 [*]

——以麻城市菊花产业为例

乡村要振兴，因地制宜选择富民产业是关键。因地制宜地打造乡村特色产业，是资源优势转化为产业优势的有效手段，也是实现扶贫产业变为富民产业的重要抓手。如何依托自然资源优势，选准特色产业并延伸产业链条，对实现产业兴旺有着重要的现实意义。本文以麻城菊花高新技术产业园为例，研究了如何将资源优势转变为产业优势的发展路径，为其他地区如何发挥当地比较优势提供了经验参考。湖北省麻城市位于鄂东北部，享有中国保健菊花之乡、中国菊花创新发展之城、中国菊花美食地标城市等称号。菊花是麻城人民的"脱贫花"和"致富花"。麻城菊花源远流长，共有 1000 多年的历史。2023 年全市菊花种植面积达 16 万亩，开发 14 类、1000 余款菊花系列产品，远销 20 多个国家。区域公共品牌价值近 50 亿元，菊花产业年产值达 8 亿元。^① 黄土岗镇是麻城打造"百里菊花风景画廊"的核心区，该镇充分发挥地理优势、区位优势、资源优势，先后打造菊香人家、堰头垸福白菊种植基地和茯苓窝康养农场等农文旅融合项目，为三产融合提供强有力的基础，为麻城市福白菊产业发展提供样板。做优菊花种植、做强市场主体、做响福菊品牌、做深产业融合，黄土岗镇在这四个方面精准发力，推动菊花产业规模化、品牌化、融合化全面发展。

一、麻城市依托资源禀赋形成特色产业的发展路径

（一）紧抓当地优势，发展农文旅融合产业

依托自然资源推进产业融合发展，是将资源优势转化为经济优势的重

---

① 湖北麻城：科技力量成就菊花致富梦［EB/OL］. 湖北省农业农村厅，2024 - 05 - 28.

要路径。当地需要通过多路径整合资源优势以充分提高资源利用效率，促进多产业依托资源优势协同发展。当前，麻城市已建成 138 个菊花示范市场主体，146 个连片种植基地，连片基地面积已达 32110 亩，建设了总面积 3000 平方米的麻城菊花种苗扩繁中心和配套温室大棚，通过扩建麻城福白菊原种保护中心，稳步推进福白菊特色产业园、菊花产业强镇、菊花电商特色小镇等产业项目。麻城市依托当地历史底蕴深厚的菊花资源，按照 4A 级景区标准打造"百里菊花风景画廊"，全面推进全域国土综合整治项目，着力打造菊花产业融合发展示范园，争创国家级三产融合示范园，有效促进了农文旅产业的协同发展。

（二）夯实产业基础，建立现代化产业集群

夯实相关产业的发展基础，是将资源优势转化为经济优势的必要前提。当地需要依托资源优势筑巢引凤，通过招商引资实现资源配套的产业集群。麻城市聚焦于发展壮大菊花龙头企业，通过深化市校合作、政策补贴、项目申报、金融扶持，不断加大招商引资力度，推动凤凰白云山、大自然菊业、金兰农业、高峰科技等菊花省级龙头企业的技术改造和规模扩张，为菊花产业集群不断注入市场活力，形成了"企业＋合作社＋菊农"的深度利益联结机制。进一步地，麻城市重点瞄准菊花医药健康、美容养生、智慧文旅等行业头部企业，深化与珍宝岛集团等知名企业的对接联系，多次邀请行业领军企业进行实地考察，有效提高了产业多元化水平。

（三）重视品牌价值，带动产业转型升级

放大特色资源的品牌价值，是将资源优势转化为经济优势的重要价值。麻城市持续推进"麻城福白菊"区域公共品牌建设，推广使用"麻城福白菊"公共商标，加强公共品牌保护。在药用价值方面，麻城市推动福白菊入选了"十大楚药"，并邀请专家先后两次来麻城召开菊花国家标准起草工作会议，研讨《中国药典》菊花标准的修订，对麻城福白菊开展药用性状分析等相关研究，助推麻城福白菊入载《中国药典》。在文化价值方面，麻城市依托省电视台"十大楚药"和"荆楚有好物"进行福白菊专

场推介，先后组织 20 余家菊花企业参加世界健康大会、第十届中药材交流共享大会、李时珍中医药文化节和品牌黄冈巡展活动，并连续举办十一届麻城菊花文化旅游节，叫响"麻城菊花，福泽万家"的宣传口号。麻城市联结菊花的药用价值和文化价值，打造了菊花资源的品牌优势，提高了菊花相关产品的附加值。

（四）延伸产业链条，打造形成产业新业态

延伸特色产业的产业链条，是将资源优势转化为经济优势的有力拓展。麻城市围绕打造"中国菊谷"的"十个一"重点任务，绘制全市菊花全产业链布局图和菊花产业旅游导图，重点建设菊花产品加工物流园和菊花公园等标志性工程，提升菊花公园的"产学研、种加销、游购娱"基础设施条件，推进菊花与旅游、文化、健康养生等深度融合，有效延伸了菊花产业链、提升价值链。麻城市通过菊花产业上下游链条的延伸，打造了菊花＋旅游、菊花＋大健康、菊花＋美食、菊花＋会展、菊花＋文化等新业态。

二、麻城菊花打造特色产业的政策举措

打造符合当地资源优势的特色产业，需要根据经济空间格局和区位条件、资源禀赋、发展定位，围绕产业发展和产品需求，形成"人""财""物"配套的特色产业发展政策体系。麻城市以产学研合作为导向，以技术创新为理念，深度挖掘了菊花产业的经济价值与文化内涵。

（一）深化校企合作，推进产品创新

麻城市同"515"科技服务团队、湖北中医药大学、华中农业大学、省农科院、南京农业大学等科研院校开展技术合作，并提档升级菊花产业技术研究院，组建专家委员会，邀请 10 余名菊花行业顶尖专家和企业代表担任委员和产业发展顾问。不仅如此，麻城市推动产学研深度合作，研发涵盖茶用、药用、食用、饮用、酿用、保健等 14 大类共计 1000 余款菊花新产品，部分产品不仅畅销国内市场还出口海外，成为麻城市创造外汇的

龙头产品。

（二）加强文化宣传，塑造品牌价值

麻城市不断扩大麻城菊花的影响力。一是开展全国土特产推介·湖北麻城菊花专场交易博览会、东坡庙会·首届王叔和中医药文化节、山水田园菊花展、麻城菊花文化旅游节。二是举办菊花采摘和直播销售职业技能竞赛，大赛创新引入"互联网＋"模式，以菊花＋竞赛、菊花＋电商直播等形式，带麻城菊花走遍大江南北，引导农民向新农人转型，推动传统菊花产业向新业态升级，打响了福白菊的招牌。

（三）对接龙头企业，丰富产业链条

麻城市主动对接医药康养等领域的供应链头部企业，力争引进一批影响大、链条长、辐射广、效益高的供应链领域龙头企业落户麻城，补齐菊花产业链短板。一是出台"菊十条"等支持菊花产业发展的专项政策，依托大别山农产品加工产业园建设，加快推进菊花加工物流专业园区建设。二是配套建立完整的冷链仓储物流体系，力争创建全国性菊花产业链供应中心，打造产业链枢纽。三是持续完善"区域公用品牌＋企业品牌＋产品品牌"的品牌创建体系，加强菊花"三品一标"建设，全方位扩大麻城菊花的行业影响力，放大产业链价值。

（四）建立技术中心，促进量质齐升

麻城市为促进菊花产业的发展，建立了麻城菊花创新中心和全国首家菊花产品质量检验检测中心，该中心是全国唯一的菊花产品专业检测机构，其可对菊花等农产品质量进行定性定量分析，开启了麻城菊花创新研究和标准化品牌化建设的新纪元，让数据为品质说话，让菊花挺直腰杆闯市场。目前该中心年产脱毒苗 2000 万株，已研发出第二代脱毒苗，不仅减少了病虫害管理成本，还可提升 30% 的产量。当前，麻城菊花可在该检测中心进行预检，而不必提供广州、上海等地专业机构出具的检测报告，有效降低了麻城菊花的销售成本。

三、麻城菊花打造特色产业的经验启示

立足于当地资源禀赋的区位优势，打造符合资源优势的特色产业，进而带动多产业协同发展，是实现农业发展、农民增收和农村繁荣的关键。资源产业贵在特色，要充分重视作物的经济价值和文化价值，培育具有区域特色并符合比较优势的产业集群，才能避免同质化竞争，构建独特的产业竞争力。麻城市立足菊花资源禀赋优势，延伸菊花产业链条形成产业集群的发展历程，蕴含着深刻的经验启示。

（一）挖掘历史底蕴，做足产业文章

麻城市的福白菊有 1500 年的种植历史，全市菊花种植面积达 16 万亩，其富含总黄酮、绿原酸、钼元素等成分，为药食兼用型中药材。"千年麻城菊花，怎么成了杭白菊"的痛点直击万千麻城人的心脏。秉承将菊花发扬光大的信念，2016 年开始，麻城市聚焦"花经济"、做足"花文章"，将菊花作为富民产业来打造。麻城菊花真正成为一朵健康之花、科技之花、富民之花。

（二）引进先进技术，紧抓产品质量

麻城市新建了福白菊组培实验室，培育一代脱毒苗，构建完备的"麻城福白菊"种苗体系，扩大福白菊脱毒苗育苗规模，年出圃优质脱毒苗 4000 万株。该项目通过对福白菊早熟品种、脱毒苗技术成果的推广应用，旨在解决麻城福白菊传统种植方式导致的品种退化、抗霜性不强、病虫害严重、产量下降等难题，提升福白菊抗性和抵御霜冻等灾害天气的能力。高保障的质量和产量也为麻城菊花带来了更多商机，麻城菊花通过国家药监局 GAP 认证、入选中欧地理标志首批保护清单、当选中国中部最受消费者喜爱农产品、入围湖北省道地药材"一县一品"、跻身"十大楚药"。

（三）围绕发展需求，用好人才政策

麻城市政府设立菊花产业发展基金，并将市财政预算用于奖励菊花品

种改良、龙头企业建设、种植大户培育、科技创新等工作。并吸引来自全国各地的专家齐聚黄土岗镇菊花创新中心参加王叔和中医药文化与麻城菊花创新发展论坛，围绕麻城中医药及菊花产业发展主题，分别从王叔和中医药文化、菊花药用康养和产业创新发展等方面积极建言献策、把脉问诊，助推中医药产业和菊花产业的深度融合。

（执笔人：宋颜希、张博奕、颜升）

农产品加工业优化升级路径机制研究 *

——基于襄州双沟工业园的案例分析

乡村要振兴，产业必振兴，产业兴旺是解决农村一切问题的前提。只有实现乡村产业振兴，才能更好推动农业全面升级、农村全面进步、农民全面发展。而农产品加工业已成为农业现代化的支撑力量和国民经济的重要产业，在我国有了长足发展，对促进农业提质增效、农民就业增收和农村一二三产业融合发展，以及对提高人民群众生活质量和健康水平、保持经济平稳较快增长发挥了十分重要的作用。在乡村振兴背景下，探究农产品加工业如何优化升级，是乡村产业振兴的重要组成部分。

双沟镇被认定为首批国家农业产业强镇，其中双沟工业园贡献了重要力量，而农产品加工业是双沟工业园的引领产业。双沟工业园区位于湖北省襄阳市襄州区双沟镇内，实行镇园合一的管理体制，规划面积 15 平方公里，建成面积 4 平方公里。距离城区 25 公里，常住人口 12 万人。2012 年6 月被襄阳市政府列为全市 14 家特色产业园区之一。2013 年 7 月被省委、省政府确定为全省 21 家"四化同步"试点示范镇之一，是国家级现代农业示范区的核心起步区。2021 年园区产值达 51 亿元、2022 年达 59 亿元、2023 年达 63 亿元。目前，园区内规模以上工业企业 20 家，直接带动就业人数近万人。其中最具代表性的农产品加工龙头企业——正大集团，先后在襄阳成立 7 家公司，形成年产饲料 148 万吨、出栏生猪 100 万头、屠宰生猪 100 万头、食品加工 10 万吨的生产能力。据襄阳市 2023 年统计年鉴的数据显示，襄阳市农村居民人均可支配年收入为 22497 元，园区内就业居民的收入明显高于全市平均水平。①

---

* 本文资料均由笔者走访当地收集整理所得。

① 双沟工业园：引进龙头企业 做大做强农产品加工产业链［EB/OL］. 微行襄州，2023 – 11 – 13.

本文以襄阳双沟工业园为例，揭示农产品加工业优化升级的路径机制，为其他地区农产品加工业优化升级提供启示和借鉴。为了深入探究农产品加工业优化升级的路径机制，下文以案例分析的形式进一步揭示。

一、工业园农产品加工业优化升级措施

（一）分析比较优势，为农产品加工业的发展提供精准定位

比较优势是发展的基础性条件，其中资源禀赋条件是影响比较优势的内生性因素，还受到产业化经营、科技进步和市场环境等外生性因素的综合影响（向云等，2014），共同构成发展的优势基础，带来更强劲的产业发展和优化升级的动力。襄州区及双沟镇地处鄂西北，土壤、水利、气候条件适宜，有利于多种农作物的生长。为农业的发展提供了良好的基础条件，也有利于企业的入驻，降低企业的运营成本。双沟工业园成立于2003年，采取"镇园合一"的管理方式。成立之初，工业园发展什么样的工业这一问题没有清晰的目标和定位。自主探索加政策支持，以资源禀赋的比较优势为基础，终于明确了特色产业园的定位——农产品加工业。同时，双沟镇位于襄州区的东北部，交通便利，有利于农产品的运输和销售。交通运输作为基础性、先导性、服务性行业，是连接生产和消费两端、提升供需适配效率的基础环节，不但有助于扩大有效投资，而且能够促进消费，对扩大内需战略实施具有重要作用，有助于推动形成"需求牵引供给、供给创造需求"的更高水平动态平衡（丁金学，2023）。

（二）打造优质营商环境，吸引优质农产品加工企业注入活力

良好的营商软环境会有助于促进经济发展（董志强等，2012）。其中很重要的一点是促进生产性私人投资。抓项目就是抓发展，谋项目就是谋未来，营商环境的改善有助于私人投资的增加。双沟镇工业园健全招商引资激励政策，坚持多维度招商策略，多措并举为招商引资提供良好的软硬件环境。双沟镇坚持经济建设是第一要务，铆足干劲、抓好招商、抓好产业、抓好项目，全力推进重点项目建设，打造营商"强磁场"的"双沟样

板"。园区启动了工业集中区的成片开发方案编制，通过超前规划，确保了重大项目落地的要素保障，为未来的经济发展预留了空间；健全了招商引资激励政策，充分调动了全镇招商的积极性，形成了"人人思招商、个个谋招商"的良好局面；重视招商队伍的建设，选拔熟悉产业政策、懂得谈判技巧、工作作风过硬的干部充实到招商一线；深化"1＋N"园区合作，计划由开发区国有公司收储闲置土地和厂房，建设定制化标准厂房，进一步缩短了项目落地的时间；坚持"平台招商、乡贤招商、以商招商"等多维度招商策略，广泛收集招商线索。

通过总体规划、政策激励、干部带头、多维策略等措施，为招商引资提供了良好的硬件环境。双沟镇工业园牢固树立"项目为王"的理念，坚持招大引强，成功签约了多个亿元项目，包括农业和工业项目，这些项目的成功落地将为园区的经济发展注入新的活力。

（三）发挥龙头企业优势，带动上下游产业链反推产业优化升级

农业产业化龙头企业是引领带动乡村全面振兴和农业农村现代化的生力军，是打造农业全产业链、构建现代乡村产业体系的中坚力量，是带动农民就业增收的重要主体，在加快推进乡村全面振兴中具有不可替代的重要作用。正大集团在双沟工业园区起着重要的龙头引领作用。正大集团先后在襄阳成立7家公司，形成年产饲料148万吨、出栏生猪100万头、屠宰生猪100万头、食品加工10万吨的生产能力，打造从饲料生产、生猪养殖、生猪屠宰、食品加工销售的生猪全产业链条，同时吸引了产业链上下游多家企业落户，带动当地农户增收。在产业集群中，一些中小企业的创新活跃度、转型升级能力往往较为薄弱。如果把整个行业比作木桶，作为"长板"的龙头企业不只是自己拔尖，而是能帮助补短板，就能够增强行业的"蓄水"能力，共同把市场做大，也为自身长远发展拓展空间。正大饲料、正大食品等企业的到来，吸引了产业链上下游的襄阳鑫宇粮油食品有限公司、湖北粮油集团等多家企业落户，对工业园的发展起到了重要作用。襄阳市规模较大的包装企业——湖北金艺佳新材料有限公司，于2018年落户双沟工业园，并与园区30余家企业形成合作关系。仅卧龙神厨公司一家，每年就从当地采购1.5万吨大米、4000多吨小麦，带动3000多农

户增收。每年还从本地企业采购 1 亿个包装袋和 500 万个箱子。[①] 襄阳悦兴纸箱制品有限责任公司也在园区建厂,与盼盼食品达成供货意向。

(四) 科技赋能,产学研融合创新推动农产品加工业优化升级

工业园中的正大集团与华中农业大学进行校企合作,推动农业产学研融合发展。产学研深度融合,是深化科技体制改革的一项重要内容,在宏观层面能推动经济增长方式由要素驱动向创新驱动转变,在微观层面能实现企业、高校和科研院所等产学研主体的深度融合,形成创新合力。正大集团在产业园内建设集国家动保中心、国家食品研发中心为一体的正大中南研究院,研究院将建设具有国际水平并符合国家标准要求的实验室检测平台,招聘专业质检技术人才,装备国际先进的检测设施、设备与仪器,对农场的畜、禽免疫防控效果检测及程序调节、病毒预防、产品安全等进行实验室检测分析,及时诊断和预防疾病,改善动物生长环境,为确保产品的安全性提供有效保障。研究院的建成标志着园区内农业科研能力从无到有并达到国内领先的水平。不仅对园区内企业的发展具有促进作用,对区域内农林牧渔产业的精细化、科学化种植和生产也起到极大的促进作用。

二、农产品加工业优化升级启示

襄阳市双沟工业园的建设与发展,成功实现了农产品加工业的优化升级,展示了中部地区传统农业经济的产业化发展路径。通过延长产业链、提高附加值,成功为当地农业从业人口提供了就业岗位,增加了居民收入。其发展过程中展现出的以下经验启示对其他农业地区的产业化发展也具有很好的借鉴意义。

农业产业化需要因地制宜,充分结合并发挥当地传统农业的产业优势。双沟工业园引进的企业均是以襄州区主要生产的粮食作物和油料作物

---

① 引进龙头 培育两大农产品加工产业链 襄州双沟晋级百亿强镇 [EB/OL]. 襄阳市人民政府,2023 - 09 - 25.

为原料的农牧产品深加工企业。因地制宜地发展农业产业链，充分尊重市场规律的发展才是可持续可壮大的发展，才可以真正做到以产业促进乡村振兴，巩固精准脱贫成果，可持续提高农民收入。政府部门与产业园区主管部门，应该充分发挥店小二精神。落实一企一策，充分尊重企业的自主性，同时在合法合规的范围内为企业投资提供便利性。让企业少跑腿，一站式解决企业在投资经营过程中遇到的痛点和难点。让企业感受到当地政府与园区管理的温度，愿意落户发展的企业自然也就多了起来。重视龙头企业的引领与带动作用，一企联动上下游产业共同前进。龙头企业不只是自己拔尖，而且帮助补短板，就能够增强行业的"蓄水"能力，共同把市场做大。双沟工业园区在招商引资的过程中重点引进正大集团与盼盼集团这种在国内具有较高商誉的食品加工龙头企业。在这两个集团入驻开工后，与其产品配套的其他企业和服务型企业也如雨后春笋般出现并蓬勃发展，形成产业集群效应。加强园区基础设施建设，切实保障全产业链顺利运行。加强道路交通、物流运输、水电气等硬件基础设施建设，栽好梧桐树是招商引资的先决条件。同时，也要重视政策法规等软件基础设施的建设，例如，对法律与程序正义的尊重，营造公平的市场竞争环境，杜绝在招商引资中出现地方保护主义类条款，规范园区建设与企业经营相关的行政法规，切实尊重保护私产等。这样才会在全国众多产业园区内一枝独秀，吸引来更多的金凤凰，促进产业蓬勃发展。加强科研能力建设，科学技术是第一生产力，更是产业的决定性竞争力。在招商引资的过程中，应该主动为企业与科研机构搭台，促进产学研深度融合。这样不仅为企业经营与产业发展提供持续性强劲竞争力，更为地区发展注入源源不断的活力。

（执笔人：晏琦、史宏博、毛子宸、朱子熙）

参 考 文 献

[1] 白赟腾，吴英．乡村振兴背景下农产品跨境电商品牌建设研究——以湖北秭归脐橙为例［J］．北方经贸，2024（1）：16–19.

[2] 蔡惠钿，吴贤奇，田立，等．广东现代农业产业园现状和联农带农机制创新研究［J］．农村经济与科技，2019，30（20）：206–207，121.

[3] 曹莉丽．农文旅融合助力浙江乡村振兴的对策研究［J］．现代农村科技，2019（8）：99–101.

[4] 曹智，李裕瑞，陈玉福．城乡融合背景下乡村转型与可持续发展路径探析［J］．地理学报，2019，74（12）：2560–2571.

[5] 陈瑾．乡村旅游转型升级下我国民宿经济高质量创新［J］．企业经济，2020（12）：69–76.

[6] 陈奇琦．乡村振兴背景下农村产业融合发展研究［J］．农业经济，2023（2）：46–48.

[7] 陈文俊．贫困地区应“因地制宜”发展扶贫产业，走脱贫致富之路——以景泰县为例［J］．甘肃农业，2019（9）：40–42.

[8] 陈晓东，杨晓霞．数字经济发展对产业结构升级的影响——基于灰关联熵与耗散结构理论的研究［J］．改革，2021（3）：26–39.

[9] 陈学兵．乡村振兴背景下农民主体性的重构［J］．湖北民族大学学报（哲学社会科学版），2020，38（1）：63–71.

[10] 程恩富，陈健．大力发展新质生产力加速推进中国式现代化［J］．当代经济研究，2023（12）：14–23.

[11] 程慧．共同富裕视域下乡村文旅融合发展的现实路径——以湖南省崇木凼村为例［J］．湖南行政学院学报，2024（2）：79–86.

［12］崇阳县人民政府办公室关于印发《崇阳县实施乡村振兴战略促进农业特色产业发展 2023 年扶持办法》的通知［EB/OL］．崇阳县人民政府，2023-12-05．

［13］崇阳县人民政府．依托生态优势发展中药产业，做好顶层设计完善产业链条——崇阳县中药材产业链工作进展情况汇报［EB/OL］．崇阳县人民政府，2022．

［14］崇阳县乡村振兴局．用好用活彩票公益金，擘画乡村振兴新篇章［EB/OL］．崇阳县人民政府，2023-11-18．

［15］崔春晓，邹松岐，张志新．农业产业链国内外研究综述［J］．世界农业，2013（1）：105-108，115．

［16］戴其文，代嫣红，张敏巧，等．世界范围内民宿内涵的演变及对我国民宿发展的启示［J］．中国农业资源与区划，2022，43（11）：262-269．

［17］邓咏梅．高技术产业集群内组织间知识溢出效应的系统动力学分析［J］．科技管理研究，2015（22）：149-155．

［18］丁金学．新发展格局下交通运输与产业协同发展的模式路径［J］．宏观经济管理，2023（2）：42-49．

［19］董志强，魏下海，汤灿晴．制度软环境与经济发展——基于 30 个大城市营商环境的经验研究［J］．管理世界，2012（4）：9-20．

［20］杜婉音，宁国辉．乡村振兴视域下生态农业发展困境与策略研究［J］．农业经济，2023（11）：32-35．

［21］杜文忠，唐贵伍．西部地区县域特色产业发展对策研究［J］．重庆大学学报（社会科学版），2010，16（3）：1-6．

［22］杜志雄，惠超．发挥金融对推进乡村振兴战略的支撑作用［J］．农村金融研究，2018（2）：26-29．

［23］发展智慧农业 建设数字乡村［EB/OL］．中华人民共和国农业农村部，2020-04-20．

［24］范周．文旅融合的理论与实践［J］．人民论坛·学术前沿，2019（11）：43-49．

［25］冯朝睿，徐宏宇．当前数字乡村建设的实践困境与突破路径

[J].云南师范大学学报（哲学社会科学版），2021，53（5）：93-102.

[26]傅国华.运转农产品产业链 提高农业系统效益[J].中国农垦经济，1996（11）：24-25.

[27]盖志毅.以品牌塑造为抓手推进我区农业供给侧结构性改革[J].北方经济，2017（2）：28-29.

[28]高帆."新质生产力"的提出逻辑、多维内涵及时代意义[J].政治经济学评论，2023，14（6）：127-145.

[29]高鸣，芦千文.中国农村集体经济：70年发展历程与启示[J].中国农村经济，2019（10）：19-39.

[30]高鹏.农村地区特色产业经济发展现状与改善对策研究[J].现代经济探讨，2022（1）：124-132.

[31]高钰君.农文旅融合发展助推乡村振兴的对策措施[J].南方机，2024，55（4）：124-127.

[32]葛梅，白丽，曹君瑞.乡村振兴战略下农产品电子商务发展问题与策略研究[J].农业经济，2023（8）：118-121.

[33]郭朝先，苗雨菲.数字经济促进乡村产业振兴的机理与路径[J].北京工业大学学报（社会科学版），2023，23（1）：98-108.

[34]郭坤.产业园区循环经济发展效果评价与对策研究[D].天津：天津大学，2015.

[35]郭菀璐，张世龙，姜竹雨.乡村振兴战略背景下舟山群岛智慧农业发展研究——以舟山市定海区为例[J].江苏商论，2022（11）：105-106，141.

[36]郭永田.产业兴旺是乡村振兴的基础[J].农村工作通讯，2018（1）：34.

[37]郭芸芸，杨久栋，曹斌.新中国成立以来我国乡村产业结构演进历程、特点、问题与对策[J].农业经济问题，2019（10）：24-35.

[38]韩长赋.大力推进质量兴农绿色兴农加快实现农业高质量发展[J].甘肃农业，2018（5）：6-10.

[39]韩喜艳，高志峰，刘伟.全产业链模式促进农产品流通的作用机理：理论模型与案例实证[J].农业技术经济，2019（4）：55-70.

[40] 何成军，赵川. 乡村民宿集群驱动乡村振兴：逻辑、案例与践行路径 [J]. 四川师范大学学报（社会科学版），2022，49（2）：98－105.

[41] 何得桂，刘翀. 党建势能：基层党建引领乡村产业发展的实践机制——以陕西 H 县党建"三联"促发展为例 [J]. 中共天津市委党校学报，2022，24（2）：12－23.

[42] 何妍，吴宇军. 乡村振兴背景下的秭归脐橙品牌建设策略分析 [J]. 中国商论，2020（2）：61－63.

[43] 何郁冰. 产学研协同创新的理论模式 [J]. 科学学研究，2012，30（2）：165－174.

[44] 何悦，胡品平. 产业集群向创新集群升级机理的系统动力学分析 [J]. 科技管理研究，2013，33（6）：175－178.

[45] 何志文，唐文金. 农业科技园区研究综述 [J]. 安徽农业科学，2007（24）：7680，7716.

[46] 洪勇. 我国农村电商发展的制约因素与促进政策 [J]. 商业经济研究，2016（4）：169－171.

[47] 侯冠宇，张震宇，董劲伟. 新质生产力赋能东北农业高质量发展：理论逻辑、关键问题与现实路径 [J]. 湖南社会科学，2024（1）：69－76.

[48] 胡景谱，陈凡. 新时代中国特色数字工匠的角色期待及其实现 [J]. 科学技术哲学研究，2023，40（2）：84－90.

[49] 胡敏. 我国乡村旅游专业合作组织的发展和转型——兼论乡村旅游发展模式的升级 [J]. 旅游学刊，2009，24（2）：70－74.

[50] 胡太平. 智慧农业推动农业产业升级的应用与展望 [J]. 农业经济，2020（6）：6－8.

[51] 湖北出台36项措施建设高标准市场体系 [EB/OL]. 中华人民共和国中央人民政府，2022－03－30.

[52] 秭归："橙"风破浪"智"向振兴 [EB/OL]. 中华人民共和国农业农村部，2021－12－24.

[53] 湖北省数字政府建设总体规划（2020－2022 年)》中数字政府与数字经济的关系如何界定，数字政府建设会对数字经济的发展产生什么样的影响？[EB/OL]. 湖北省发展和改革委员会，2021－11－11.

［54］湖北秭归县："小脐橙"撬动乡村振兴"大梦想"［EB/OL］. 新华网，2020－09－21.

［55］黄锟. 积极发展绿色产业促进县域经济绿色发展［J］. 北方经济，2017（1）：11－14.

［56］黄文宇. 推进养殖业转型升级实施现代生态养殖［J］. 畜禽业，2017（4）：58－61.

［57］黄远太，霍鑫，曾昭旭. 湖南炎陵县黄桃生产现状、问题及产业品牌保护建议［J］. 农业工程技术，2023，43（25）：17，19.

［58］姜长云. 关于构建新型农业经营体系的思考——如何实现中国农业产业链、价值链的转型升级［J］. 人民论坛·学术前沿，2014（1）：70－78.

［59］姜长云. 推进农村一二三产业融合发展的路径和着力点［J］. 中州学刊，2016（5）：43－49.

［60］姜长云. 推进农村一二三产业融合发展新题应有新解法［J］. 中国发展观察，2015（2）：18－22.

［61］蒋和平，郭超然，蒋黎. 乡村振兴背景下我国农业产业的发展思路与政策建议［J］. 农业经济与管理，2020（1）：5－14.

［62］鞠晓生，卢荻，虞义华. 融资约束、营运资本管理与企业创新可持续性［J］. 经济研究，2013，48（1）：4－16.

［63］雷明，王钰晴. 交融与共生：乡村农文旅产业融合的运营机制与模式——基于三个典型村庄的田野调查［J］. 中国农业大学学报（社会科学版），2022，39（6）：20－36.

［64］李栋，徐志明，李生，等. 在线社会网络中信息扩散［J］. 计算机学报，2014，37（1）：189－206.

［65］李海芳. 农村生态养殖优势及模式分析［J］. 中国动物保健，2020，22（6）：68，84.

［66］李海舰，赵丽. 数据成为生产要素：特征、机制与价值形态演进［J］. 上海经济研究，2021（8）：48－59.

［67］李华呼. 大力培育优势特色产业促进区域经济快速发展［J］. 北方经济，2006（13）：35－36.

［68］李健．数字经济助力农业产业链供应链现代化：理论机制与创新路径［J］．经济体制改革，2023（3）：80－88．

［69］李金祥．创新农业科技？驱动精准扶贫［J］．农业经济问题，2016，37（6）：4－8．

［70］李静．农业产业集群的形成机制及社会效应研究［D］．杭州：浙江大学，2015．

［71］李娟．乡村振兴背景下生态农业发展研究［J］．现代化农业，2022（10）：76－78．

［72］李俊杰，李云超．关于民族地区民宿产业高质量发展的思考［J］．云南民族大学学报（哲学社会科学版），2019，36（3）：70－75．

［73］李眉洁，王兴骥．乡村振兴背景下农旅融合发展模式及其路径优化——对农村产业融合发展的反思［J］．贵州社会科学，2022（3）：153－159．

［74］李明，赵晓飞．农产品供应链整合的特征与规律研究——基于传统渠道模式和全渠道模式的比较分析［J］．经济学家，2022（7）：119－128．

［75］李政，廖晓东．发展"新质生产力"的理论、历史和现实"三重"逻辑［J］．政治经济学评论，2023，14（6）：146－159．

［76］梁瑞．枣阳市提高畜牧业绿色发展水平的成功经验［J］．当代畜牧，2016（30）：88－89．

［77］廖梓颖，黄苏仪．数字乡村赋能共同富裕的现实挑战与实践进路［J］．中国农村科技，2024（1）：70－73．

［78］林麦琪．互联网时代下基于场景营销手段的鲜花电商品牌提升策略研究——以爱尚鲜花品牌为例［J］．中国集体经济，2019（17）：76－77．

［79］刘传磊，张雨欣，马九杰，等．农业全产业链数字化发展的困境与纾解——基于L县坚果产业云平台的案例研究［J］．中国农业大学学报（社会科学版），2023，40（2）：118－128．

［80］刘继为，周雅琳，高鹏怀．乡村振兴背景下农文旅融合发展优化路径研究——以天津市为例［J］．产业创新研究，2024（4）：50－52．

［81］刘建生，邱俊柯，方婷．乡村振兴背景下农村三产融合：样态

类型、发展路径及对策建议——基于中西部多案例分析 [J]. 农林经济管理学报，2022，21（1）：95－102.

[82] 刘丽华. 乡村振兴视域下生态农业发展的要点分析 [J]. 山西农经，2023（8）：157－159.

[83] 刘然，张鹏，李云飞. 乡村振兴背景下的生态农业发展问题与路径研究 [J]. 农业经济，2023（10）：7－10.

[84] 刘新艳，张应青，马思美，等. 乡村振兴背景下优势特色产业集群分布特征、发展优势及培育路径 [J]. 农村经济与科技，2023，34（5）：32－35.

[85] 刘治彦. 文旅融合发展：理论、实践与未来方向 [J]. 人民论坛·学术前沿，2019（16）：92－97.

[86] 刘子琦. 地方政府促进生态农业发展：作用分析、机制设计与路径选择 [J]. 农业经济，2022（5）：23－24.

[87] 卢晨晖，叶琪. 数字经济赋能我国农村共同富裕的机理与路径 [J]. 当代农村财经，2022（7）：5－9.

[88] 陆静超. 实施乡村振兴战略 推动龙江农产品品牌化发展 [J]. 奋斗，2017（22）：49，51.

[89] 路燕，赵博，田云峰. 加快农业科技创新赋能农业高质量发展 [J]. 农业科技管理，2021，40（2）：15－17，27.

[90] 罗骄，刘慧，高彤，等. 乡村振兴背景下秭归脐橙产业发展路径探析 [J]. 南方农业，2023，17（12）：150－152.

[91] 罗先菊. 以农文旅康深度融合推动民族地区乡村振兴：作用机理与推进策略 [J]. 价格理论与实践，2022（2）：188－191，203.

[92] 马莹. 新常态下农业转型升级问题研究 [J]. 经济研究导刊，2016（12）：26－27.

[93] 毛峰. 生态文明视角下乡村旅游转型升级的路径与对策 [J]. 农业经济，2016（4）：30－32.

[94] 毛新雅，章志刚，崔玉宝. 地方特色优势产业的培育与发展——云南普洱市普洱茶产业发展的探索与实践 [J]. 中国浦东干部学院学报，2008，2（6）：125－129.

［95］苗瑞洲．价值链视角下河南省农业产业集群发展研究［J］．农业经济，2021（7）：28－29．

［96］《农业农村部关于促进农业产业化龙头企业做大做强的意见》［EB/OL］．中华人民共和国农业农村部，2021－10－28．

［97］农业农村部信息中心课题组，王小兵，钟永玲．农业全产业链大数据的作用机理和建设路径研究［J］．农业经济问题，2021（9）：90－97．

［98］欧阳莉，李东．农村农旅融合发展路径探究［J］．江苏农业科学，2018，46（14）：324－329．

［99］钱开胜．广西·大力扶持优势特色水果产业项目［J］．中国果业信息，2015，32（4）：53．

［100］邱俊杰，BENFICARui，余劲．乡村产业数字化转型升级内涵特征、驱动机制与实现路径［J］．西北农林科技大学学报（社会科学版），2023，23（5）：53－66．

［101］农业农村部关于印发《全国乡村产业发展规划（2020－2025年)》的通知［EB/OL］．中华人民共和国中央人民政府，2020－07－09．

［102］任凤鸣．以特色田园乡村建设推进乡村全面振兴［J］．群众，2023（2）：40－41．

［103］任祝，魏颖，周元，等．数字技术创新赋能产业链高质量发展的思考［J］．科技中国，2023（10）：46－49．

［104］三品战略、农旅融合、数字赋能 三个关键词解码"秭归模式"［EB/OL］．新华网，2021－12－24．

［105］申军波，石培华，张毓利．乡村文旅产业融合发展的突破口［J］．开放导报，2020（1）：104－109．

［106］沈晨仕．文旅融合视野下乡村振兴的策略与路径探索——基于"两山"理念诞生地湖州市的经验启示［J］．湖北农业科学，2020，59（19）：5－8，14．

［107］沈费伟，叶温馨．数字乡村建设：实现高质量乡村振兴的策略选择［J］．南京农业大学学报（社会科学版），2021，21（5）：41－53．

［108］施莉萍，姚奕欢．生态农业发展的实践路径探究——以浙江省湖州市南浔区为例［J］．农村·农业·农民（A版），2023（11）：24－26．

[109] 石建勋, 徐玲. 加快形成新质生产力的重大战略意义及实现路径研究 [J]. 财经问题研究, 2024 (1): 3 - 12.

[110] 史丹, 李少林. 双边市场视域下的平台经济: 运行机制与治理逻辑 [J]. 东南学术, 2023 (1): 170 - 181.

[111] 数字乡村建设带来巨变——秭归脐橙乘"云"直上 [EB/OL]. 湖北省人民政府网, 2022 - 07 - 27.

[112] 司景梅. 乡村振兴视域下我国运动休闲特色小镇体育产业集群发展研究 [J]. 西安体育学院学报, 2021, 38 (6): 713 - 718.

[113] 苏毅清, 游玉婷, 王志刚. 农村一二三产业融合发展: 理论探讨、现状分析与对策建议 [J]. 中国软科学, 2016 (8): 17 - 28.

[114] 孙士银, 吕山花, 樊颖伦, 等. 基于水果产业的农业文旅融合模式探析——以山东省烟台市为例 [J]. 中国果树, 2022 (12): 104 - 108.

[115] 陶俊梅. 农文旅融合赋能贵州乡村振兴路径 [J]. 当代县域经济, 2023 (9): 78 - 80.

[116] 王安逸, 潘江鹏, 向永胜. 数字经济背景下乡村旅游高质量发展思考 [J]. 时代经贸, 2022, 19 (5): 158 - 160.

[117] 王岱, 杨琛. 乡村振兴背景下农产品品牌战略研究 [J]. 价格理论与实践, 2018 (4): 134 - 137.

[118] 王鹤霏. 农村电商扶贫发展存在的主要问题及对策研究 [J]. 经济纵横, 2018 (5): 102 - 106.

[119] 王蔷馨, 苏昕. "数商兴农"背景下数字经济赋能农村经济发展路径探索 [J]. 商业经济研究, 2023 (11): 86 - 89.

[120] 王琴梅, 杨军鸽. 数字新质生产力与我国农业的高质量发展研究 [J]. 陕西师范大学学报 (哲学社会科学版), 2023, 52 (6): 61 - 72.

[121] 王胜, 余娜, 付锐. 数字乡村建设: 作用机理、现实挑战与实施策略 [J]. 改革, 2021 (4): 45 - 59.

[122] 王文龙. 中国地理标志农产品品牌竞争力提升研究 [J]. 财经问题研究, 2016 (8): 80 - 86.

[123] 王欣. 桑椹产加销农文旅一体化发展模式的探讨 [J]. 中国蚕业, 2024, 45 (1): 19 - 24.

［124］王兴国，曲海燕. 科技创新推动农业高质量发展的思路与建议［J］. 学习与探索，2020（11）：120－127.

［125］魏崇辉. 新质生产力的基本意涵、历史演进与实践路径［J］. 理论与改革，2023（6）：25－38.

［126］魏琮淏，崔瑛，张彤. 基于乡村振兴战略的安宁市鲜花产业研究［J］. 南方农机，2019，50（14）：77－78.

［127］魏丽莉，侯宇琦. 中国现代农业发展的路径突破——产业链整合与产业体系优化［J］. 兰州大学学报（社会科学版），2018，46（6）：137－147.

［128］翁伯琦，黄颖，王义祥，等. 以科技兴农推动精准扶贫战略实施的对策思考——以福建省建宁县为例［J］. 中国人口·资源与环境，2015，25（S2）：166－169.

［129］向长海，张光国，马娟，等. 新发展理念下秭归脐橙产业发展现状与对策［J］. 中国果业信息，2021，38（10）：19－22.

［130］向云，祁春节，陆倩. 湖北省柑橘生产的区域比较优势及其影响因素研究［J］. 经济地理，2014，34（11）：134－139，192.

［131］肖静，张卓娅. 乡村特色产品供应链模式研究——以浙江省为例［J］. 长春大学学报，2024，34（1）：1－7.

［132］谢彩文. 推广生态养殖发展现代农业［N］. 广西日报，2015－11－24（9）.

［133］谢小梅. 关于社交电商视角下农产品品牌塑造的策略探讨［J］. 全国流通经济，2019（19）：5－6.

［134］邢鹏. 农业科技创新促进农业现代化的实践路径研究［J］. 辽宁行政学院学报，2020（4）：54－59.

［135］徐海燕，翁庆晟，仝莉. 地方性视角下旅游地乡村民宿可持续发展路径研究——以方巷镇沿湖村"渔文化"为例［J］. 市场周刊，2023，36（8）：56－59，114.

［136］徐汉涛，杨明杏. 因地制宜、就地解决我省农村剩余劳动力就业问题［J］. 中国人力资源开发，1992（1）：32－34.

［137］徐玖平等. 循环经济系统论［M］. 北京：高等教育出版社，

2011：45 – 60.

[138] 许庆明，王立霞. 浅谈区域特色优势产业的发展——培育和发展特色优势企业的角度 [J]. 湖北经济学院学报（人文社会科学版），2011，8（1）：35 – 37.

[139] 颜强，王国丽，陈加友. 农产品电商精准扶贫的路径与对策——以贵州贫困农村为例 [J]. 农村经济，2018（2）：45 – 51.

[140] 颜政纲，刘恒，王东. 贵州乡村民宿发展的现状与建议 [J]. 贵州民族研究，2020，41（7）：139 – 144.

[141] 杨歌谣. 基于旅游六要素的农旅融合发展模式与策略研究 [J]. 中国市场，2019（17）：52 – 54.

[142] 杨剑波，毕晓红，张帅，等. 农文旅融合发展促进乡村振兴路径研究：以云南省蒙自市鸣鹫镇为例 [J]. 山西农经，2024（3）：165 – 170.

[143] 杨俊，马霆，郭丹. 提升数字能力赋能智慧农业发展 [J]. 华中农业大学学报，2023，42（5）：282 – 288.

[144] 杨苗苗. 乡村振兴背景下秭归脐橙电子商务"五链融合"发展模式研究 [D]. 武汉：华中师范大学，2022.

[145] 杨其长. 我国农业科技示范园区的功能定位、技术背景与战略对策研究 [J]. 中国农业科技导报，2001（3）：14 – 17.

[146] 杨子，张建，诸培新. 农业社会化服务能推动小农对接农业现代化吗——基于技术效率视角 [J]. 农业技术经济，2019（9）：16 – 26.

[147] 姚茂伦，谢天玮，曲耀荣，等. 乡村振兴背景下湖南省黄桃产业现状及问题分析——以炎陵县为例 [J]. 农业与技术，2022，42（8）：126 – 128.

[148] "一村一品"特色产业服务农民增收致富 [J]. 江西农业，2013（3）：26 – 28.

[149] 仪洪言. 生态农业的发展对乡村振兴的促进研究 [J]. 山西农经，2023（24）：101 – 103.

[150] 于法稳，林珊. 中国式现代化视角下的新型生态农业：内涵特征、体系阐释及实践向度 [J]. 生态经济，2023，39（1）：36 – 42.

[151] 曾亿武，宋逸香，林夏珍，等. 中国数字乡村建设若干问题刍

议 [J]. 中国农村经济, 2021 (4): 21 – 35.

[152] 张鼎. 乡村振兴背景下县域现代农业发展措施初探——以三河市为例 [J]. 现代农村科技, 2024 (3): 127.

[153] 张立畅. 发展乡村特色产业全面推进乡村振兴 [J]. 红旗文稿, 2023 (22): 30 – 33.

[154] 张清泉, 凌海棠, 李贤宇. "乡村振兴 + 行动学习" 走出联农带农富农新路子 [J]. 农村工作通讯, 2022 (24): 51 – 52.

[155] 赵家凤. 欠发达地区承接产业转移与农业转型升级研究 [J]. 农业现代化研究, 2012, 33 (2): 178 – 181.

[156] 赵晓飞, 鲁楠. 农产品供应链整合对公司绩效的影响——基于全渠道模式的研究视角 [J]. 北京工商大学学报 (社会科学版), 2021, 36 (5): 51 – 63.

[157] 赵晓峰, 赵祥云. 新型农业经营主体社会化服务能力建设与小农经济的发展前景 [J]. 农业经济问题, 2018 (4): 99 – 107.

[158] 郑家喜, 卫增, 尤庆南, 等. 发展特色农业产业壮大新型农村集体经济的理论逻辑、实践样态以及优化路径: 以新疆为例 [J]. 华中农业大学学报, 2023, 42 (5): 269 – 281.

[159] 郑少锋. 土地规模经营适度的研究 [J]. 农业经济问题, 1998 (11): 9 – 13.

[160] 郑晓琪. 中国式现代化视域下科技创新引领农业高质量发展 [J]. 山西农经, 2024 (4): 157 – 159, 179.

[161] 钟漪萍, 唐林仁, 胡平波. 农旅融合促进农村产业结构优化升级的机理与实证分析——以全国休闲农业与乡村旅游示范县为例 [J]. 中国农村经济, 2020 (7): 80 – 98.

[162] 钟真, 蒋维扬, 李丁. 社会化服务能推动农业高质量发展吗?——来自第三次全国农业普查中粮食生产的证据 [J]. 中国农村经济, 2021 (12): 109 – 130.

[163] 周浪. 另一种 "资本下乡" ——电商资本嵌入乡村社会的过程与机制 [J]. 中国农村经济, 2020 (12): 35 – 55.

[164] 周晓, 朱农. 论人力资本对中国农村经济增长的作用 [J]. 中

国人口科学，2003（6）：21-28.

［165］周雪松，刘颖. 我国农业产业集群式发展研究［J］. 农业经济问题，2007（S1）：37-40.

［166］朱长宁. 价值链重构、产业链整合与休闲农业发展——基于供给侧改革视角［J］. 经济问题，2016（11）：89-93.

［167］朱齐超，李亚娟，申建波，等. 我国农业全产业链绿色发展路径与对策研究［J］. 中国工程科学，2022，24（1）：73-82.

调研员名单

2023年暑期、2024年寒假调研员姓名（按姓名首字母排序）

敫语嫣、保思琦、蔡志兴、曹莲芳、曹钰、曾舒、曾子峰、常成峰、陈丽、陈琳、陈蕊、陈瑞昌、陈雅涵、陈印峰、邓晓燕、丁雅雯、丁长青、董秋玲、杜好、杜蓝瑜、杜婷婷、樊玲、范玮琪、封婧、冯清林、冯思宇、冯文钧、付一笑、葛雯雯、龚奕、苟宸菁、顾轩宇、关姝妍、郭冰慧、郭奇荣、韩骐远、何立阁、何子骏、贺萌萌、贺思怡、洪宁珧、黄碧莹、黄楚煜、黄婷、黄智诚、黄智鹏、季晓雯、贾芳、江齐鑫、江依妍、姜凯、姜楠、姜艺婷、蒋坤、蒋利宏、况檬、李翠、李海志、李佳辉、李家宜、李金朝、李京玉、李思莹、李虾、李雅婷、李宜哲、李颐菲、李悦、李正文、李卓恒、梁志豪、廖俊朗、令狐昌霞、刘昌圳、刘静芝、刘康丽、刘瑞玲、刘涛、刘雯雯、刘欣宇、刘炎青、刘伊楠、刘语晨、刘子畅、刘梓轩、楼冰莹、卢海宁、栾笑、罗莉、骆娜、马莉、马若荻、毛润琪、毛子宸、莫心语、穆林茜、聂乃琪、潘凤枣、潘志榕、钱坤、任聪聪、任伶俐、宋文恬、宋志瀚、孙佳悦、孙棵、陶慈、陶婷婷、滕艺、铁思尧、汪弋翔、汪雨、王晨、王高成、王俊红、王康泰、王岚萱、王苗苗、王威、王烜垚、王宜卿、王怿荣、王雨蝶、王雨柔、王雨婷、韦渝、吴辉、吴佳乐、吴玉昊、向家涛、向笑兮、肖疏影、谢湘萌、谢迅、邢伊昕、徐丹、徐琳、徐朋飞、徐秋鸿、徐洋、徐雨杭、徐雨彤、严妍、杨大华、杨雪娇、杨艺帆、杨玥、尹壹、余超、余梓裳、袁嘉妮、袁梦怡、袁铭梓、张昊硕、张佳田、张岚淳、张琦祺、张骞、张琼月、张如玉、张诗妍、张小衡、张兴兴、张萱、张雅欣、赵博、赵佳琳、赵佳玥、赵可欣、郑奕、周璐、周雪怡、朱思秒、朱文婧、朱子熙、邹进辉、邹舒心

后 记

本书的构架与编写得到了广大师生的通力合作。全书由我提出总体构想，然后分工合作、多次研讨，最终报告集成了课题组的集体智慧。参与本书有关章节写作的成员及其分工情况为：主报告中第 1 章（文艺瑾、史宏博），第 2 章（晏琦、刘鸥逸），第 3 章（赵英、王云华），第 4 章（王煜杰、胡锦澄），第 5 章（赵紫锦、袁嘉妮），第 6 章（宋颜希、袁嘉妮），专题报告由以上各位编者与征文作者共同汇总完成。

在组织调研活动中，诸位老师和同学付出了辛勤的劳动。他们是：华中科技大学经济学院现党委书记刘雅然，华中科技大学经济学院前党委书记戴则健，副院长钱雪松和孔东民，副书记和副院长姚遂，副书记刘雯雯，学工组长李曼菁、研工组组长袁悦、团委书记李鸿鹏、辅导员李世昊，以及校团委和学工部研究生办公室多位老师给予了指导和帮助。在问卷设计和调研组织中，赵紫锦、宋颜希发挥了极其重要的作用。对此，我们表示衷心感谢。

本年度的调研报告得到多个项目的经费资助。主要包括：国家社会科学基金重点项目"推动现代服务业同先进制造业深度融合研究"、中宣部文化名家暨"四个一批"（21AZD018）人才支持计划项目"创新驱动中国经济转型发展研究"、中央高校基本科研业务费专项资金（YCJJ20230575）与华中科技大学文科双一流建设项目－发展经济学团队、创新发展研究中心建设等专项。

由于本次调查覆盖内容多、数据清理难度大，加上时间有限，可能还存在许多需要完善的地方，报告中阐述的一些看法也仅代表作者个人观点，真诚地希望各位同仁提出宝贵意见，我们将在未来进一步完善调查问卷、优化调研实施，为乡村振兴和中国式现代化发展提供坚实的智力支撑。

张建华

华中科技大学经济学院和张培刚发展研究院

2024 年 6 月 28 日